BEZIMENA
Nina Bunjevac

Uma Adaptação Modernizada do
Mito de Ártemis e Sipriotes

Zarabataná Books

CAMPINAS • SP • BRASIL
2024

AS PALAVRAS QUE VOCÊ ACABA DE DIZER, MINHA CARA AMIGA, ME FAZEM LEMBRAR UMA HISTÓRIA QUE OUVI MUITO TEMPO ATRÁS...

... SOBRE UMA SACERDOTISA E A VELHA BEZIMENA.

ME CONTE, MEU AMIGO.

ASSIM EU FAREI, POIS SEU DESEJO É O MEU DESEJO.

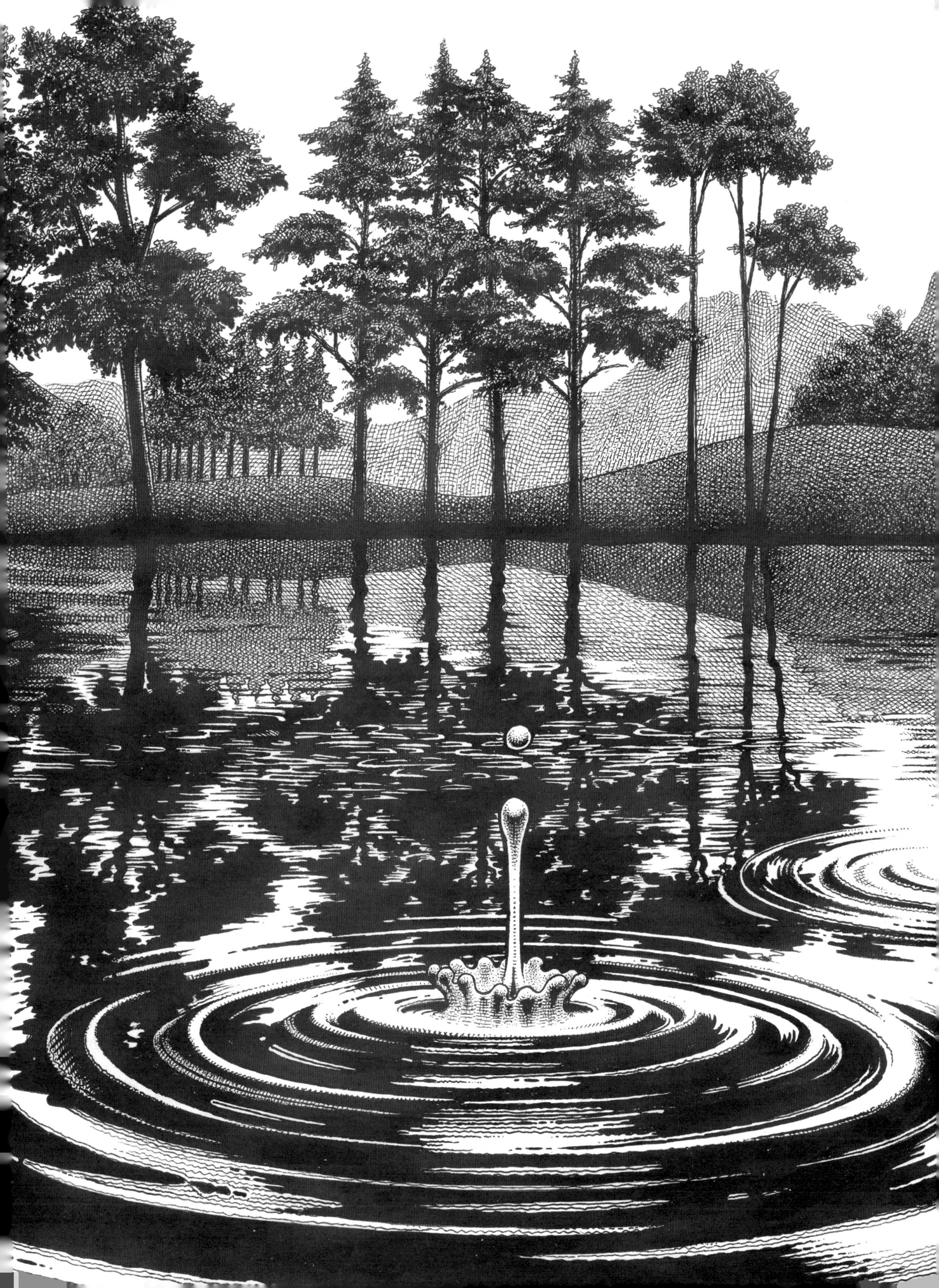

COMEÇA ASSIM...

BEZIMENA ACABARA DE MERGULHAR EM UM IMPENETRÁVEL ESTADO DE ABSOLUTA IMOBILIDADE QUANDO OUVIU A SACERDOTISA, APARENTEMENTE AFLITA, CHAMAR O SEU NOME.

ELA SUSPIROU PROFUNDAMENTE...

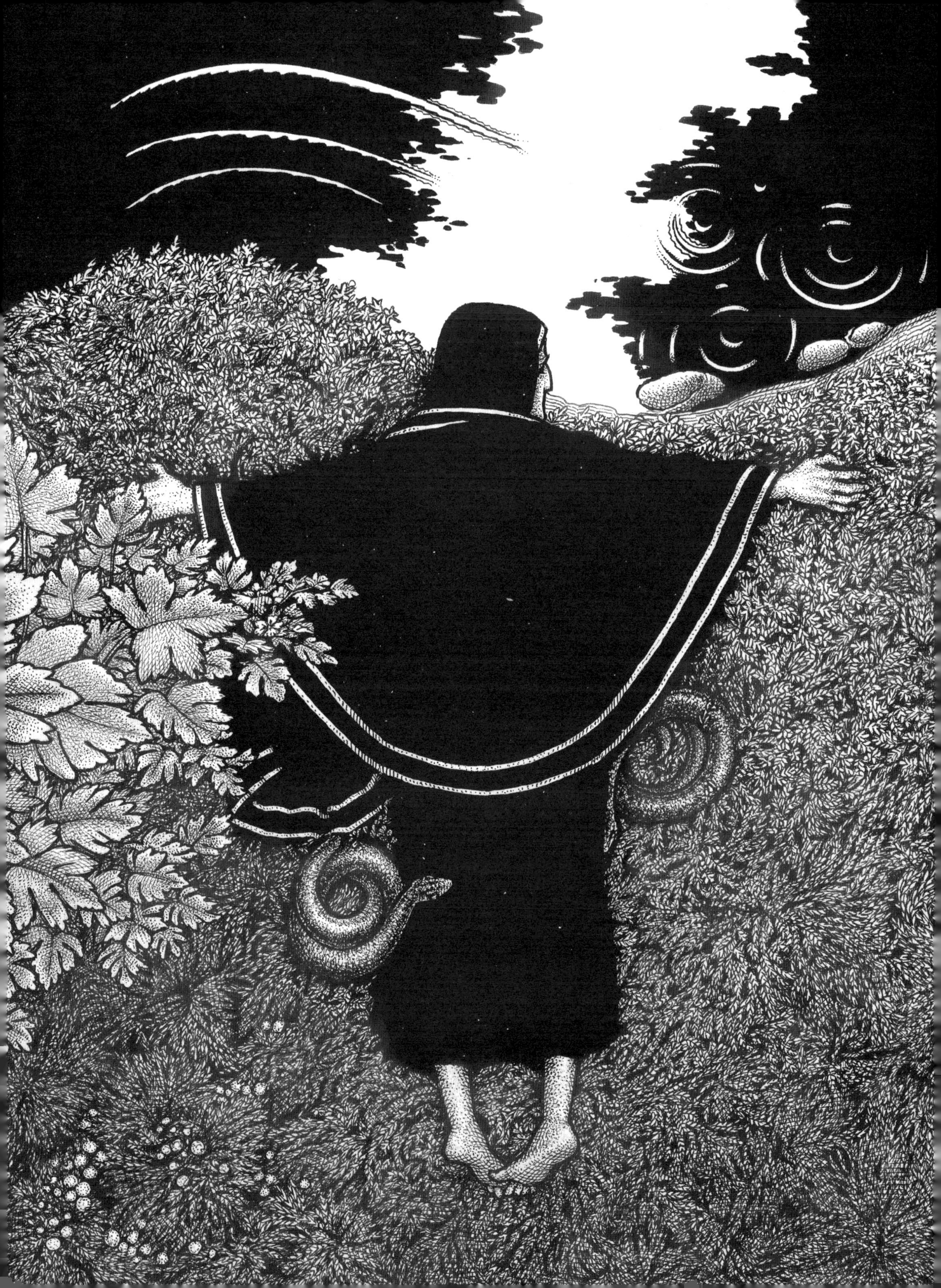

POR QUE O SUSPIRO?

BEM, VEJA, É PORQUE A SACERDOTISA JÁ A HAVIA CHAMADO MUITAS E MUITAS VEZES...

ELA ERA UMA CRIATURA COM O ARRAIGADO HÁBITO DE UM SOFRIMENTO PERPÉTUO E DESNECESSÁRIO.

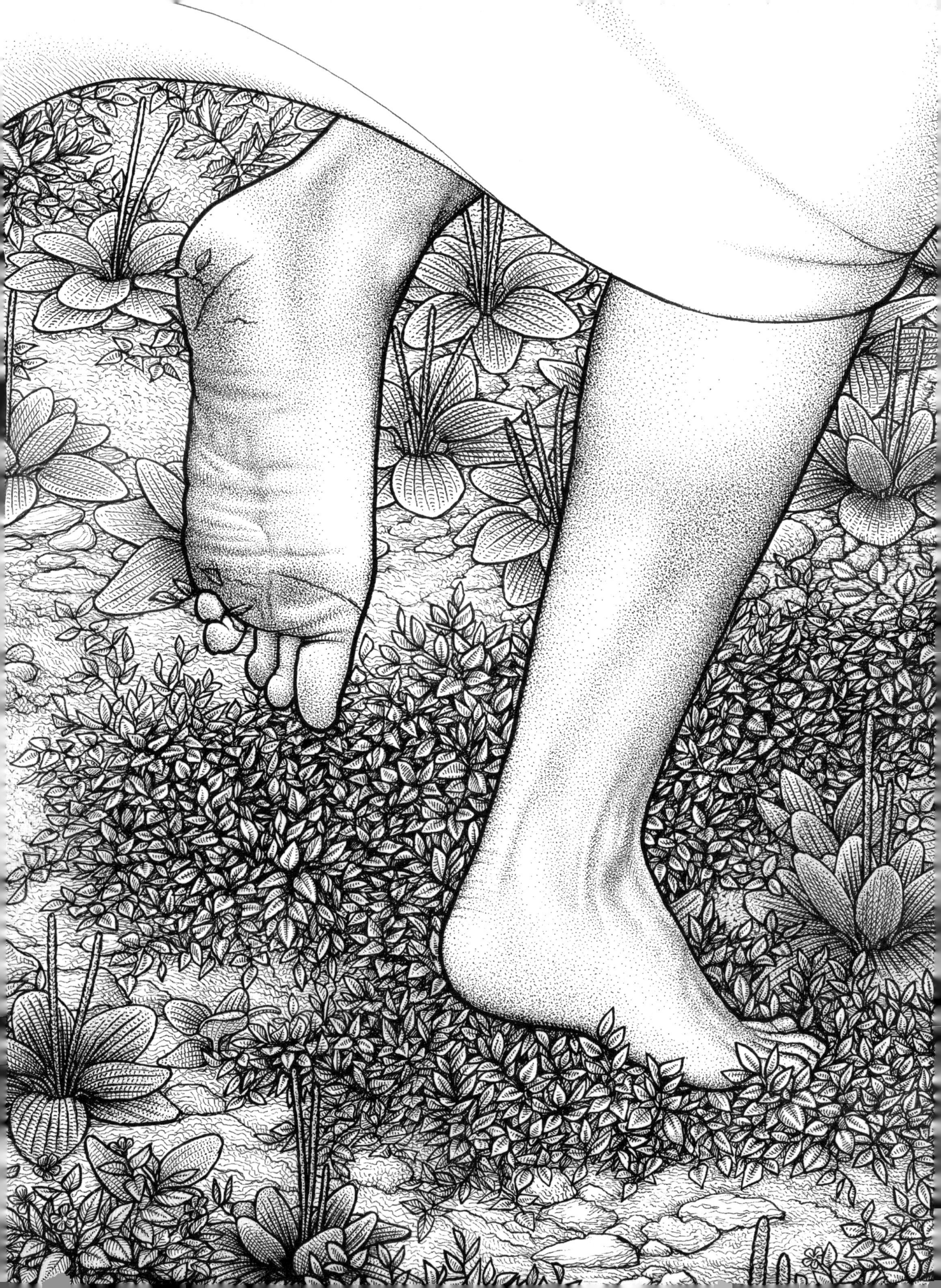

"OH, BEZIMENA", EXCLAMOU A MULHER, "QUE OS DEUSES SEJAM LOUVADOS POR EU TER FINALMENTE TE ENCONTRADO!".

"ELES ESTÃO INCENDIANDO NOSSOS TEMPLOS, ESTÃO PROFANANDO NOSSOS ÍDOLOS... OH, MEU SOFRIMENTO CESSARÁ UM DIA? EU CHOREI MUITAS E MUITAS VEZES... NÃO TENHO MAIS LÁGRIMAS PARA VERTER."

VENDO QUE BEZIMENA PERMANECIA CALMA DIANTE DE TAL CALAMIDADE E QUE NÃO PARECIA ESTAR PERTURBADA PELO SOFRIMENTO DELA, A SACERDOTISA GRITOU: "COMO VOCÊ PODE FICAR PARADA AÍ, TÃO INDIFERENTE À MINHA DOR? VOCÊ NÃO SE IMPORTA? VOCÊ NÃO TEM CORAÇÃO?".

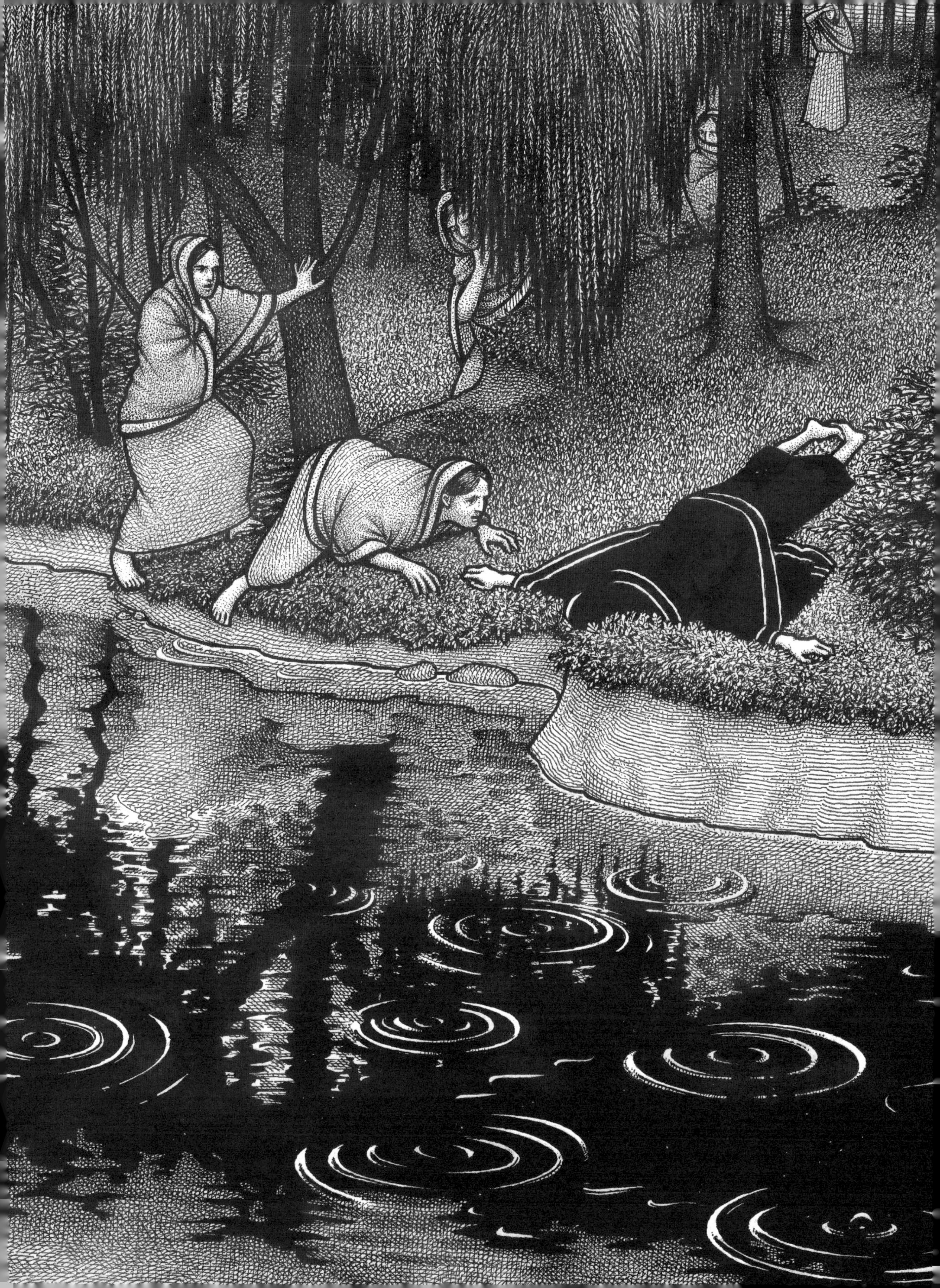

E ENTÃO, SEM AVISO PRÉVIO, BEZIMENA SALTOU, AGARROU A MULHER PELOS CABELOS E MERGULHOU A CABEÇA DELA NA ÁGUA.

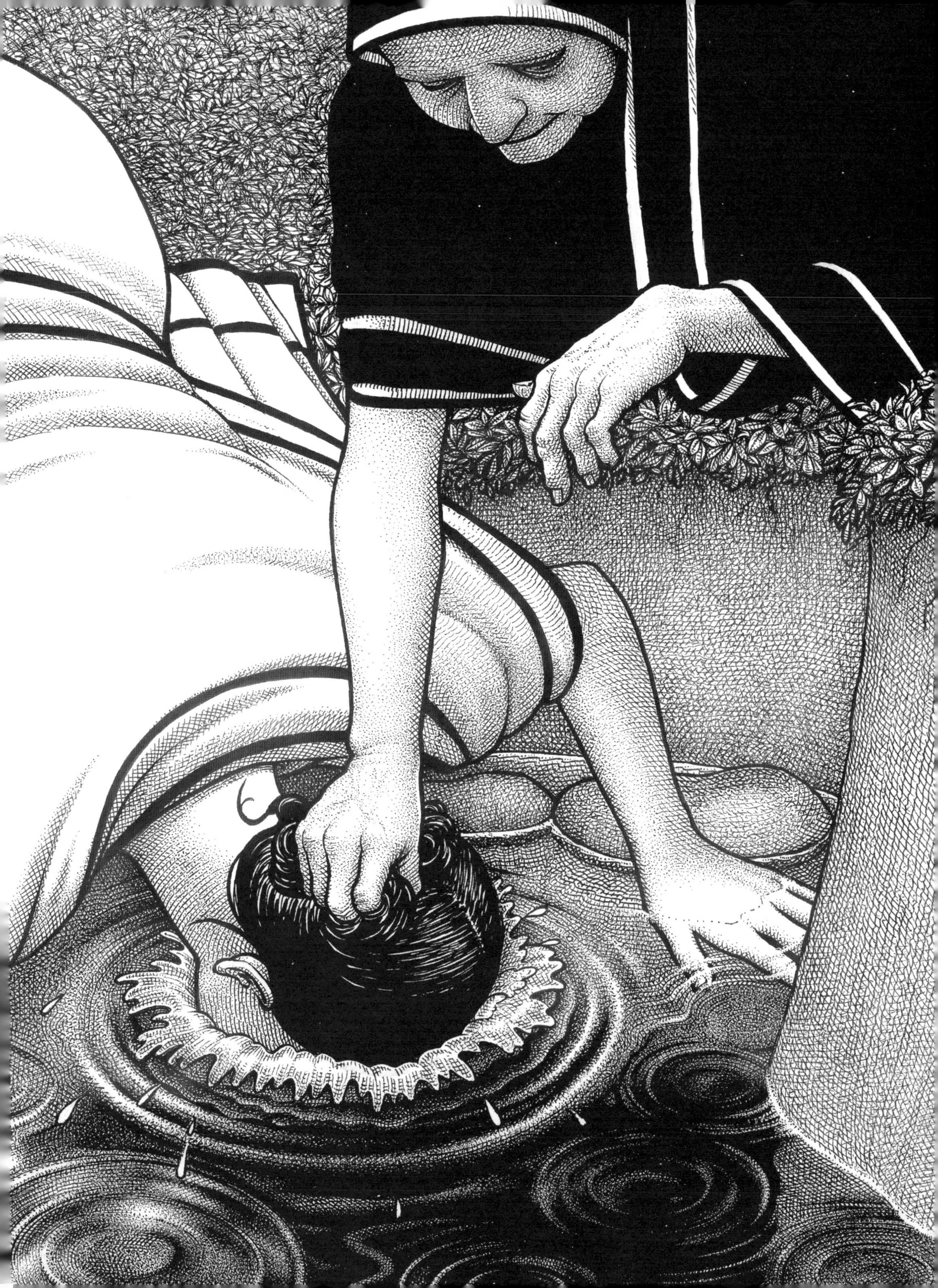

NAQUELE MOMENTO A SACERDOTISA CESSOU DE EXISTIR...

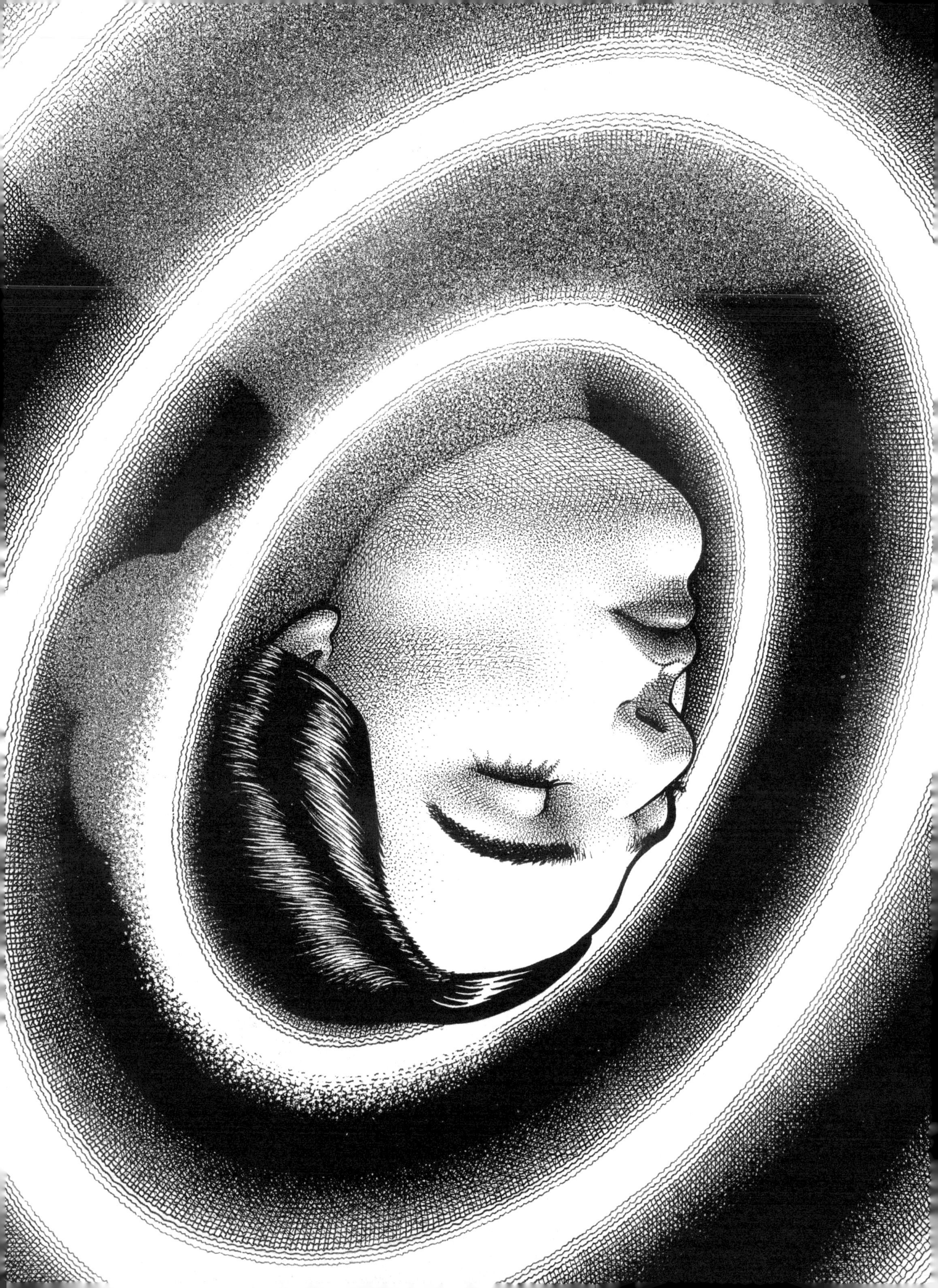

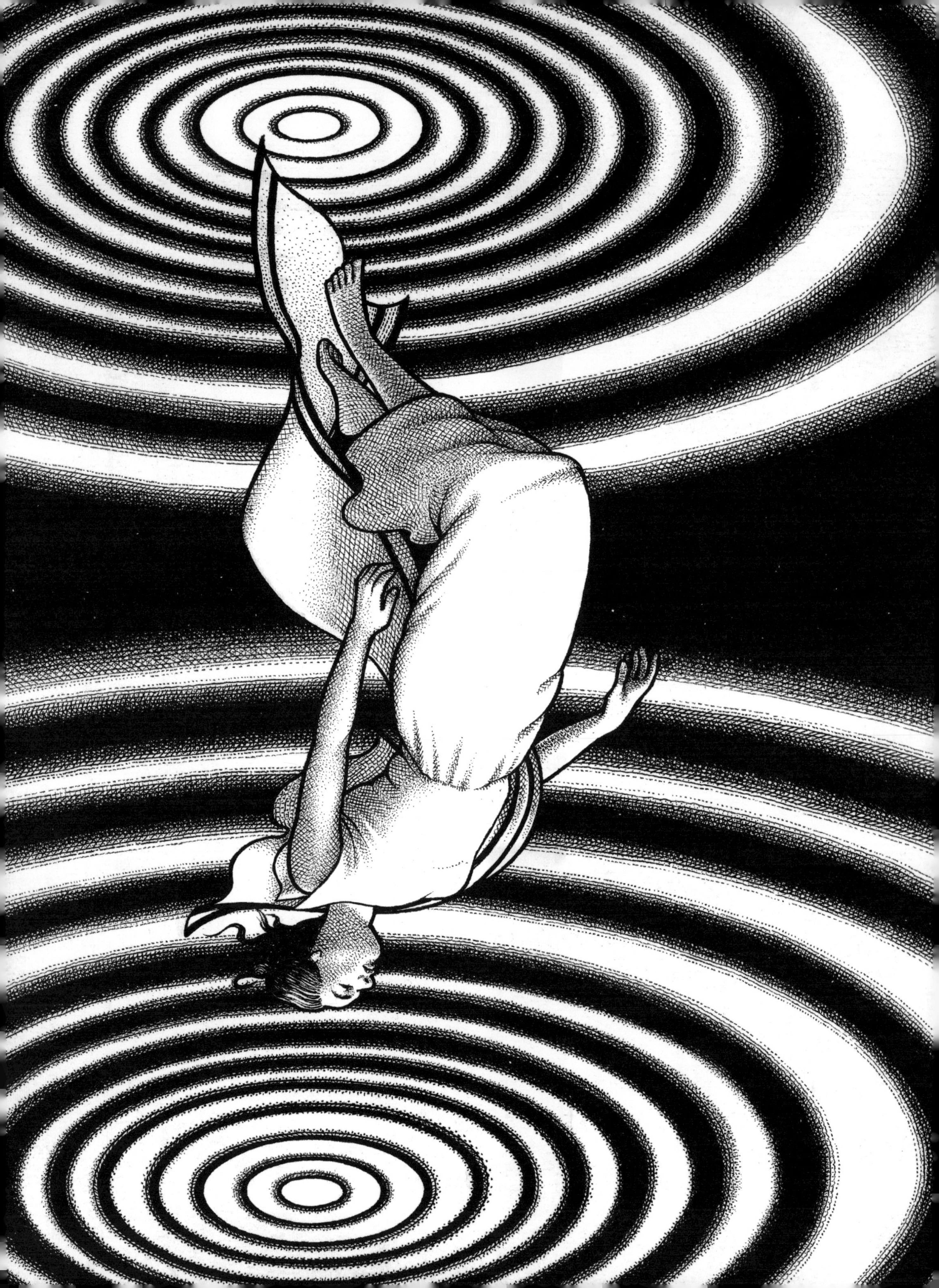

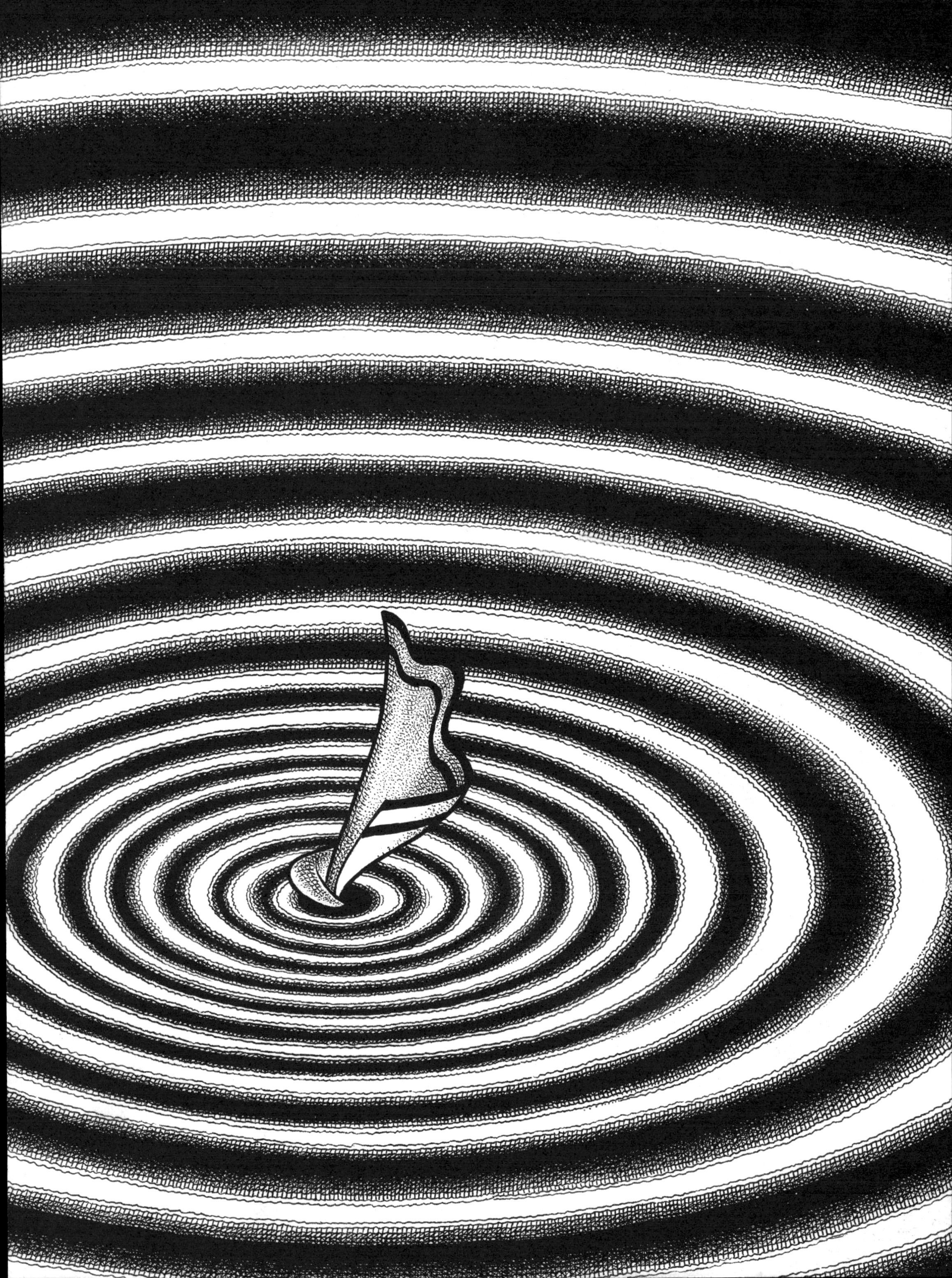

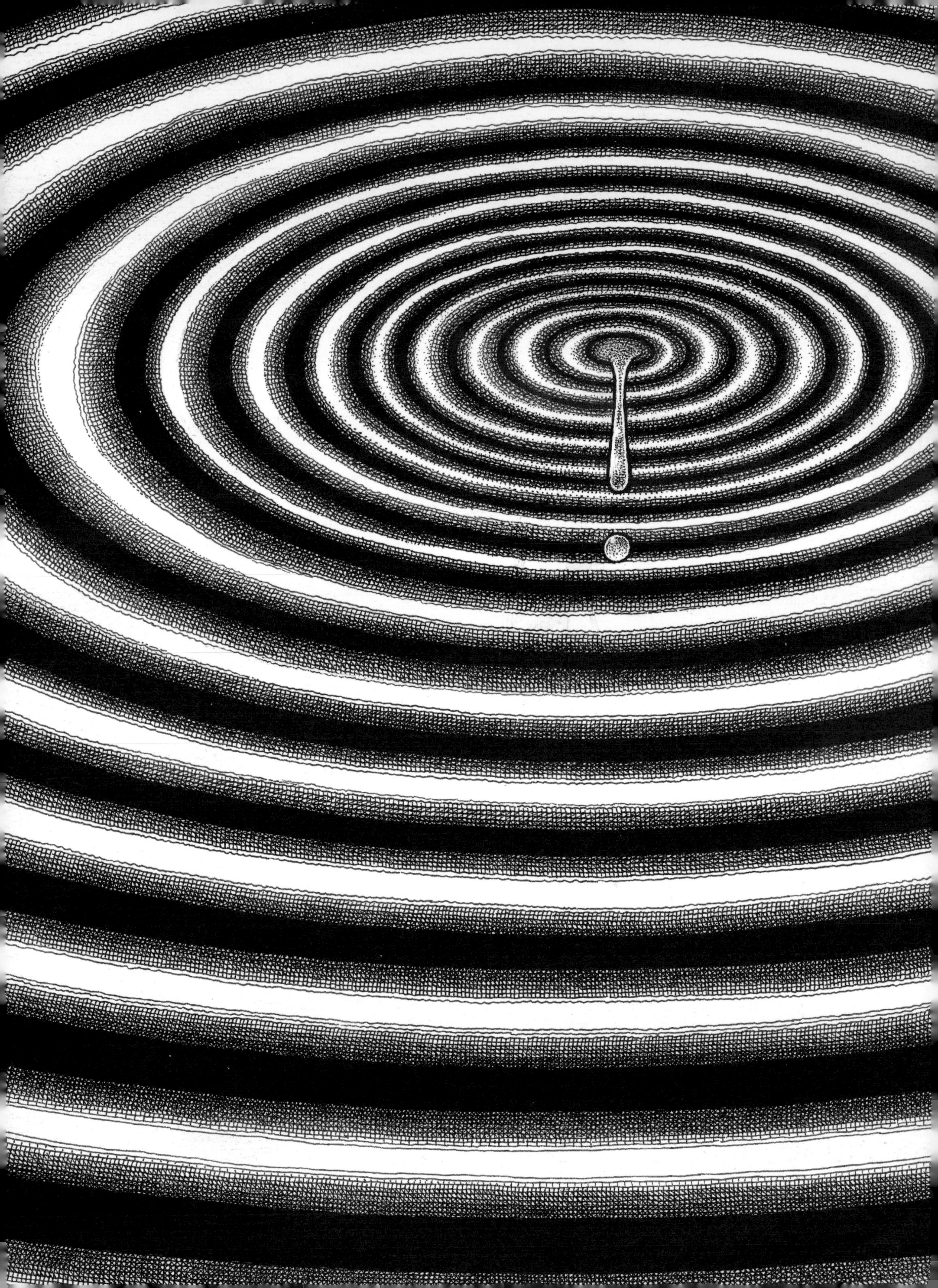

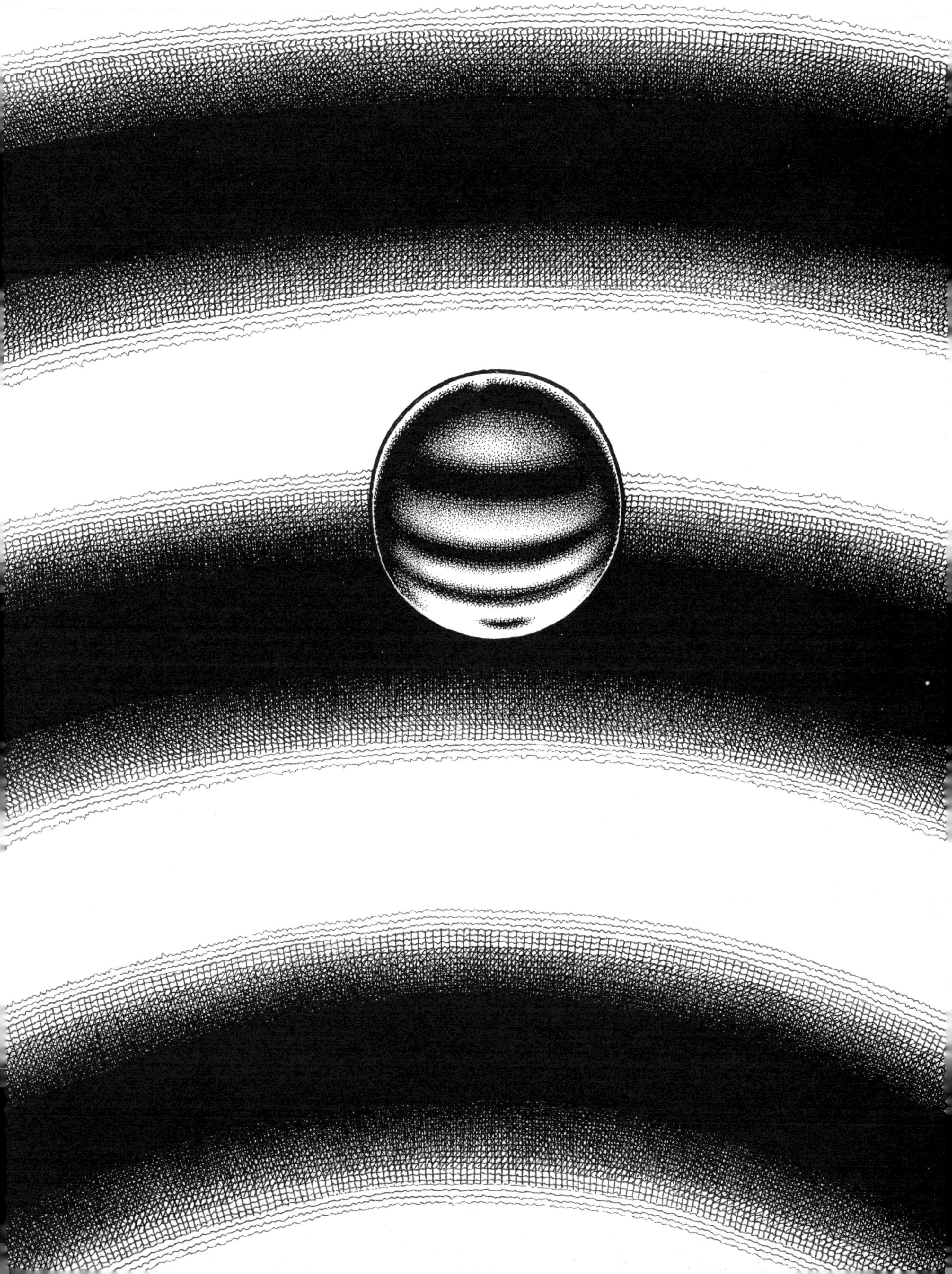

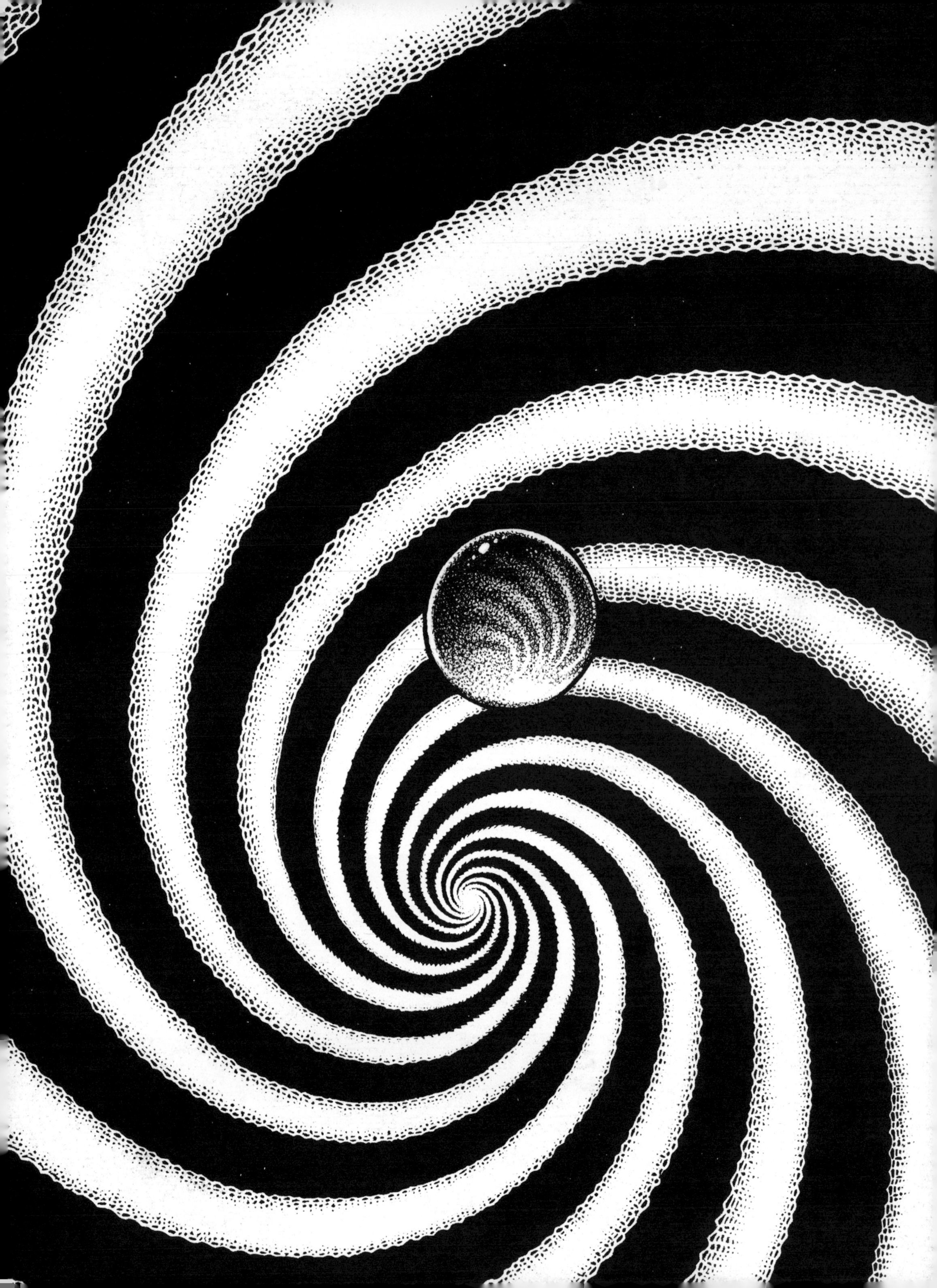

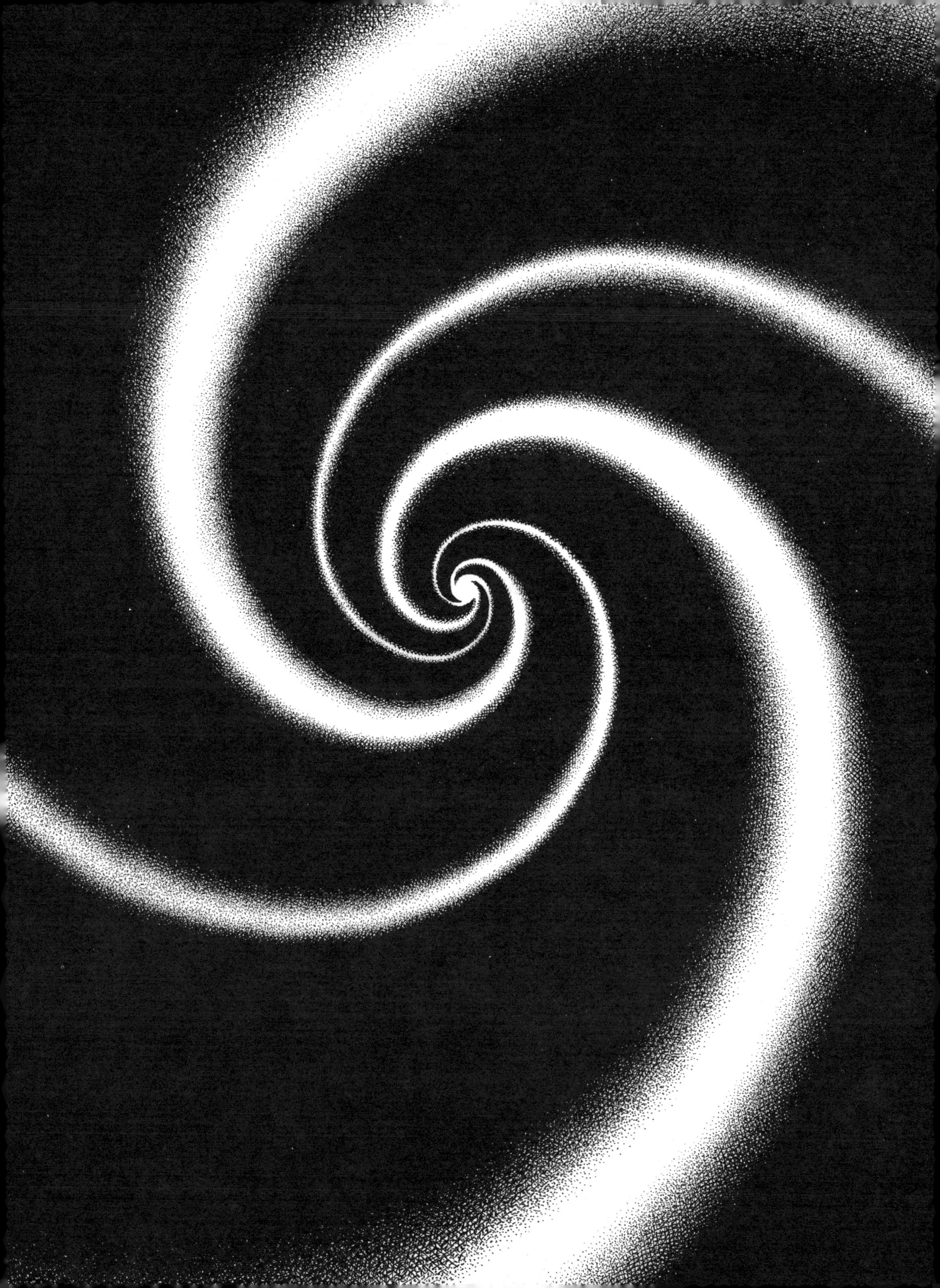

... PARA RENASCER, DESTA VEZ COMO UM MENINO.

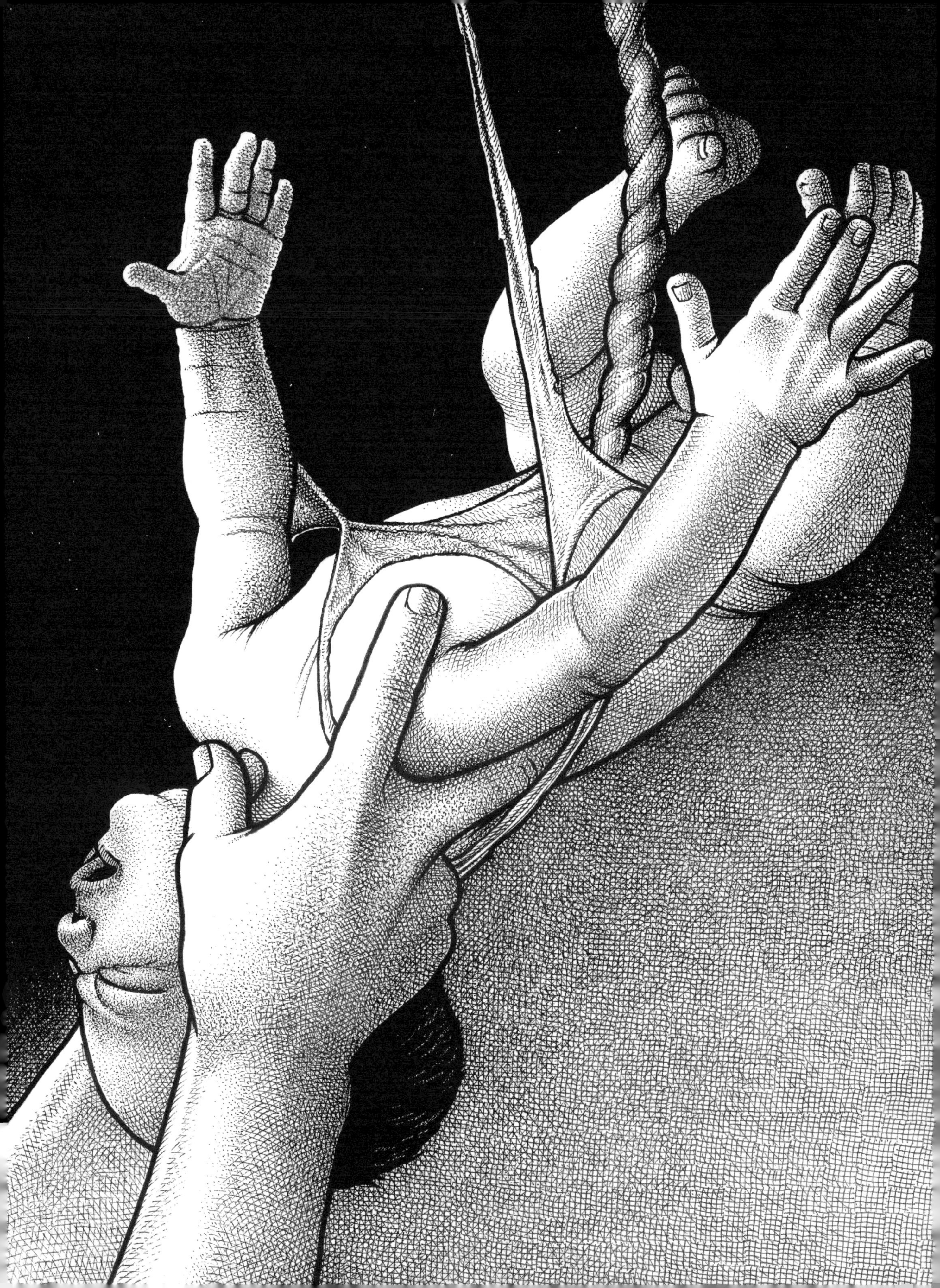

O MENINO NASCEU EM UM TEMPO DE PAZ, EM UMA ABASTADA FAMÍLIA DE CURTIDORES DE PELES QUE JÁ HAVIA PERDIDO A ESPERANÇA HÁ MUITO TEMPO DE TER UM FILHO.

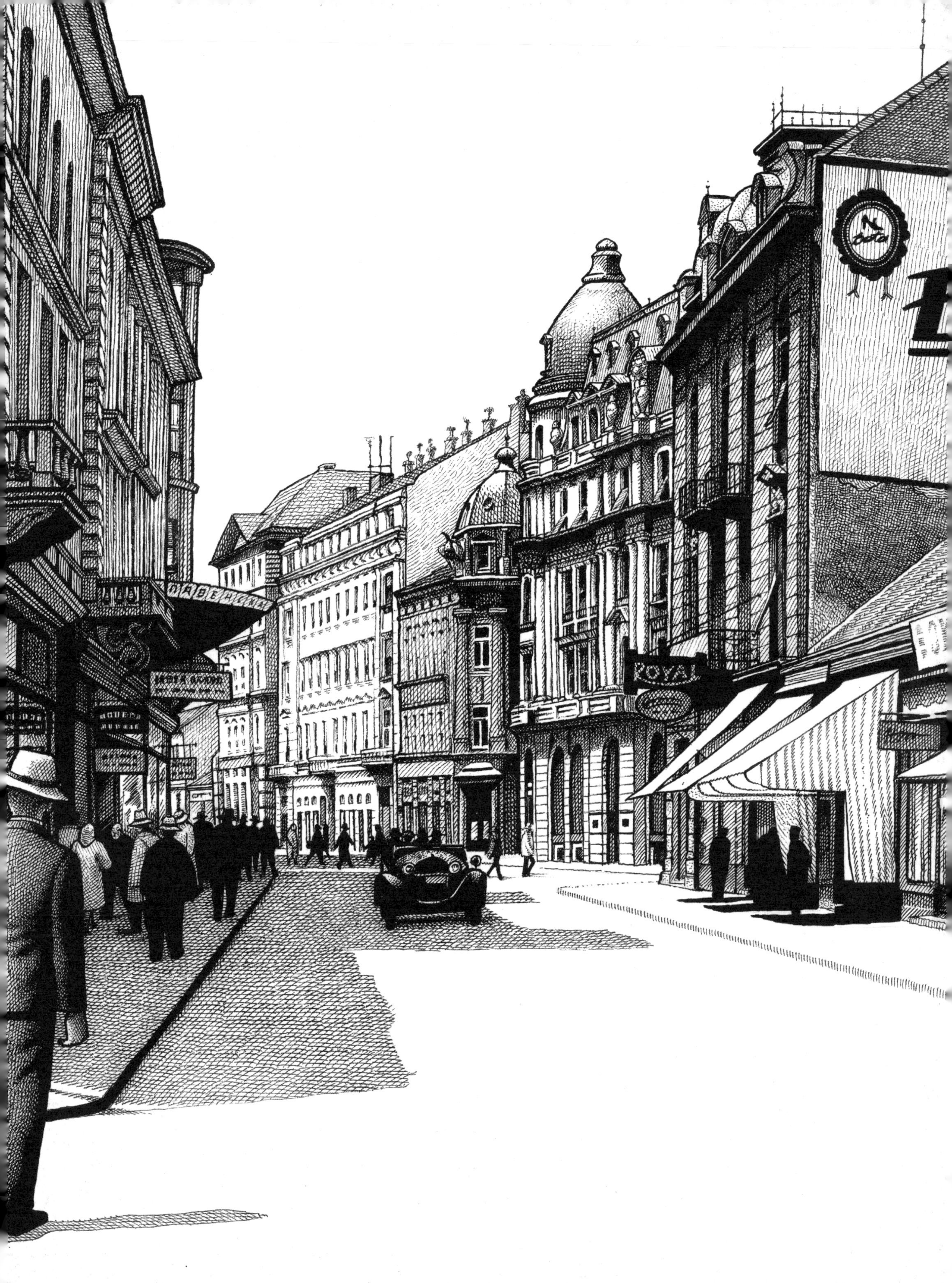

O NASCIMENTO DA CRIANÇA FOI UM MILAGRE, E RECEBEU APROPRIADAMENTE O NOME DE BENEDICT, OU BENNY, COMO SEUS PAIS AFETUOSAMENTE O APELIDARAM.

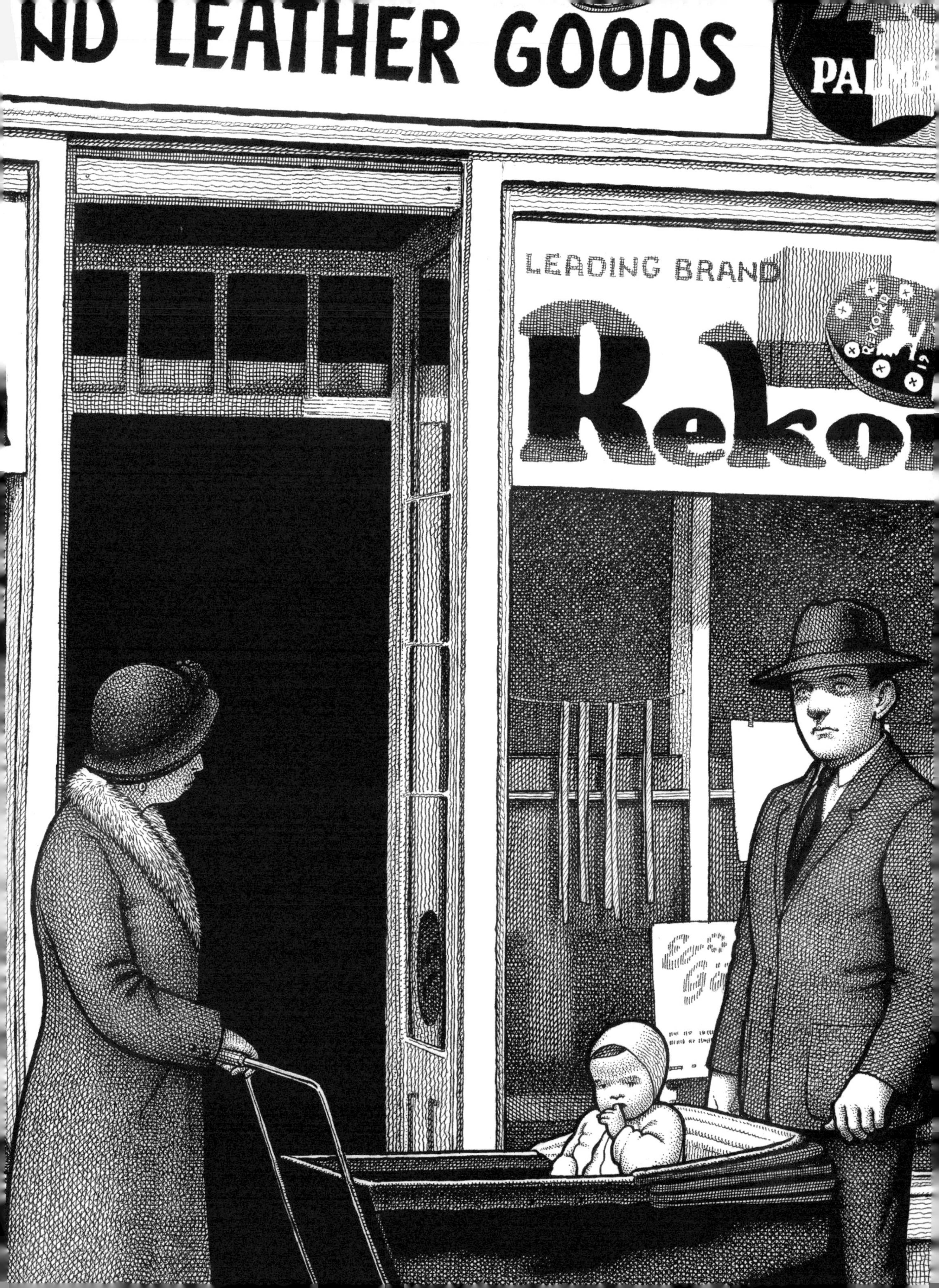
ND LEATHER GOODS
PA
LEADING BRAND
Rekor

ENFIM, BENNY TINHA TUDO PARA SER FELIZ E NÃO LHE FALTAVA NADA.

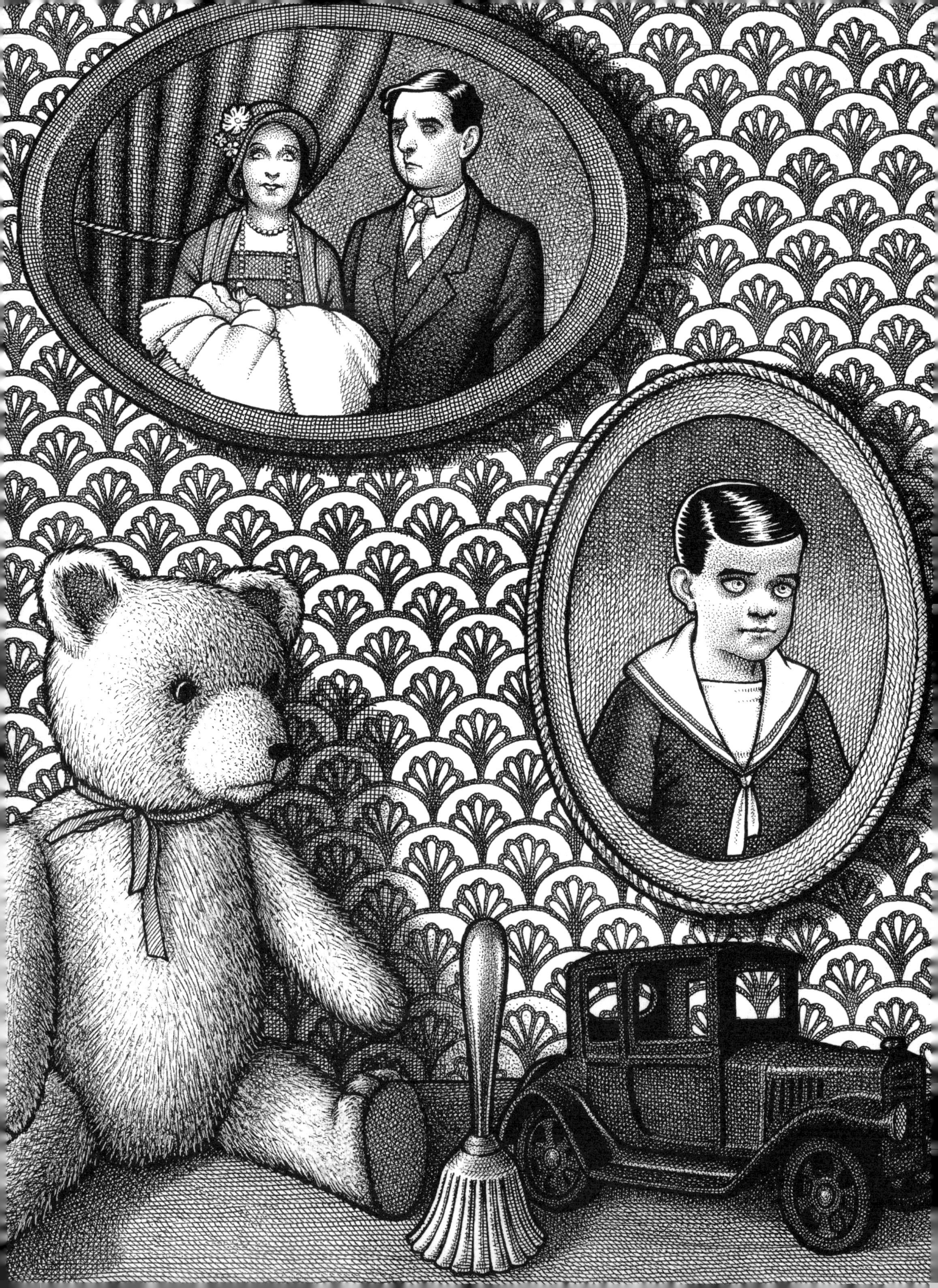

APESAR DISSO ERA UMA CRIANÇA ESTRANHA, SEMPRE ENCARANDO SUA COLEGA DE CLASSE "WHITE BECKY", SEMPRE COM A MÃO ENFIADA NAS CALÇAS.

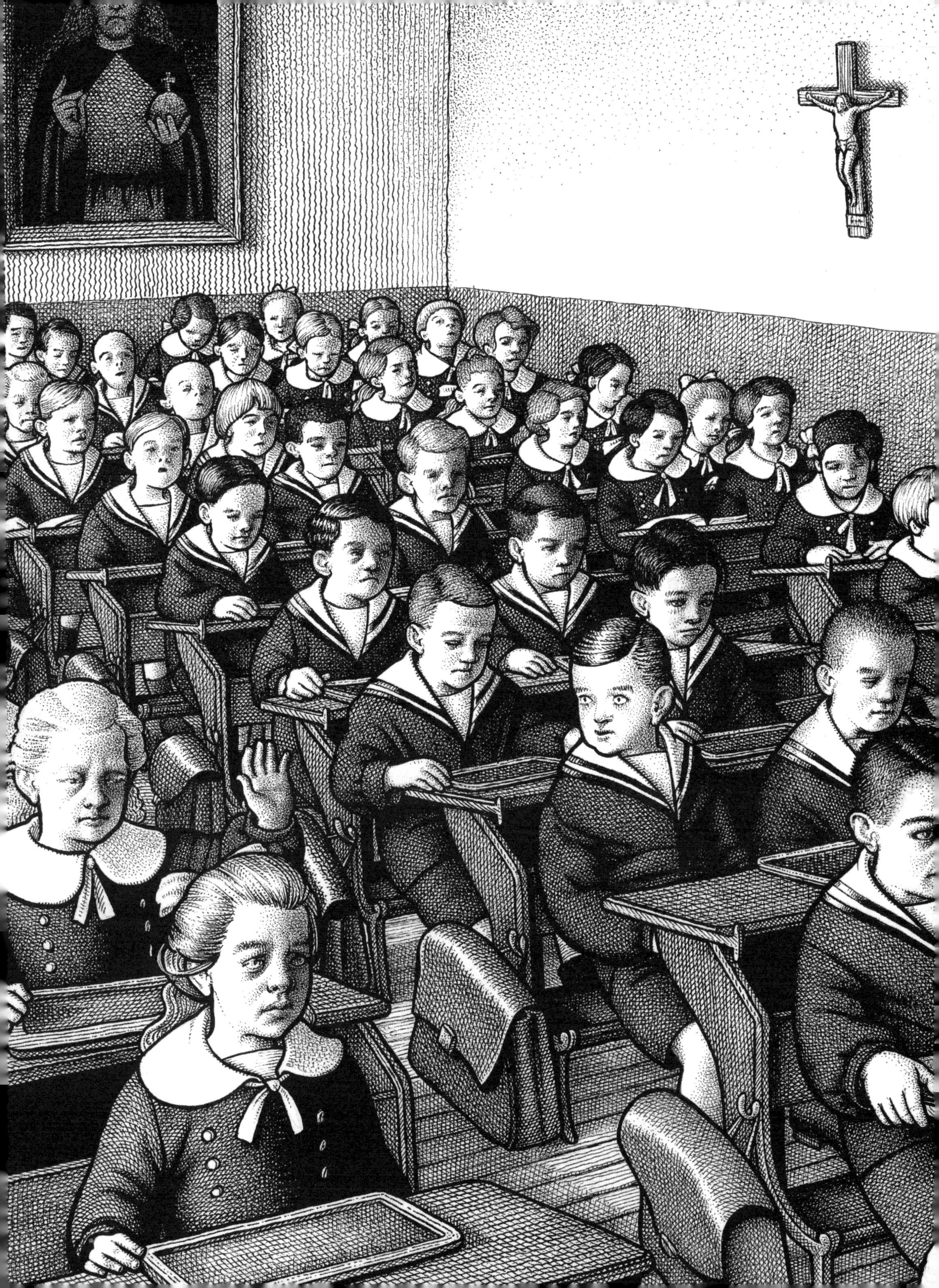

FICAVA SE APALPANDO COMO SE NÃO HOUVESSE AMANHÃ. E EM TODO LUGAR, EM CASA, NA ESCOLA, NA IGREJA...

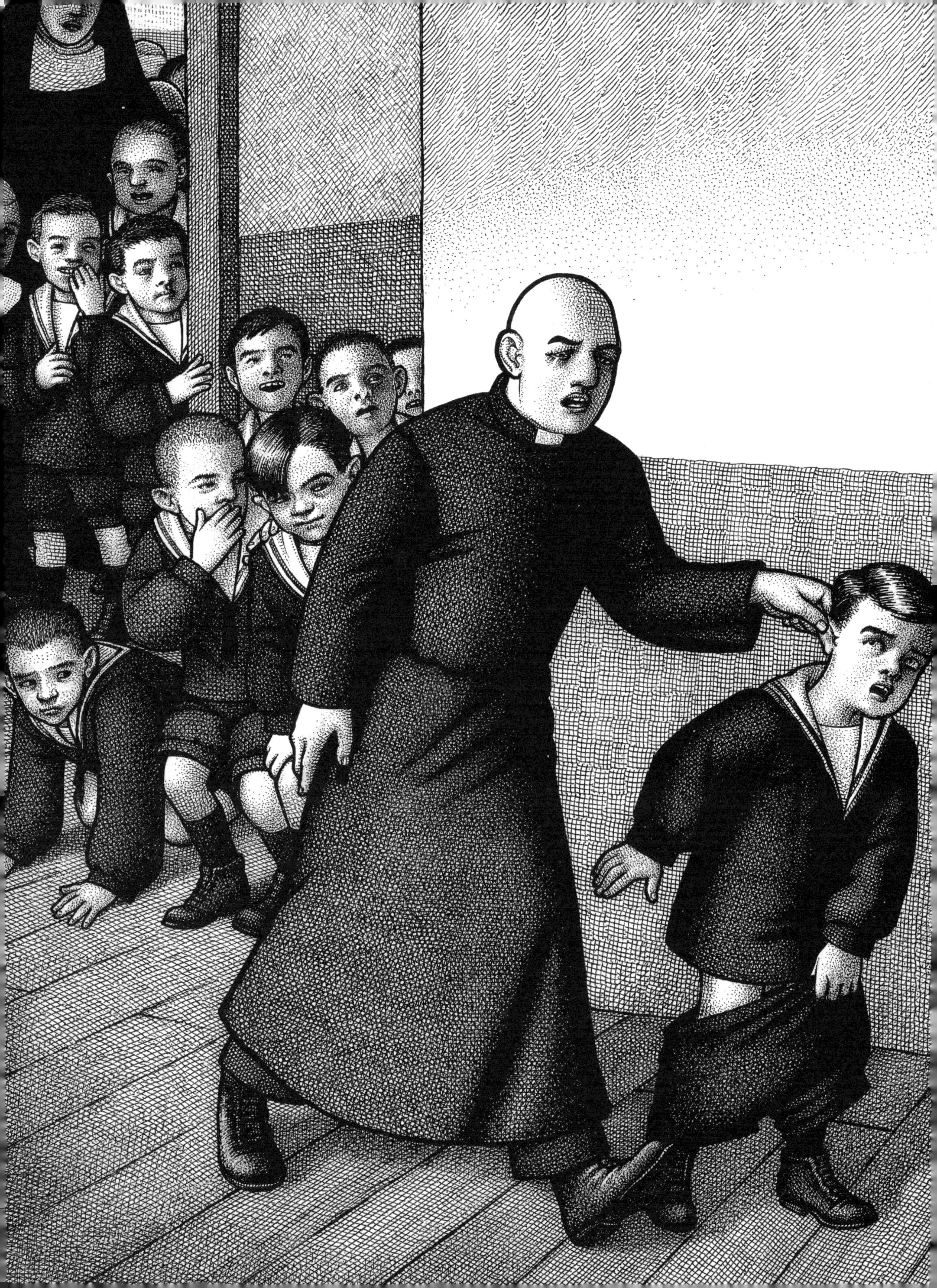

ELE VIROU UM TREMENDO MOTIVO DE CONSTRANGIMENTO PARA SEUS PAIS...

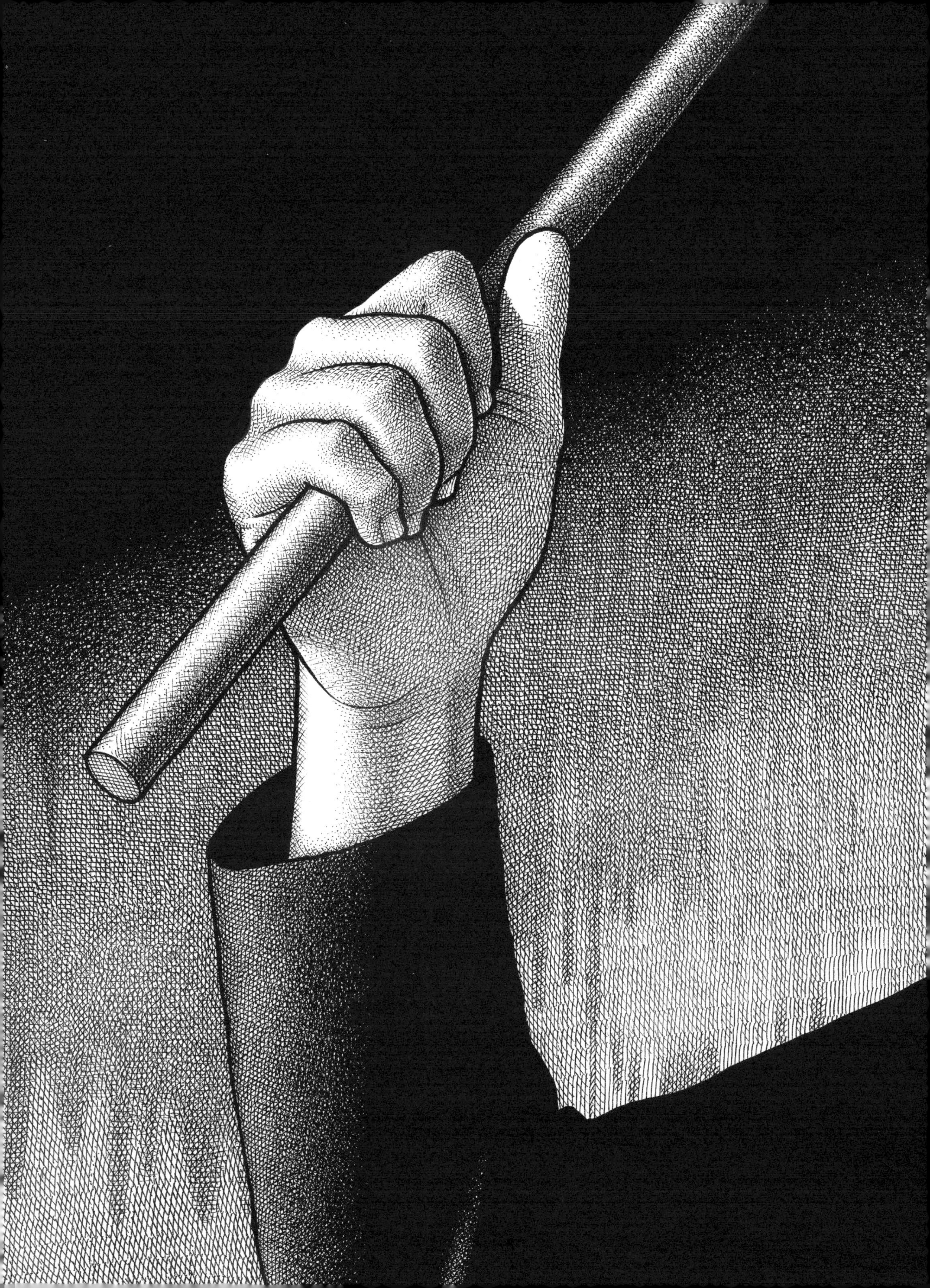

... QUE ERAM RELIGIOSOS E RESPEITADOS MEMBROS DA COMUNIDADE.

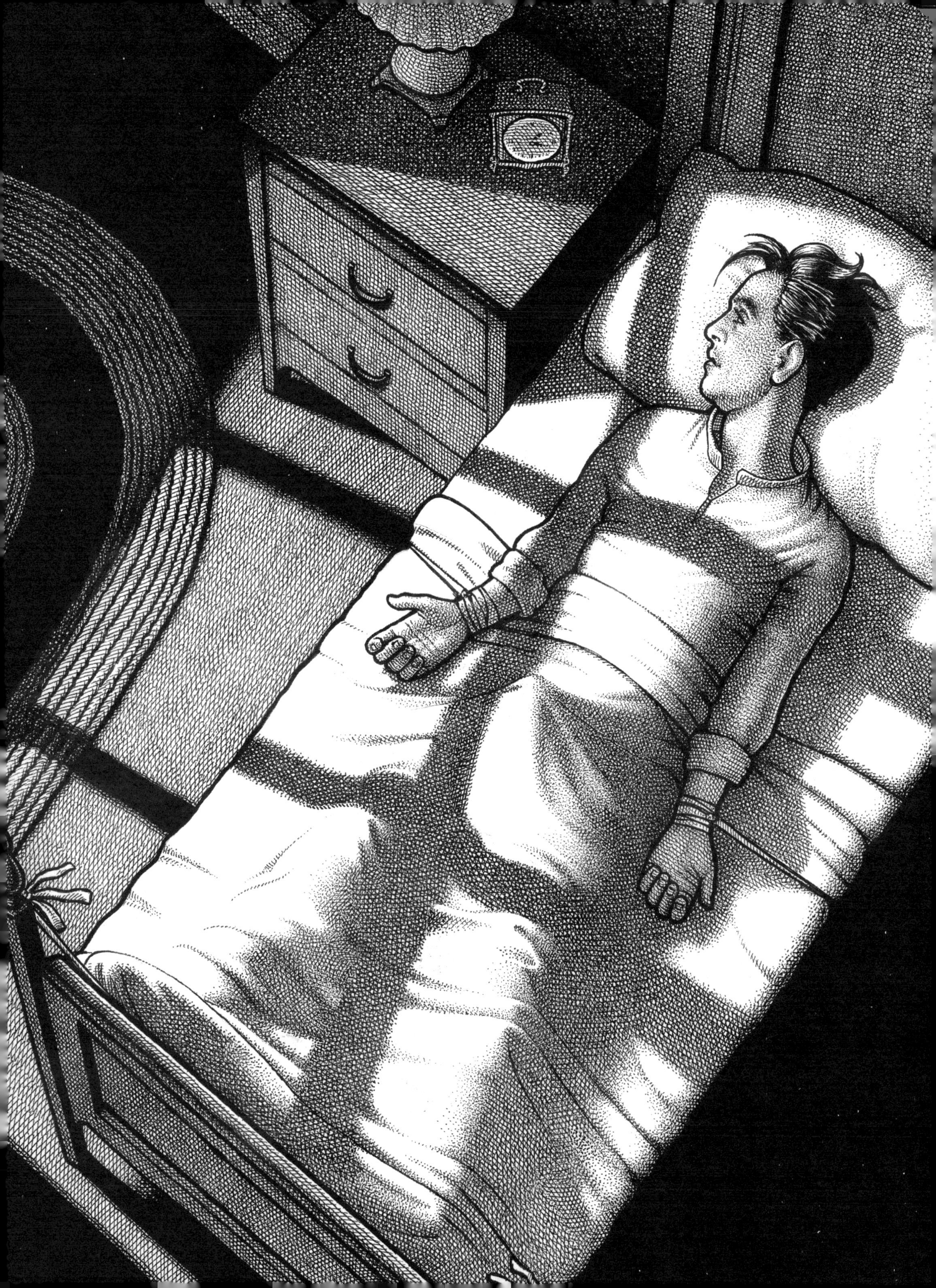

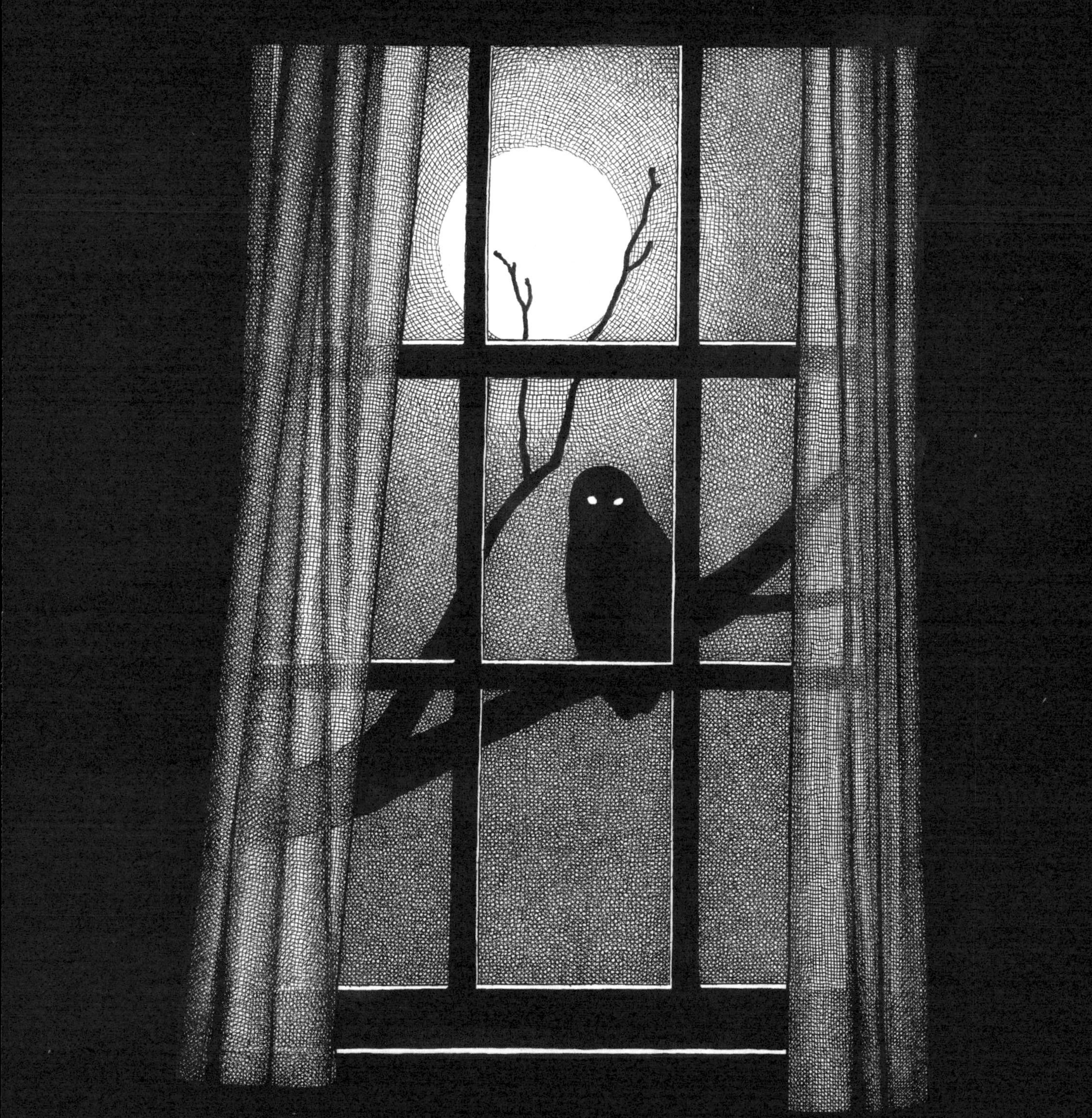

ENTÃO, OBVIAMENTE, BENNY SE ISOLOU DO MUNDO.

ELE LOGO ABANDONOU A ESCOLA E NÃO TINHA AMIGOS. SUJEITO A UMA DURA DISCIPLINA EM CASA, ELE APRENDEU A GUARDAR SEUS PENSAMENTOS E ANSEIOS PARA SI MESMO. CERCADO DE OBJETOS BIZARROS E CURIOSIDADES, LONGE DOS OLHARES CRÍTICOS DOS OUTROS, ELE CONSTRUIU UM MUNDO PRÓPRIO.

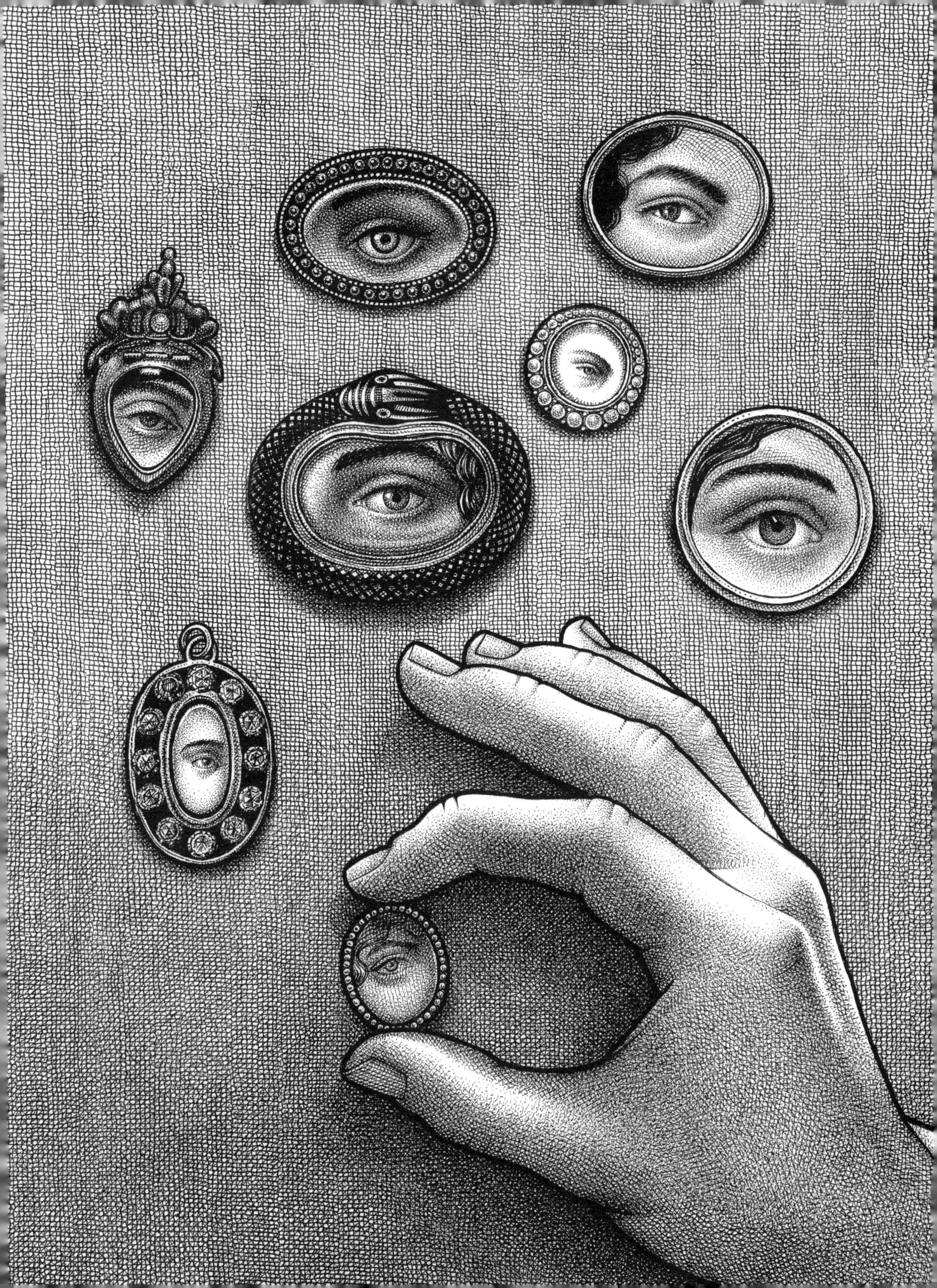

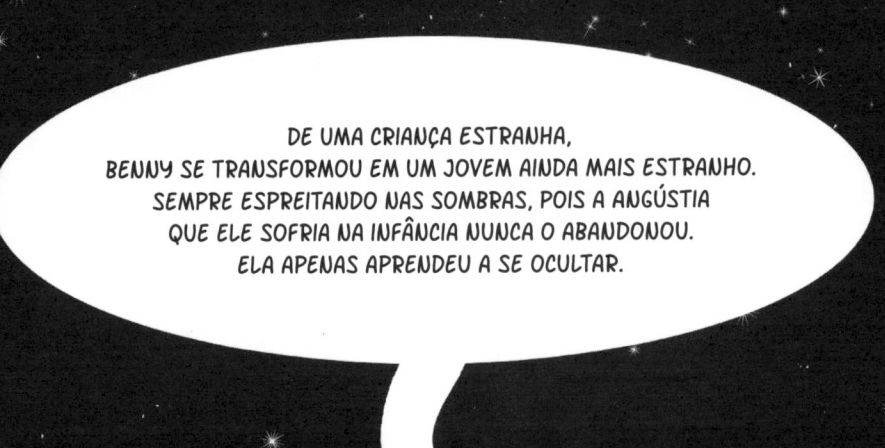

DE UMA CRIANÇA ESTRANHA, BENNY SE TRANSFORMOU EM UM JOVEM AINDA MAIS ESTRANHO. SEMPRE ESPREITANDO NAS SOMBRAS, POIS A ANGÚSTIA QUE ELE SOFRIA NA INFÂNCIA NUNCA O ABANDONOU. ELA APENAS APRENDEU A SE OCULTAR.

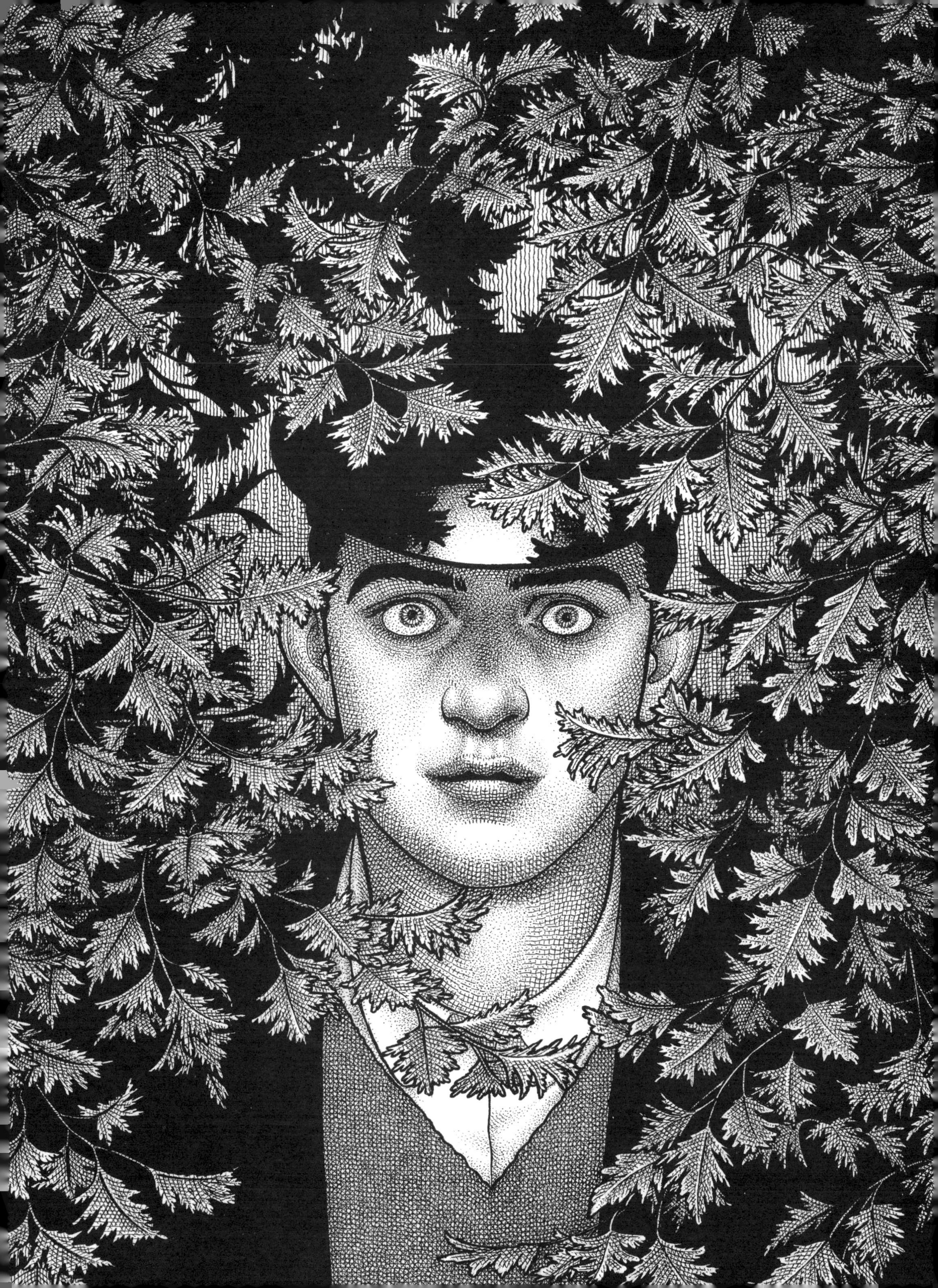

BENNY SABIA DISSO.
ENQUANTO SEUS PENSAMENTOS
PERMANECESSEM EM SUA CABEÇA, TUDO IRIA BEM
E NINGUÉM DESCOBRIRIA.

ELE SE TRANSFORMOU
EM UM MESTRE DO DISFARCE, SE MISTURANDO
COM AS SOMBRAS, DEMARCANDO OS LIMITES DOS PARQUES
DA CIDADE COM UM RASTRO DE SÊMEN DERRAMADO,
TAL QUAL UM CÃO ESTROPIADO NO CIO.

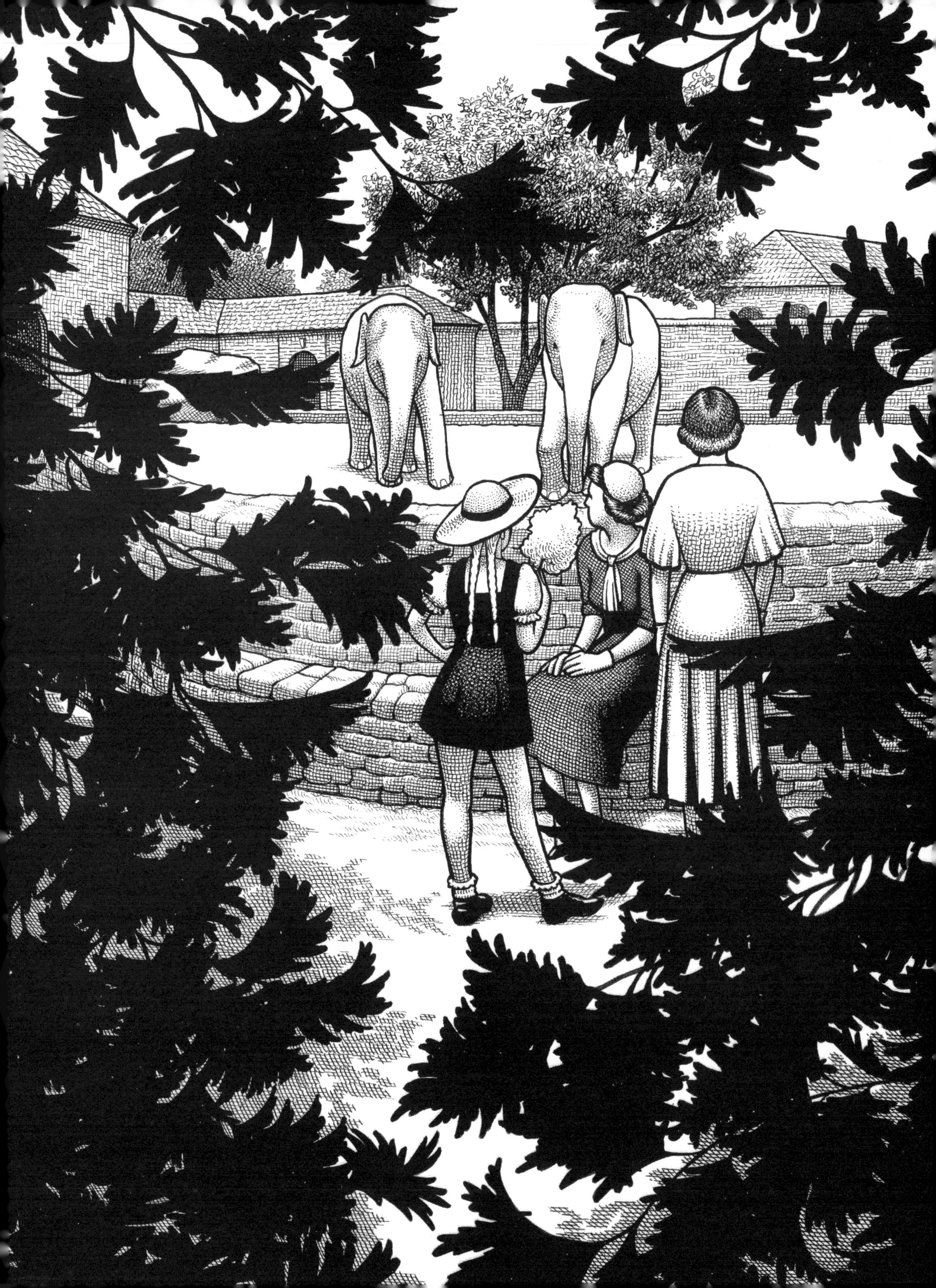

POR UMA CURIOSA IRONIA DO DESTINO,
E DEVIDO A ALGUNS RELACIONAMENTOS DA SUA FAMÍLIA,
BENNY ENCONTROU O EMPREGO PERFEITO PARA UM HOMEM COM
SUAS PREFERÊNCIAS QUANDO COMEÇOU A TRABALHAR COMO
ZELADOR NO ZOOLÓGICO DA CIDADE.

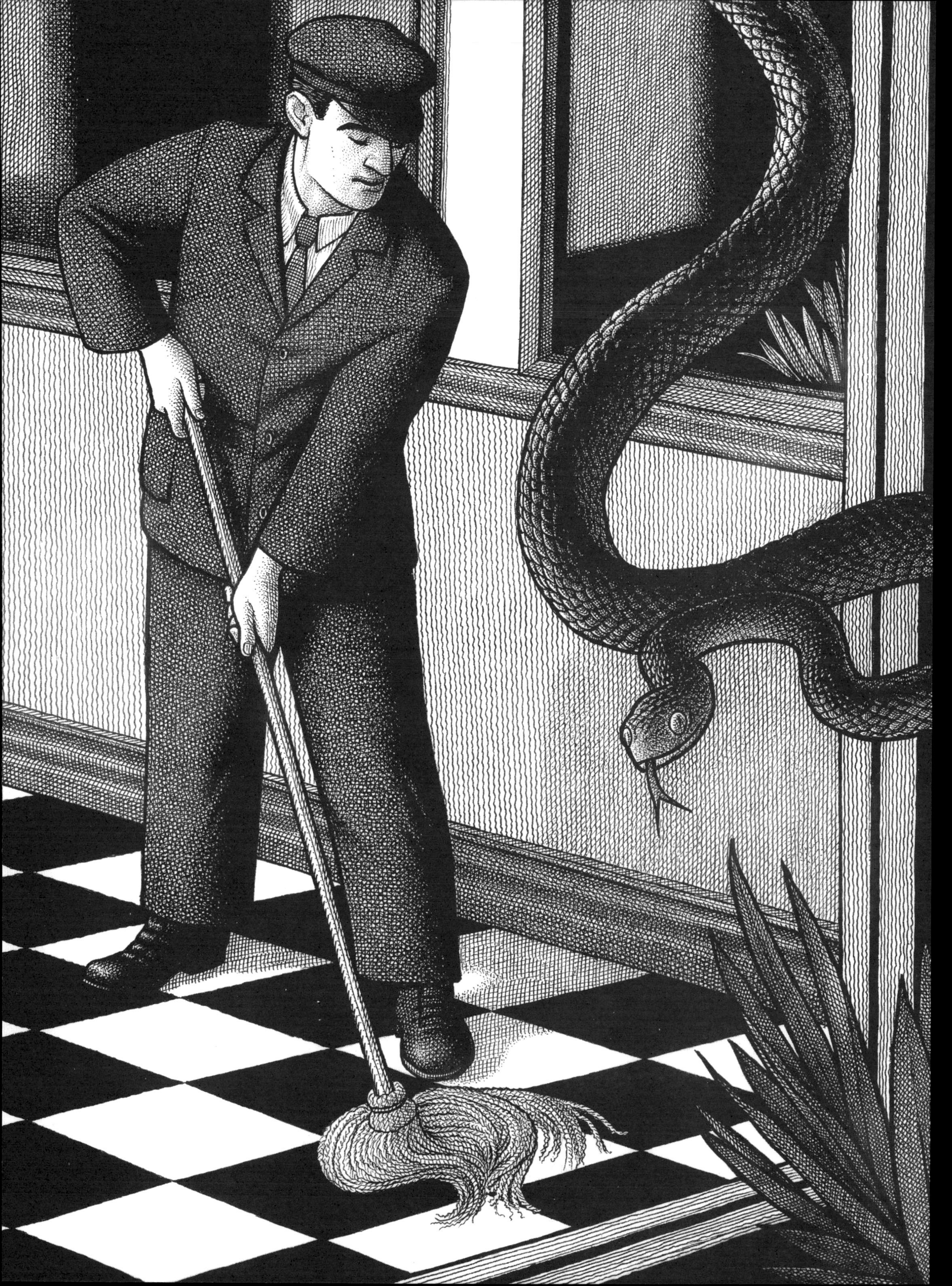

O TRABALHO PARECIA OFERECER TUDO
O QUE ELE PRECISAVA... CLARO QUE ERA CHATO E REPETITIVO,
MAS TINHA MUITOS LUGARES SECRETOS E ISOLADOS
DE ONDE PODIA OBSERVAR AS PESSOAS SEM SER NOTADO.
OS ANIMAIS ERAM TAMBÉM PERFEITOS COMPANHEIROS DE TRABALHO,
SIMPLESMENTE POR SABEREM GUARDAR SILÊNCIO.

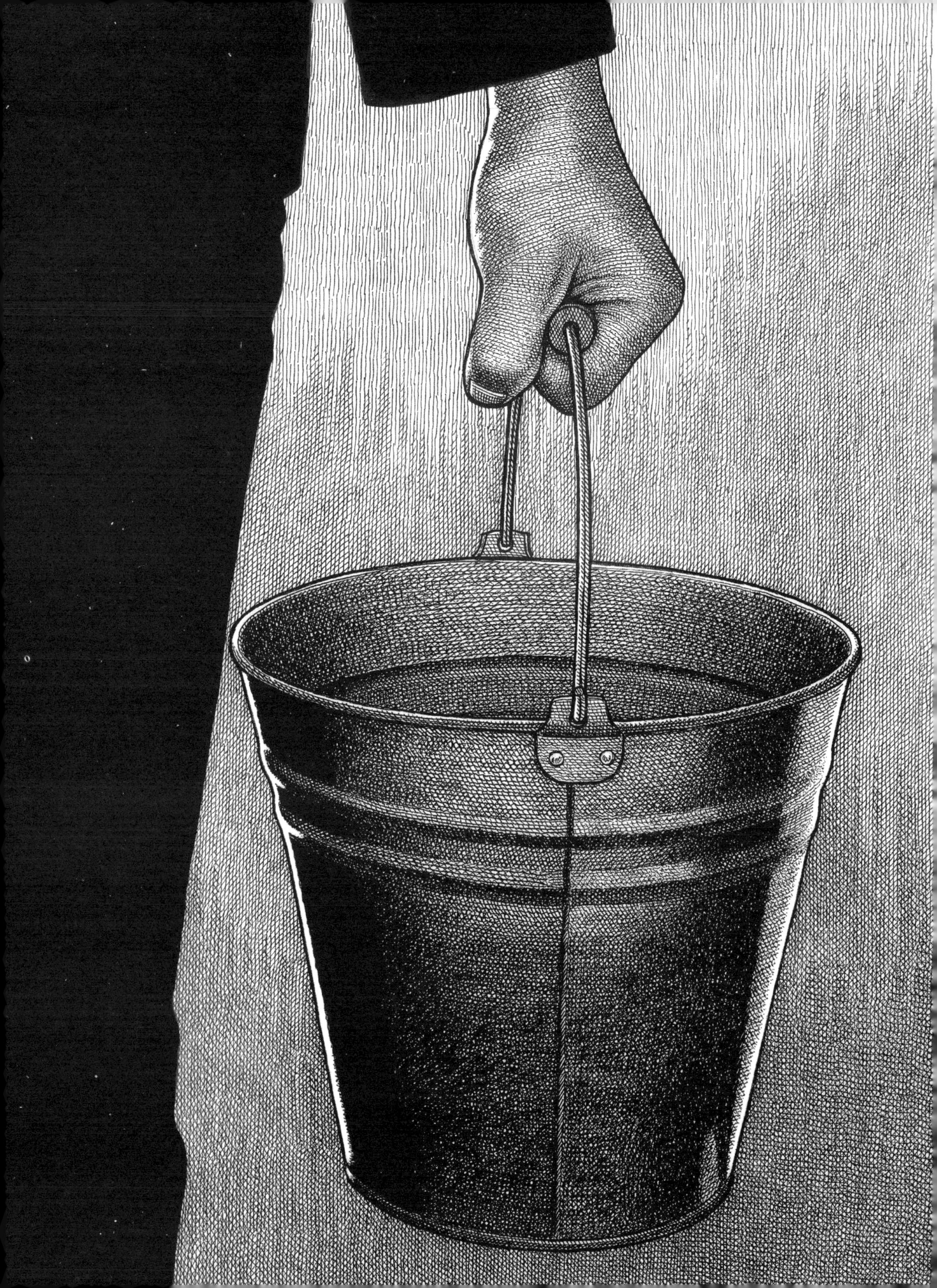

BENNY CONSEGUIU EVITAR PROBLEMAS E MANTER OS PENSAMENTOS DENTRO DE SUA CABEÇA DURANTE UM BOM TEMPO, ATÉ O DIA FATÍDICO EM QUE ARRISCOU OLHAR PELA JANELA DA ÁREA DE SERVIÇO DO PAVILHÃO DOS RÉPTEIS...

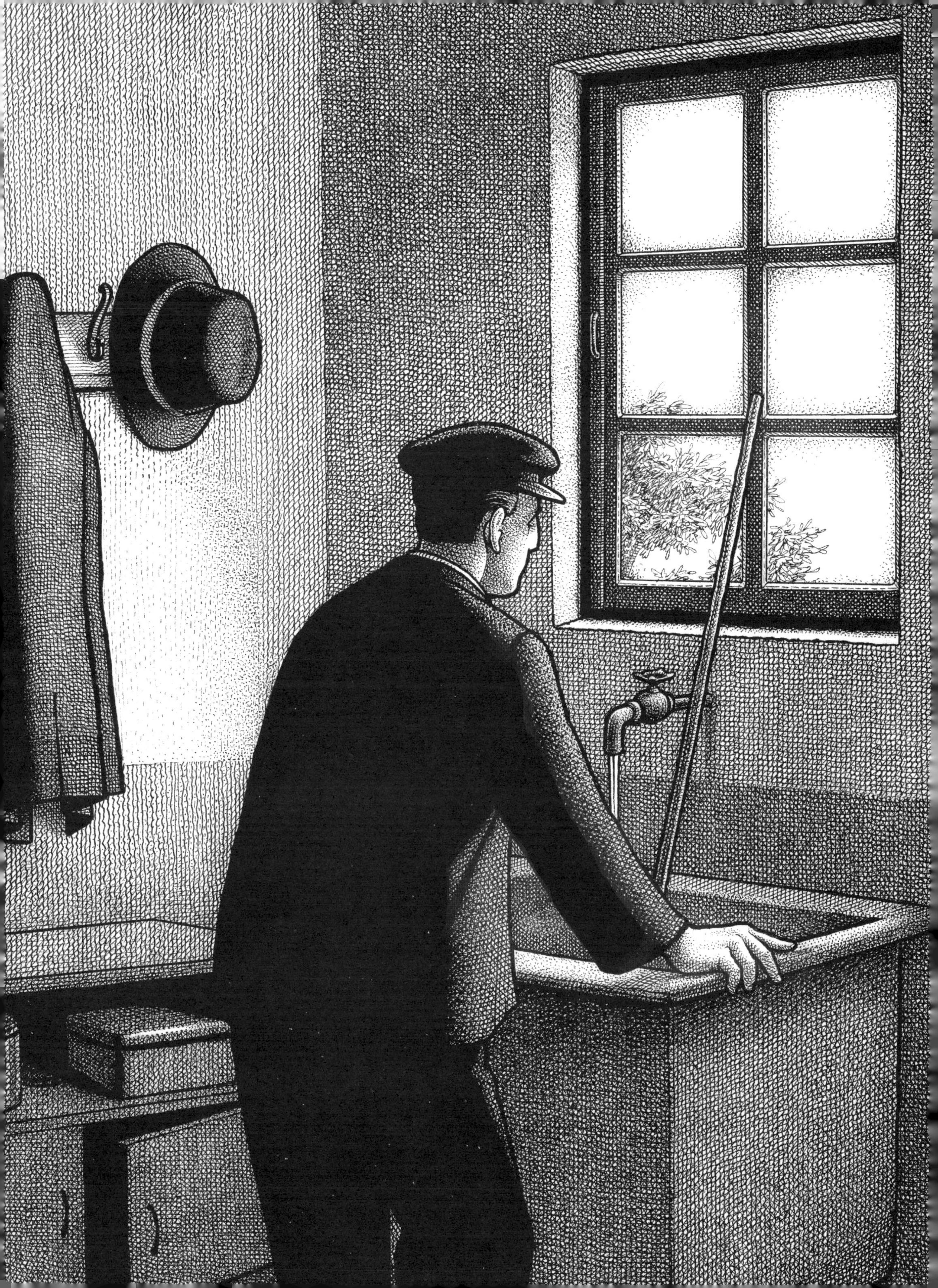

... E A VIU.

APESAR DE TODOS OS ANOS QUE SE PASSARAM, ELE A RECONHECEU IMEDIATAMENTE.

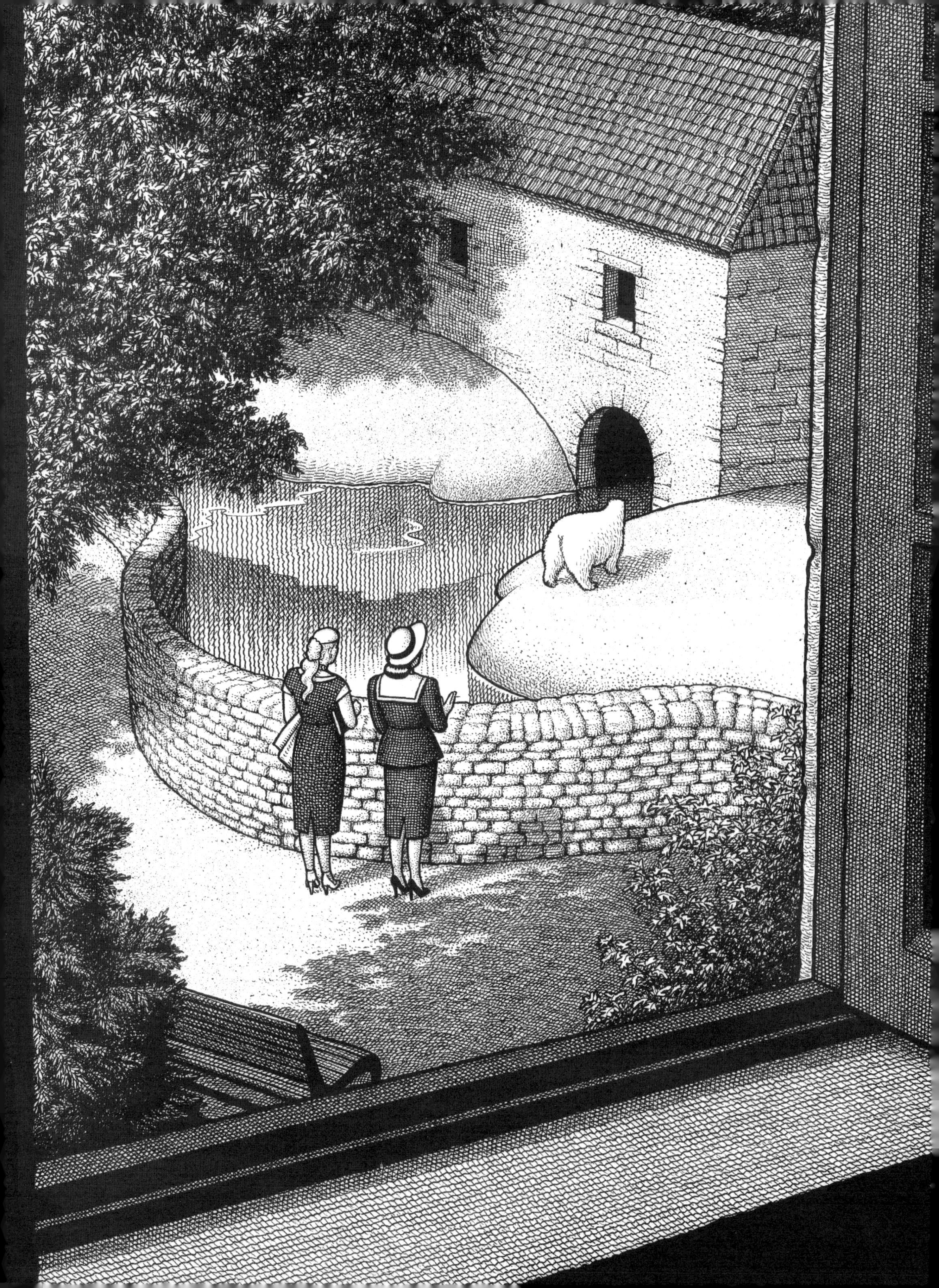

SEU CORAÇÃO DISPAROU...

ERA A "WHITE BECKY"!

BENNY A CONTEMPLOU FASCINADO, INCAPAZ DE DESVIAR O OLHAR. NAQUELE MOMENTO ELE SOUBE QUE TINHA QUE SER ELA.

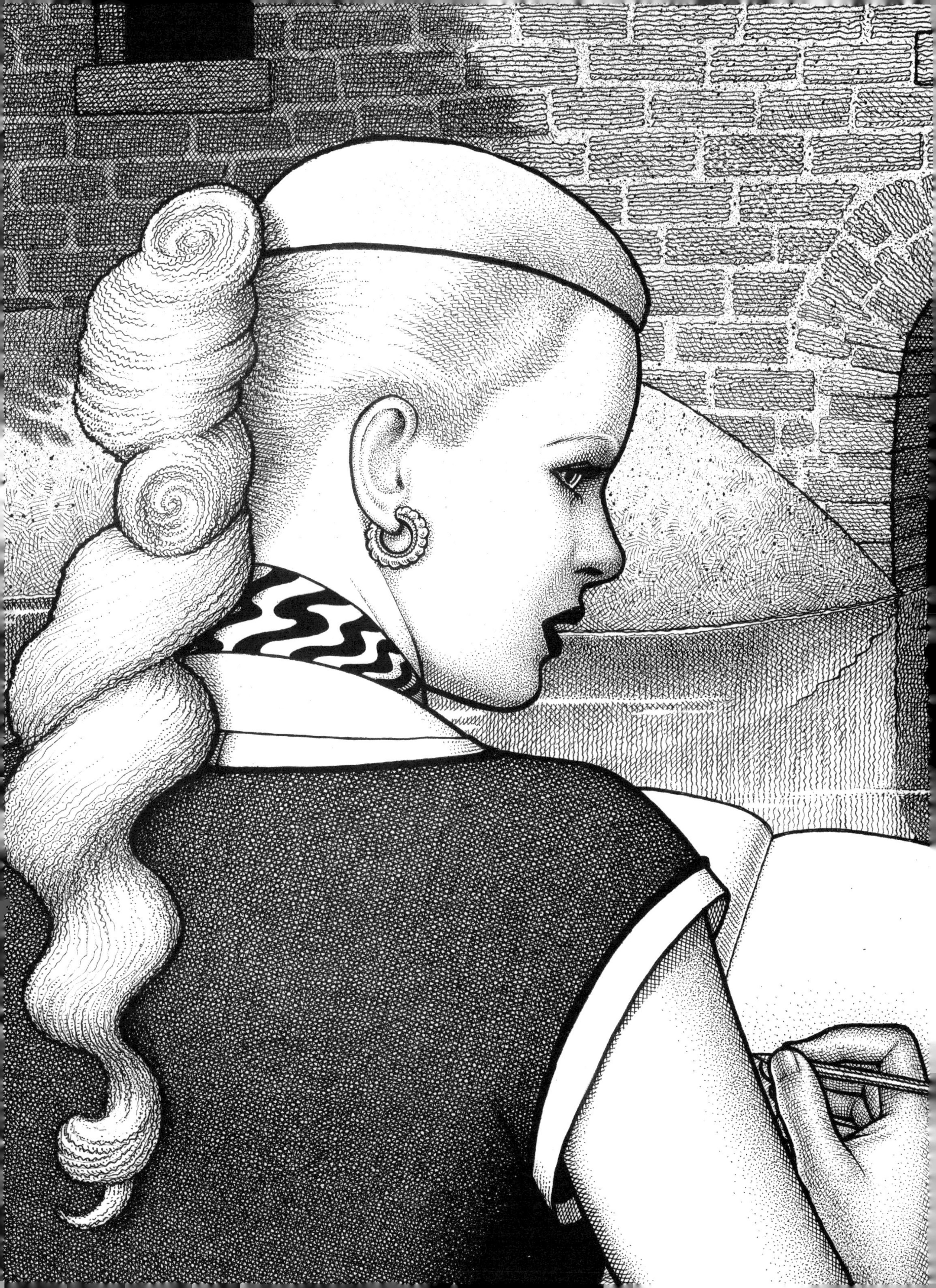

BECKY FICOU EM FRENTE DO RECINTO DO URSO-POLAR DURANTE UM TEMPO, DESENHANDO E CONVERSANDO COM SUA COMPANHEIRA. QUANDO FORAM EMBORA, BENNY PERCEBEU QUE ELA TINHA ESQUECIDO SEU CADERNO DE DESENHO.

ELE SAIU CORRENDO COMO UM LOUCO DO EDIFÍCIO DOS RÉPTEIS, AGARROU O CADERNO E SE DIRIGIU PARA A SAÍDA.

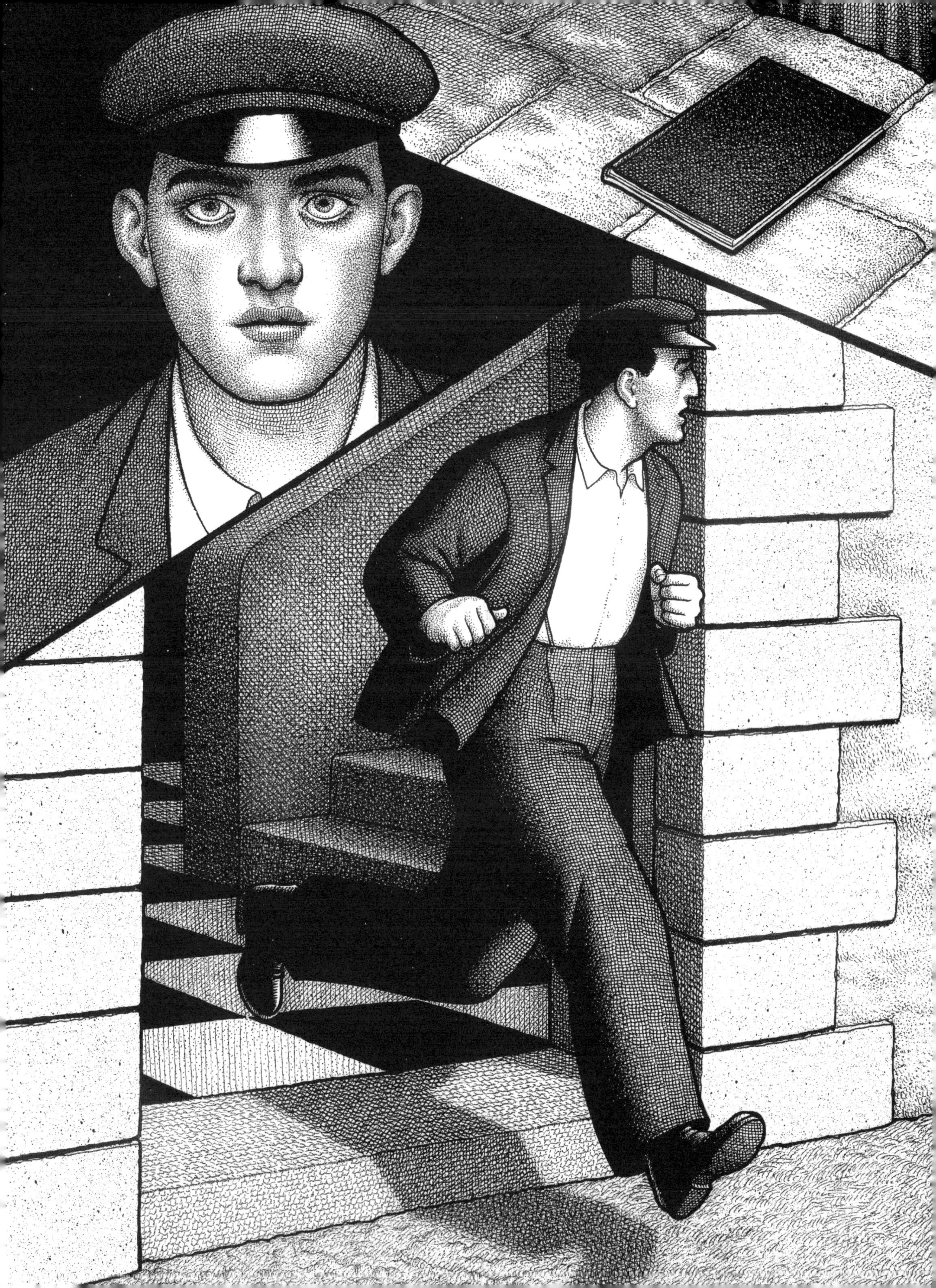

ELE ALCANÇOU BECKY E SUA AMIGA PERTO DOS PORTÕES DA CIDADE VELHA.

MANTENDO-SE A UMA DISTÂNCIA SEGURA, ELE COMEÇOU A SEGUI-LAS...

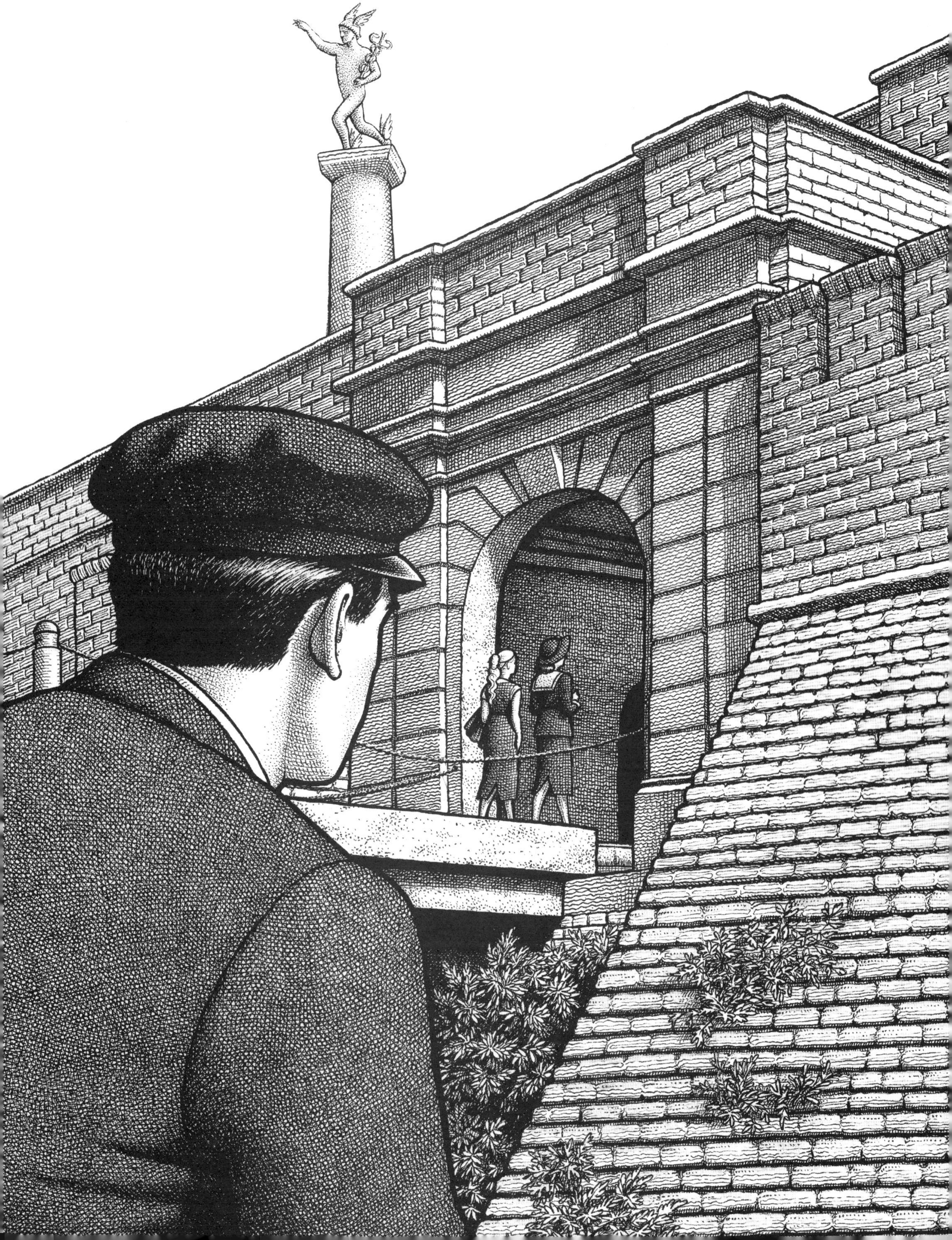

... ENQUANTO ELAS PASSEAVAM PELAS ESTREITAS RUAS DO BAIRRO GREGO...

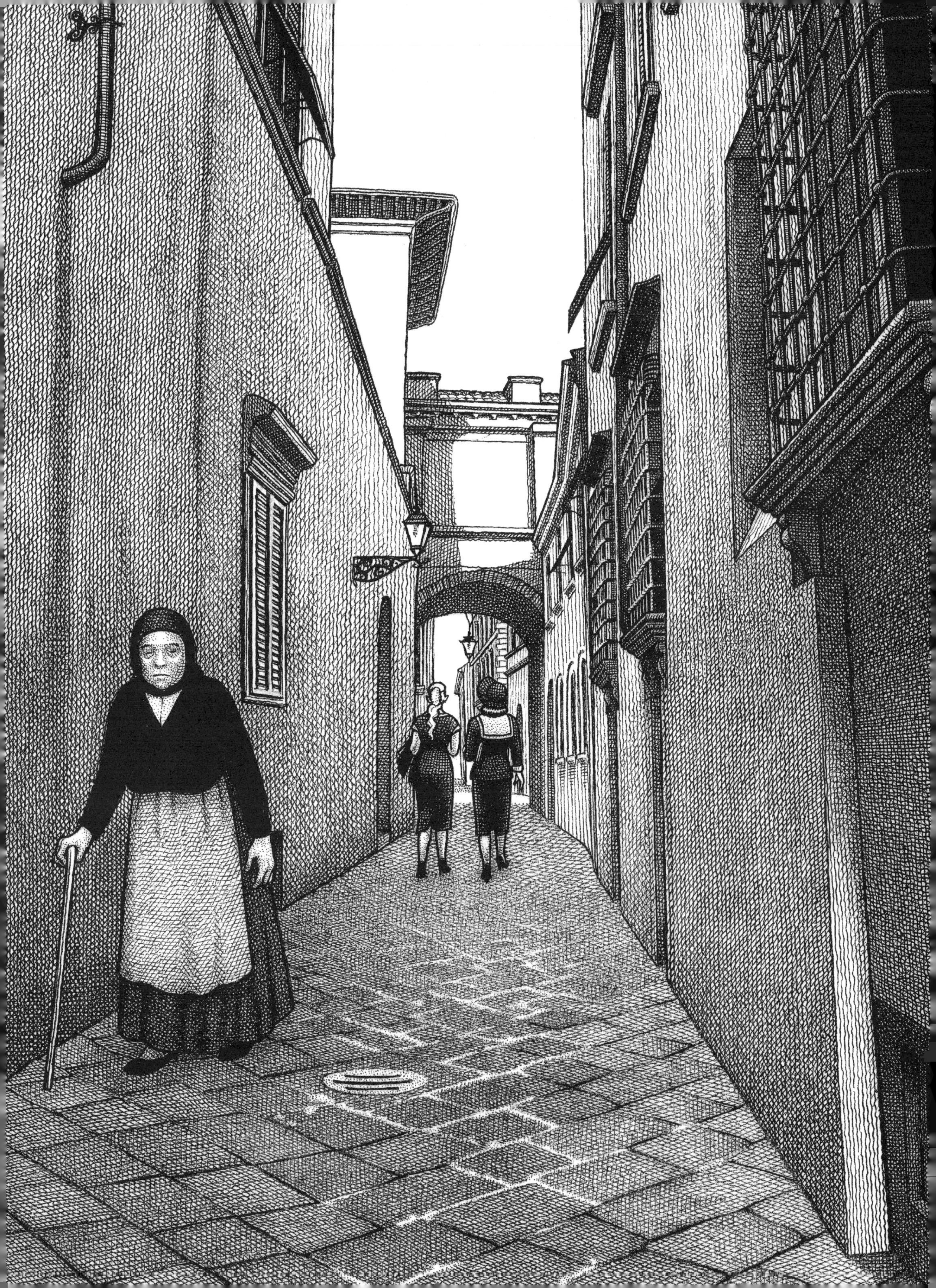

... E DEPOIS ENTRARAM NO BOSQUE, SEGUINDO PELO CAMINHO QUE MARGEAVA O RIACHO ARKTOI.

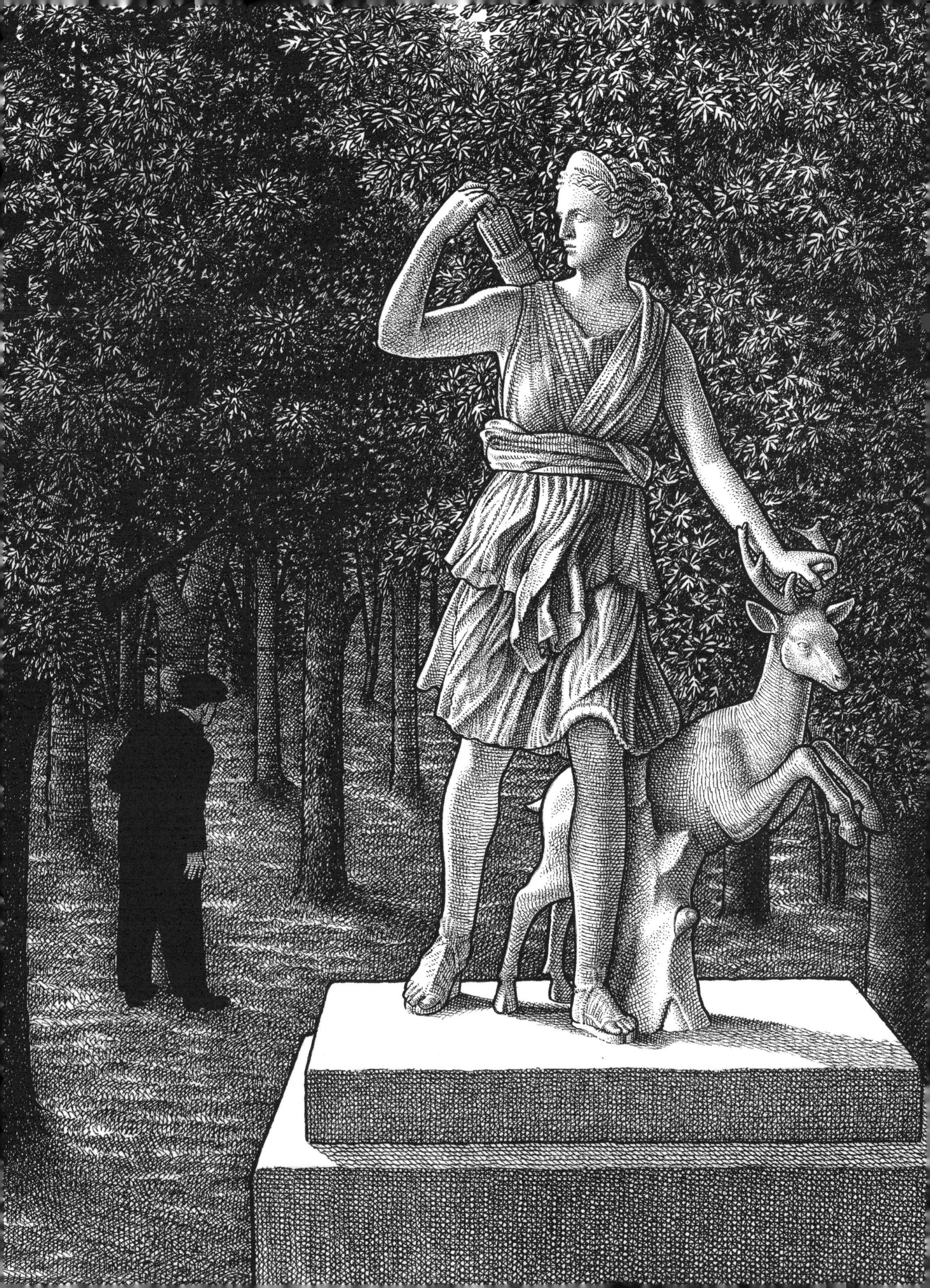

BENNY FICOU SURPRESO QUANDO ELAS CHEGARAM AO SEU DESTINO, UMA ENORME MANSÃO NO MEIO DE UMA CLAREIRA, POIS, EMBORA CONHECESSE O LOCAL COMO A PALMA DE SUA MÃO, ELE NUNCA HAVIA VISTO ESSE ANTIGO EDIFÍCIO ANTES, NEM SABIA DE SUA EXISTÊNCIA.

ELE PERMANECEU NA SOMBRA DAS ÁRVORES POR UM TEMPO, ESPERANDO PELO ANOITECER.

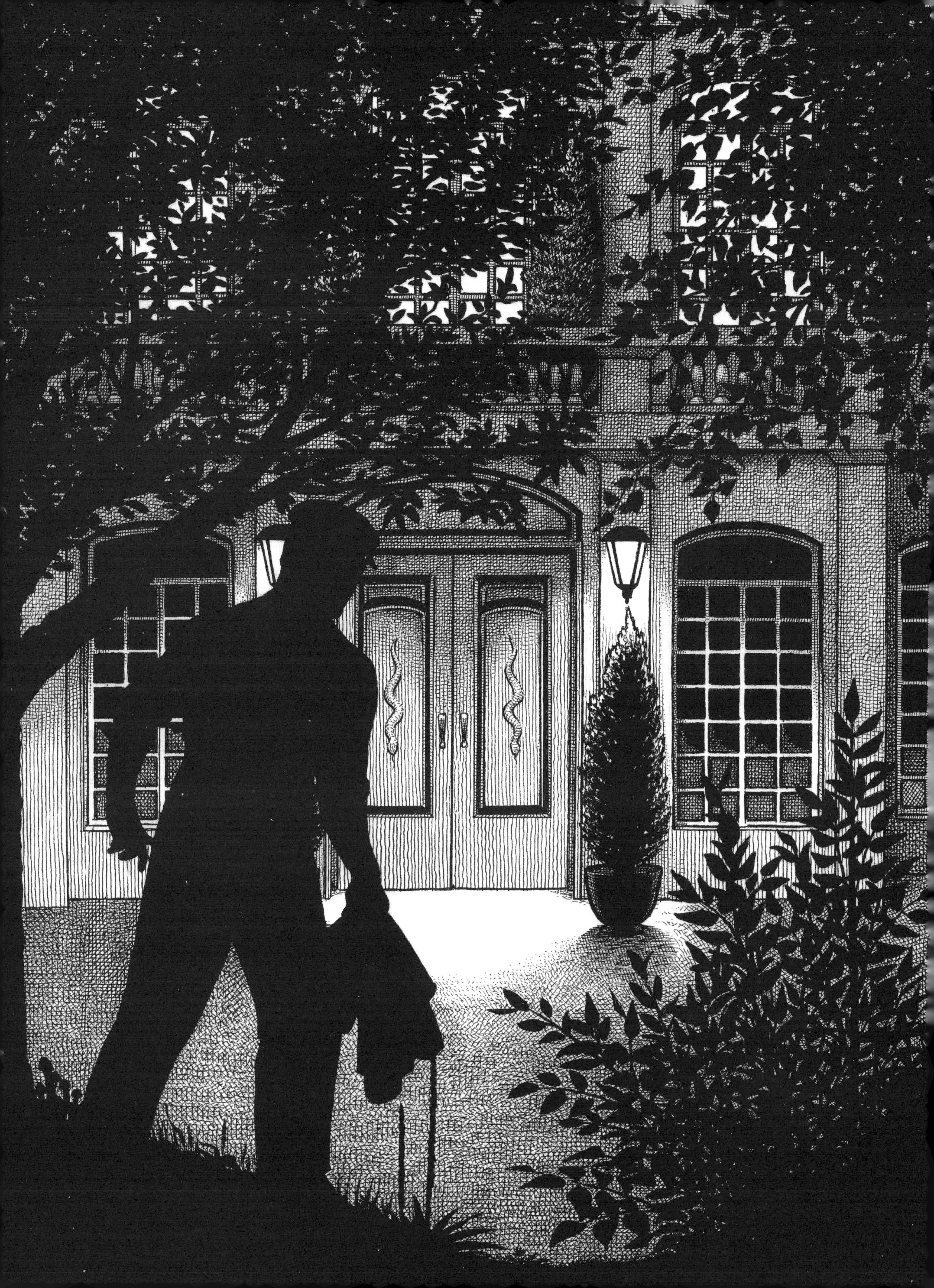

QUANDO A NOITE CHEGOU E OS GRILOS COMEÇARAM SEU CANTO NOTURNO, BENNY SE APROXIMOU DA LATERAL DA CASA, INDO NA PONTA DOS PÉS ATÉ A ÚNICA JANELA ILUMINADA NO TÉRREO.

BECKY ESTAVA LÁ, VESTIDA DE SEDA, ENQUANTO SUA CRIADA PREPARAVA O BANHO.

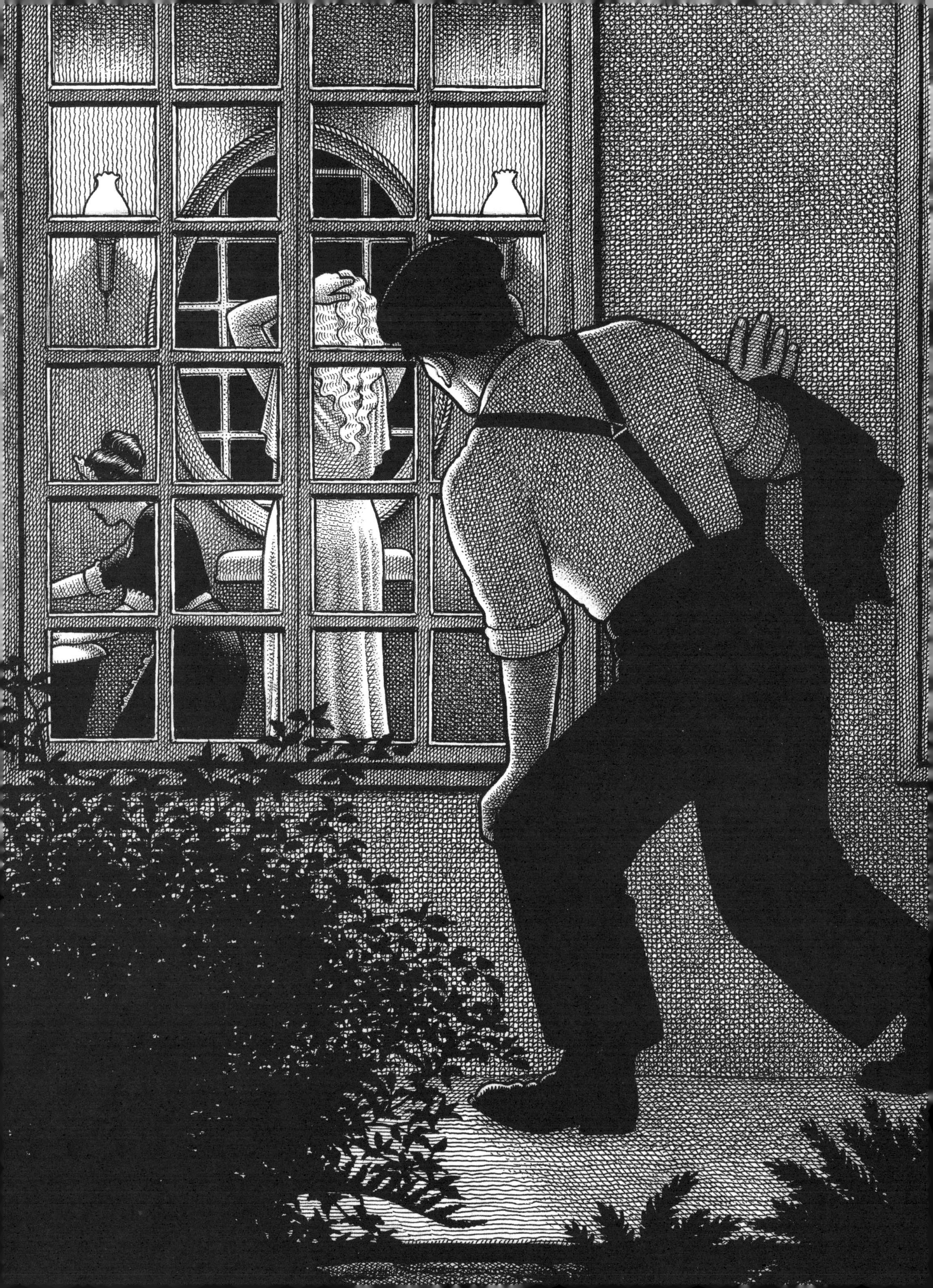

SUA PELE ERA MACIA E IMACULADA, COMO O ALABASTRO. BENNY JAMAIS TINHA VISTO TAMANHA BELEZA, SEU CORPO FREMIA DE DESEJO, COMO JAMAIS HAVIA ACONTECIDO.

QUANDO ELA SE DESPIU E ENTROU NO BANHO, BENNY EJACULOU EM SUAS CALÇAS, DANDO UM GRITO...

ASSUSTADA, BECKY OLHOU NA DIREÇÃO DELE.

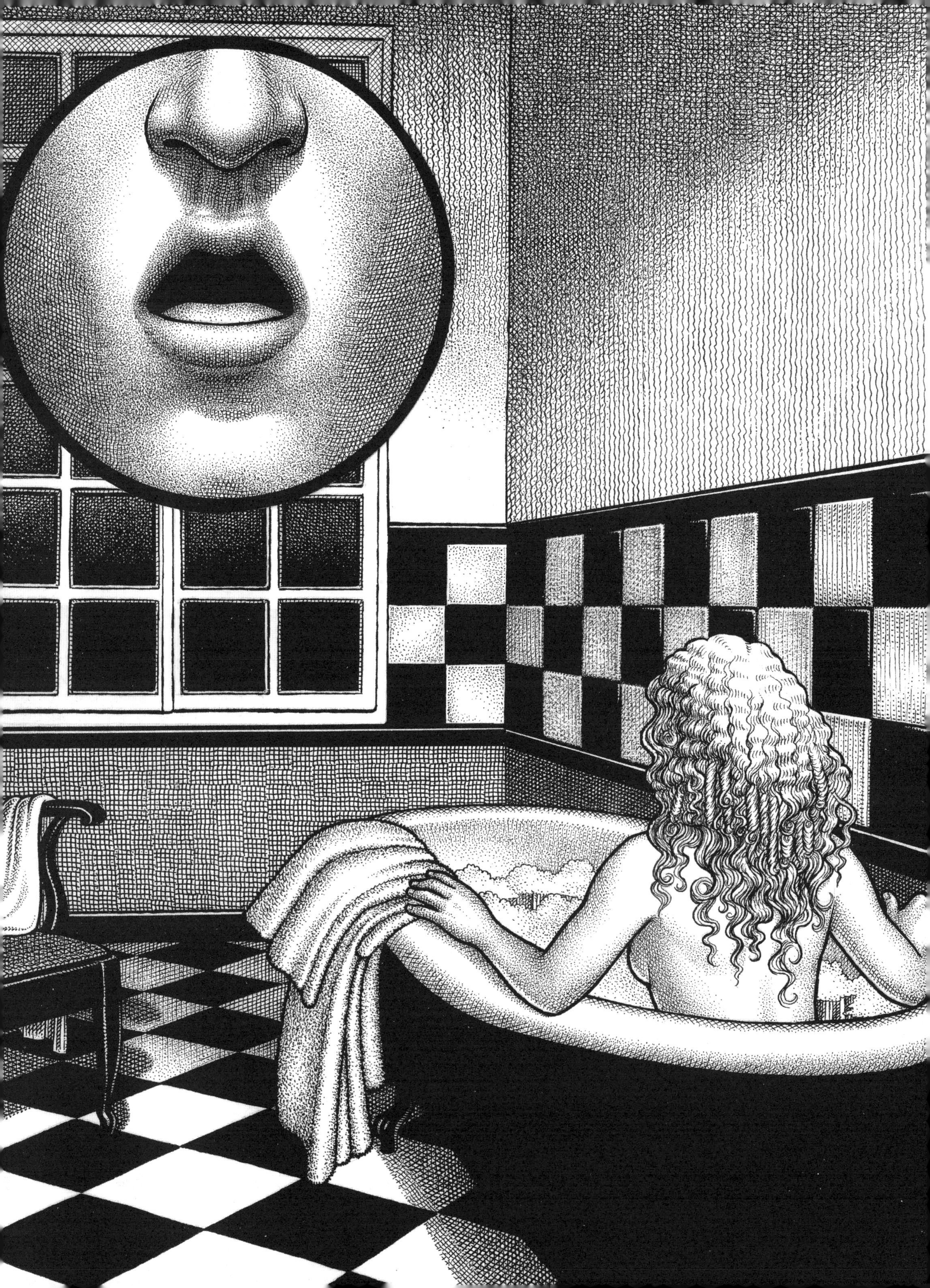

ELE ENTROU EM PÂNICO E FUGIU, SENTINDO SEU CORAÇÃO BATENDO EM SEU VENTRE, SEU PEITO E SUA GARGANTA. ERA COMO SE O CORPO TODO TIVESSE SE TRANSFORMADO EM UM ÓRGÃO INTUMESCIDO E PALPITANTE, PRONTO PARA EXPLODIR.

ELE NUNCA TINHA SE SENTIDO TÃO VIVO...

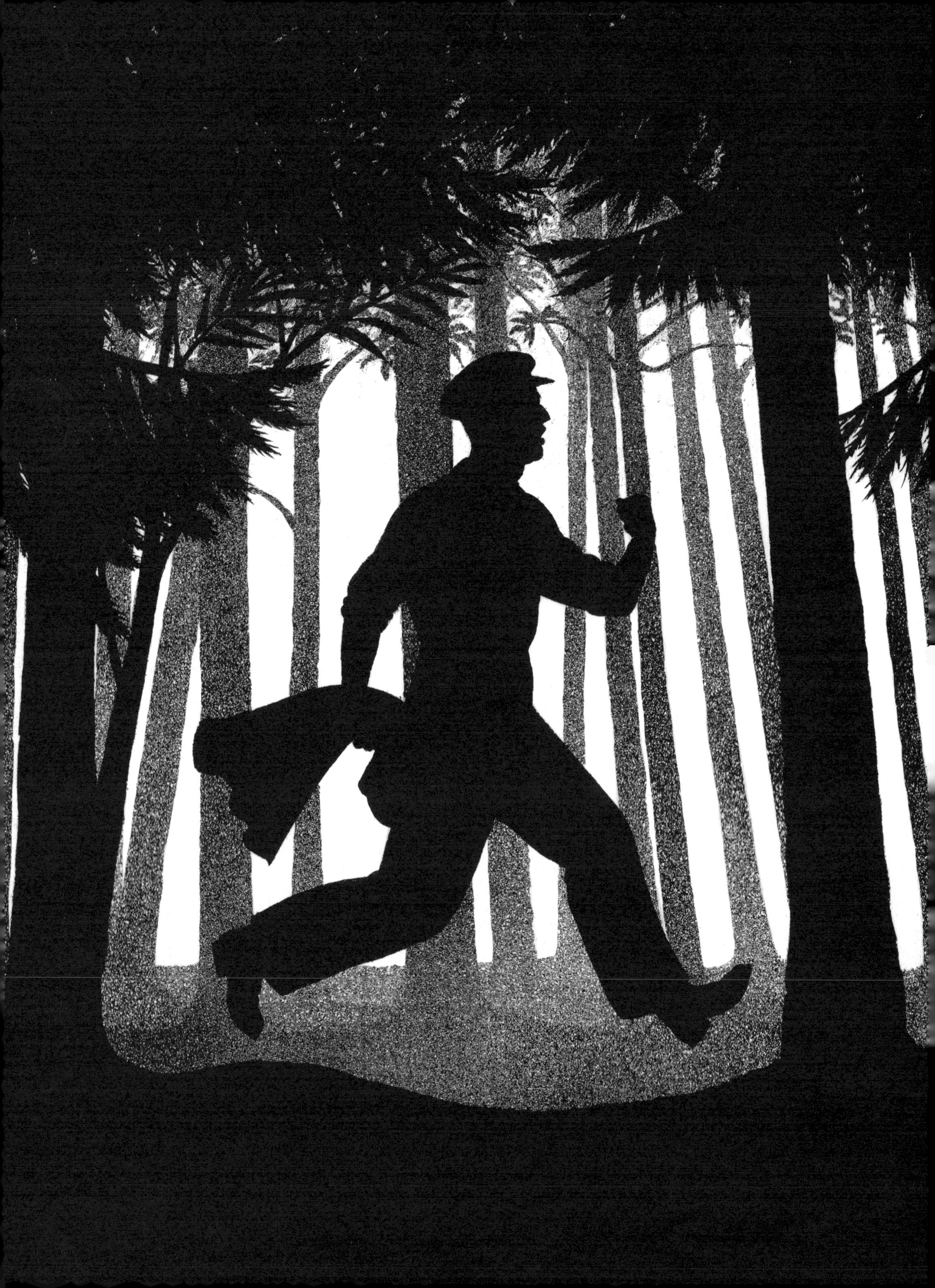

ELE CORREU O MAIS RÁPIDO QUE SUAS PERNAS CONSEGUIAM, E NÃO PAROU DE CORRER ATÉ CHEGAR À SUA CASA NA RUA DO CURTUME.

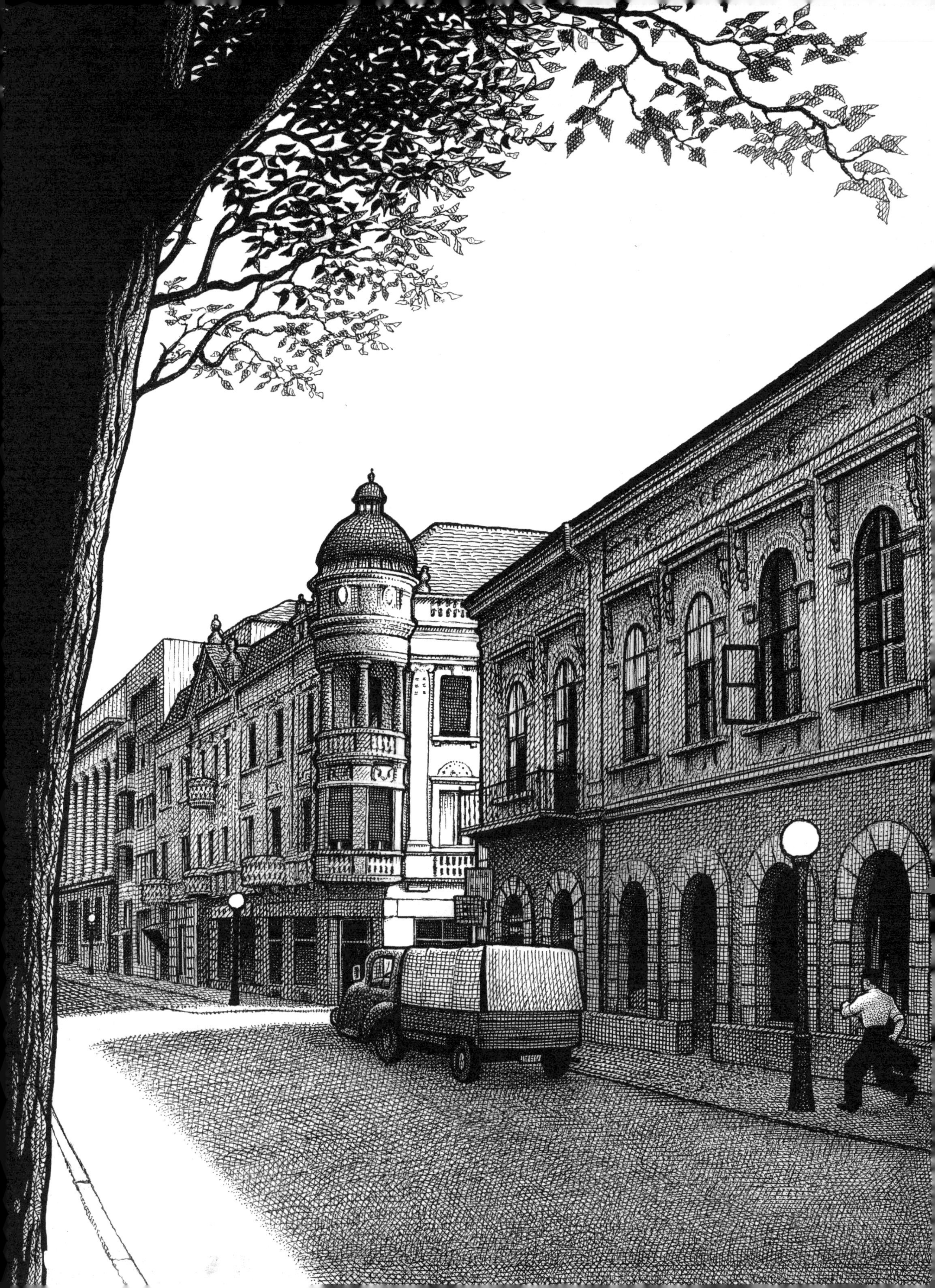

ASSIM QUE CONSEGUIU
RECUPERAR O FÔLEGO E VOLTOU A SE SENTIR CALMO,
BENNY SE LEMBROU DO CADERNO DE DESENHOS
QUE ELE ANTES HAVIA COLOCADO NO BOLSO.

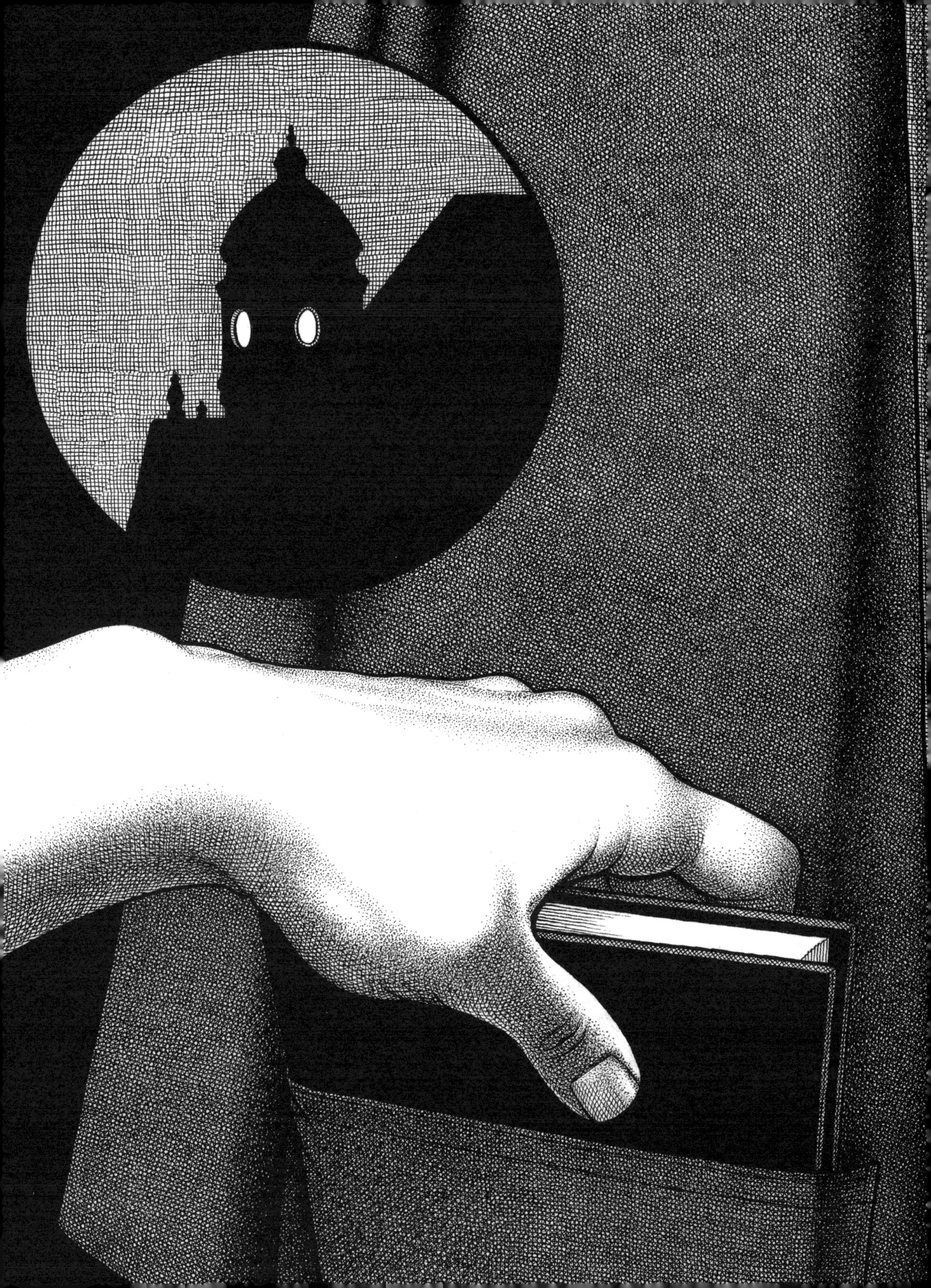

ESTAVA REPLETO DE DESENHOS ERÓTICOS, ONDE O PERSONAGEM MASCULINO MOSTRAVA UMA ESTRANHA SEMELHANÇA COM BENNY. ELE TEVE UMA SENSAÇÃO ESQUISITA, COMO UMA IMPRESSÃO DE DÉJÀ-VU, E VOLTOU AO INÍCIO DO CADERNO... E LÁ ESTAVA, UM DESENHO MOSTRANDO ELE OLHANDO BECKY PELA JANELA DA ÁREA DE SERVIÇO...

AS PÁGINAS SEGUINTES REPRESENTAVAM TODOS OS ACONTECIMENTOS DAQUELE DIA: BENNY SEGUINDO BECKY ATÉ A CASA, ESPERANDO NA SOMBRA DAS ÁRVORES, OLHANDO PELA JANELA DO BANHEIRO...

... E SAINDO CORRENDO.

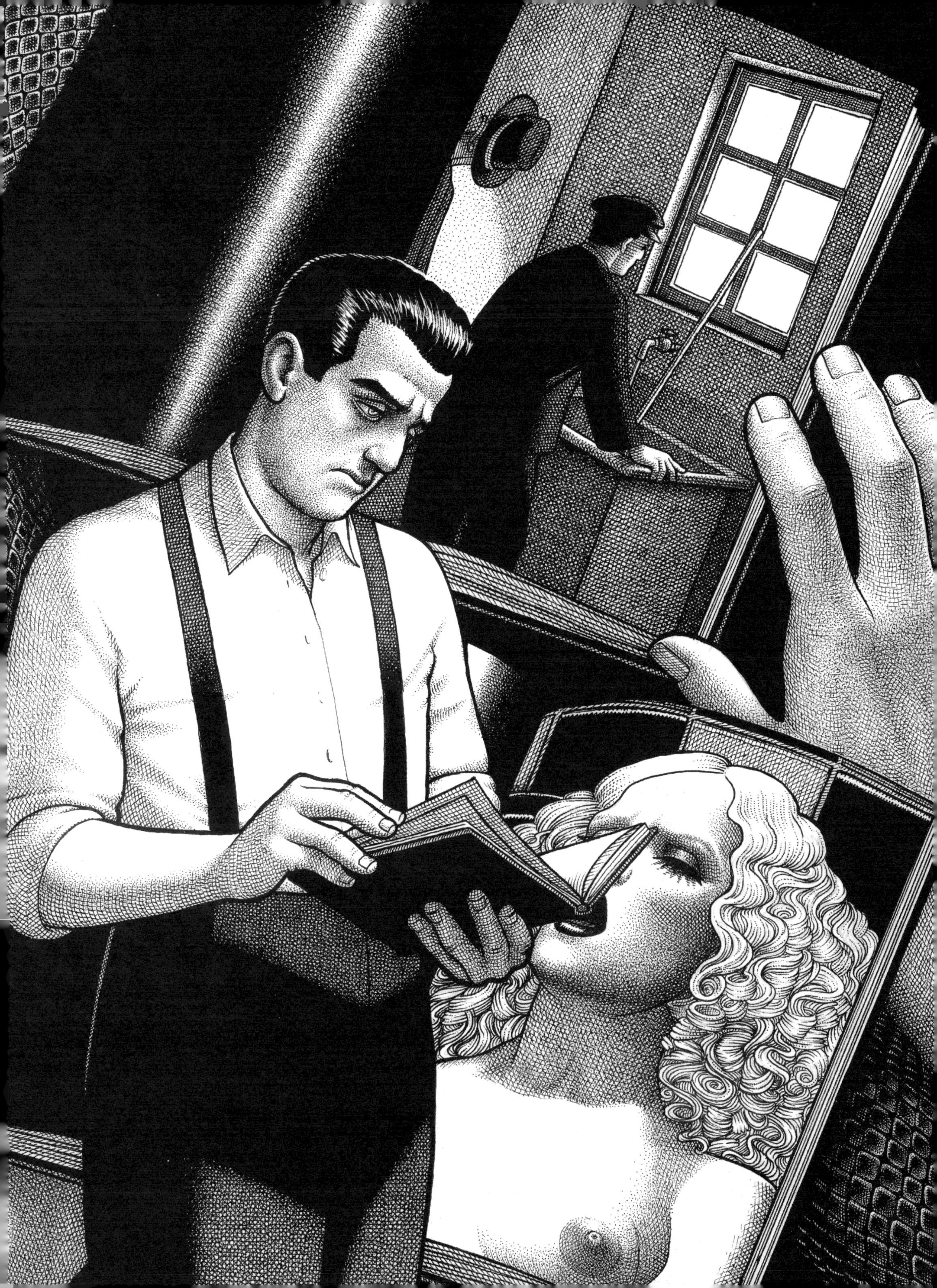

MAS O CADERNO NÃO PARAVA AÍ. CONTINUAVA COM DESENHOS DE BENNY EM VÁRIOS ATOS SEXUAIS COM BECKY E OUTRAS DUAS MULHERES QUE ELE AGORA RECONHECIA COMO SENDO A CRIADA E A AMIGA DO ZOOLÓGICO.

ELE TINHA CERTEZA QUE O ENCONTRO COM BECKY NÃO HAVIA ACONTECIDO POR ACASO, E QUE O CADERNO DE DESENHOS TINHA SIDO DEIXADO LÁ DE PROPÓSITO PARA QUE ELE ENCONTRASSE.

TALVEZ... COMO UM CONVITE PARA QUE AQUELAS FANTASIAS SE TORNASSEM REALIDADE.

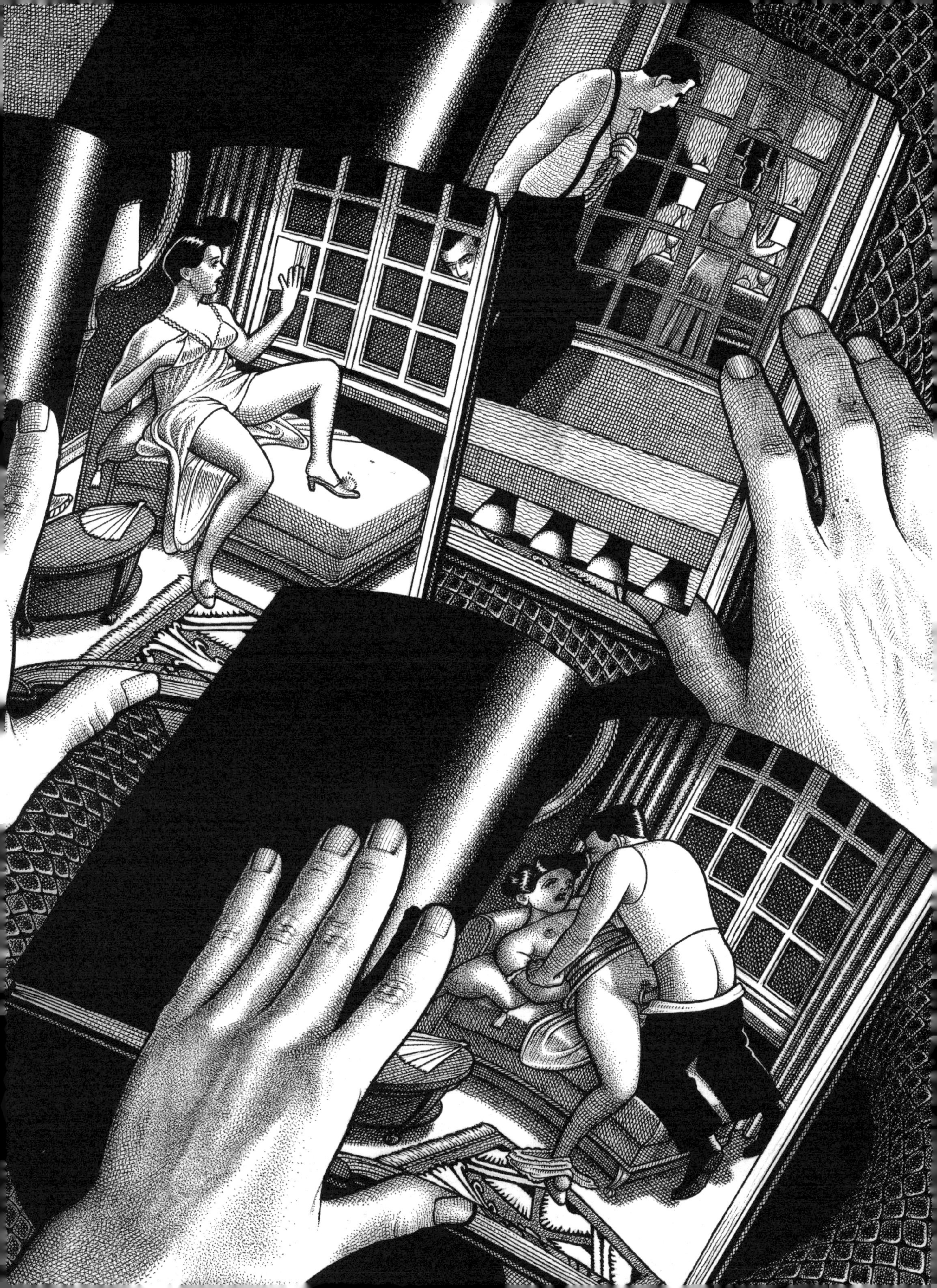

NOS DIAS SEGUINTES, BENNY CONTINUOU INDO AO TRABALHO APENAS PARA MARCAR PRESENÇA E VERIFICAR SE BECKY E SUA AMIGA APARECIAM POR ALI. MAS DESDE AQUELA PRIMEIRA VEZ ELAS NÃO RETORNARAM.

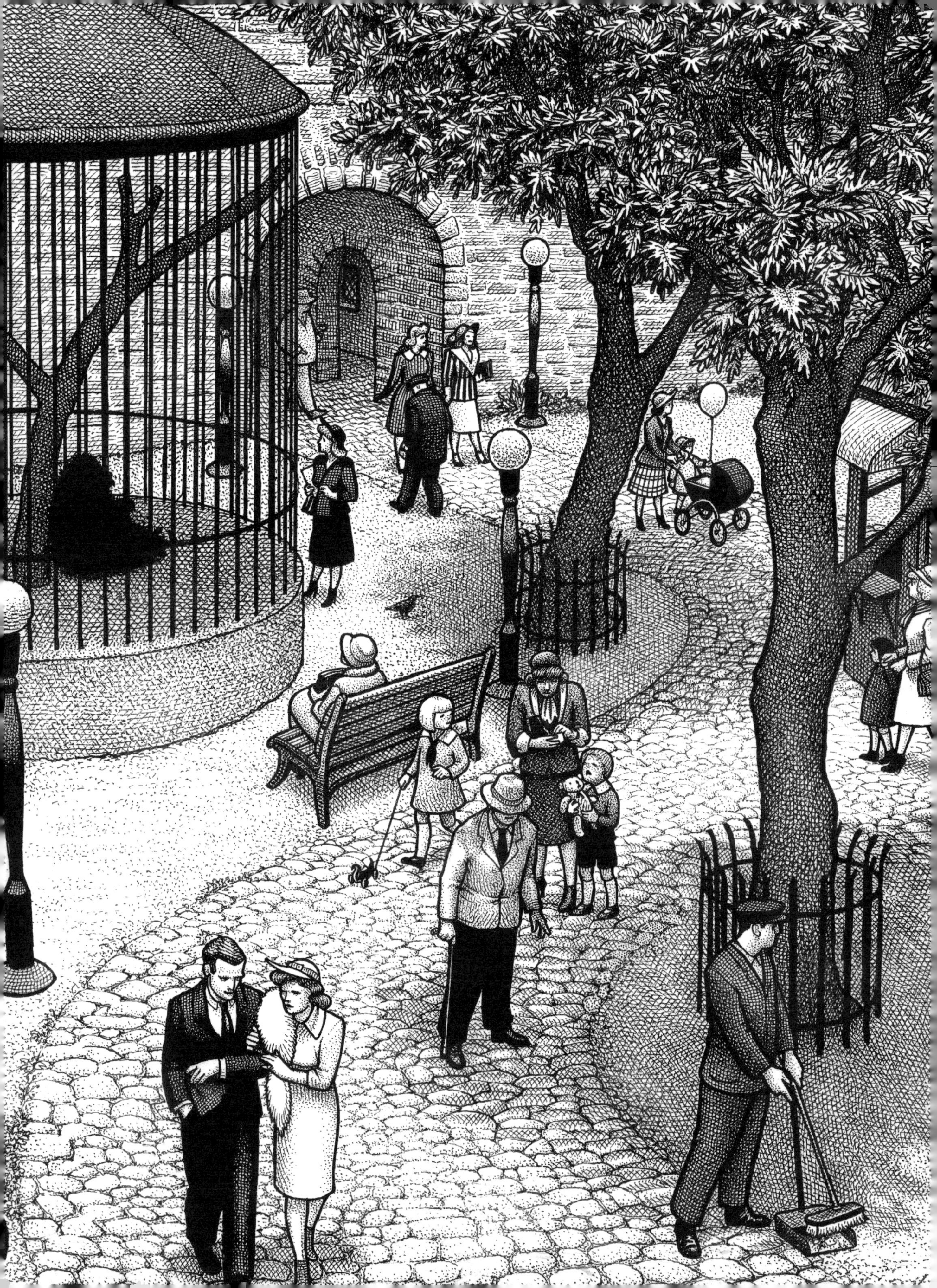

PORÉM, BENNY PASSAVA A MAIOR PARTE DO DIA EM SUA CASA, EXAMINANDO O CADERNO, OU MELHOR, OBCECADO POR ELE.

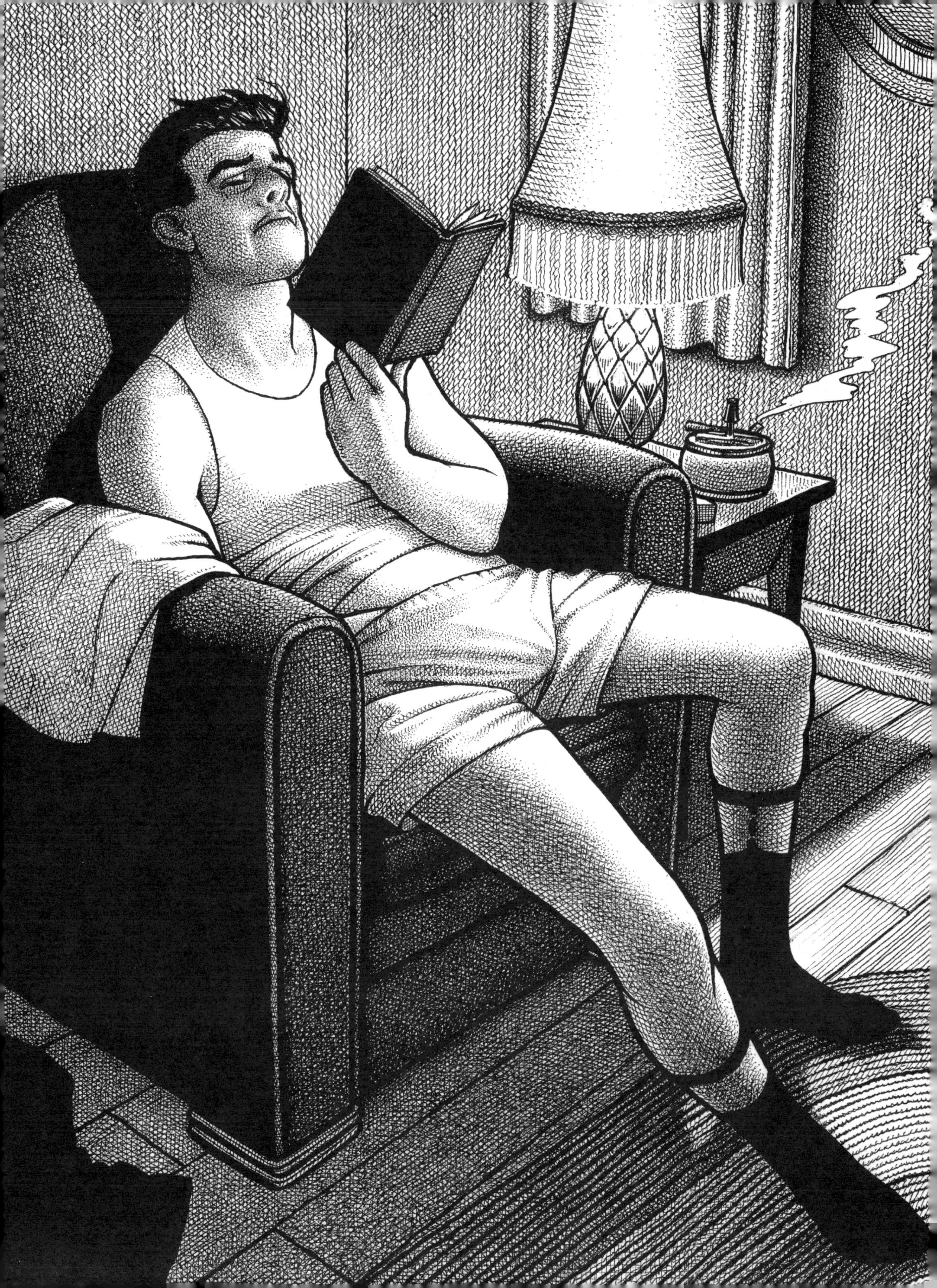

ELE GOZAVA SOBRE AS ILUSTRAÇÕES, POR HORAS A FIO, ESTUDANDO CUIDADOSAMENTE AS NOTAS QUE ELE ENCONTRAVA COLOCADAS ENTRE AS PÁGINAS.

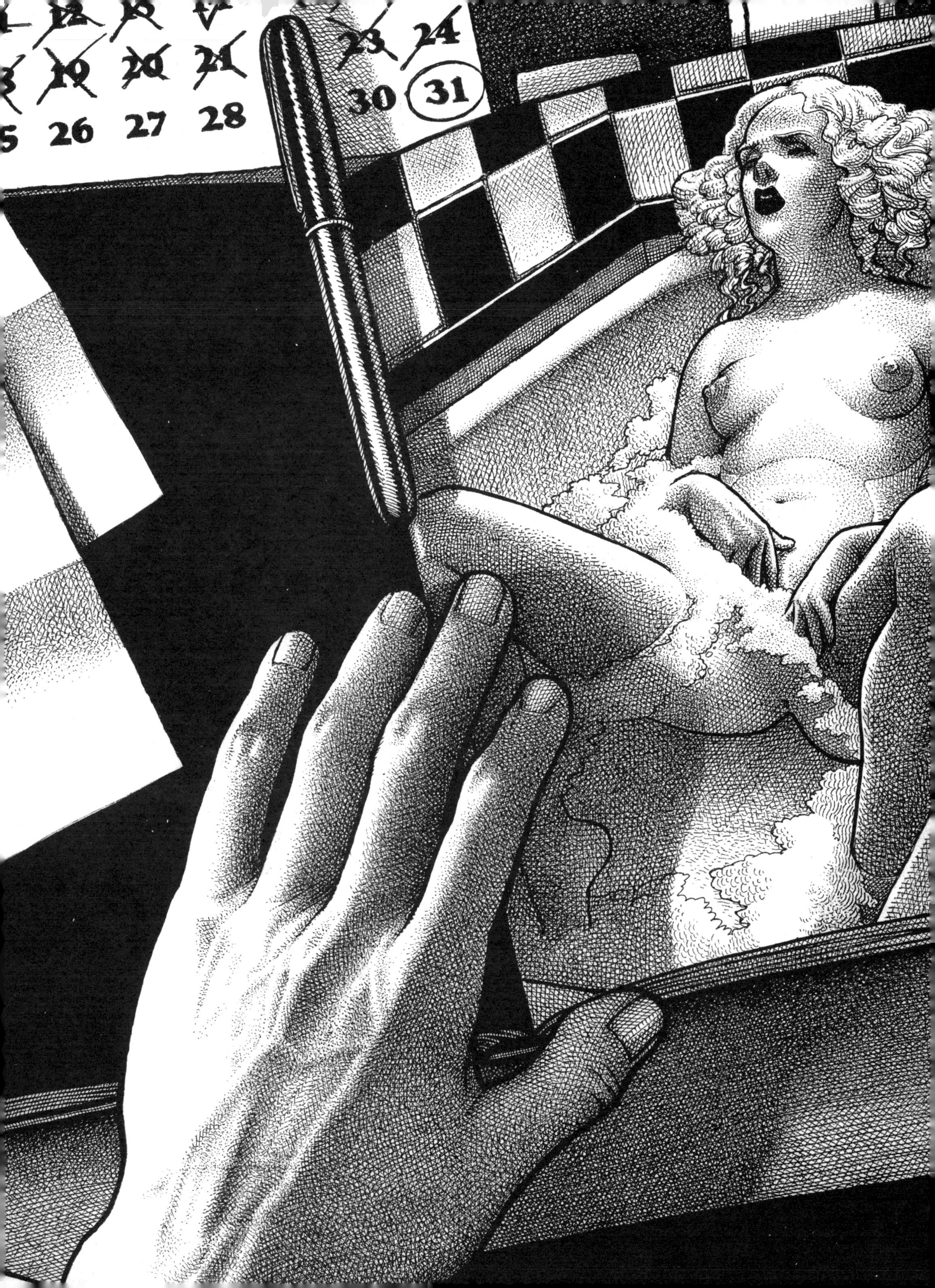
12
19 20 21
23 24
30 31
26 27 28

CADA ENCONTRO SEXUAL CORRESPONDIA A UMA DETERMINADA FASE DA LUA, E O MOMENTO EXATO EM QUE O CONTATO DEVERIA SE ESTABELECER ESTAVA FIXADO, COINCIDINDO O PRIMEIRO COM A PRÓXIMA LUA CRESCENTE.

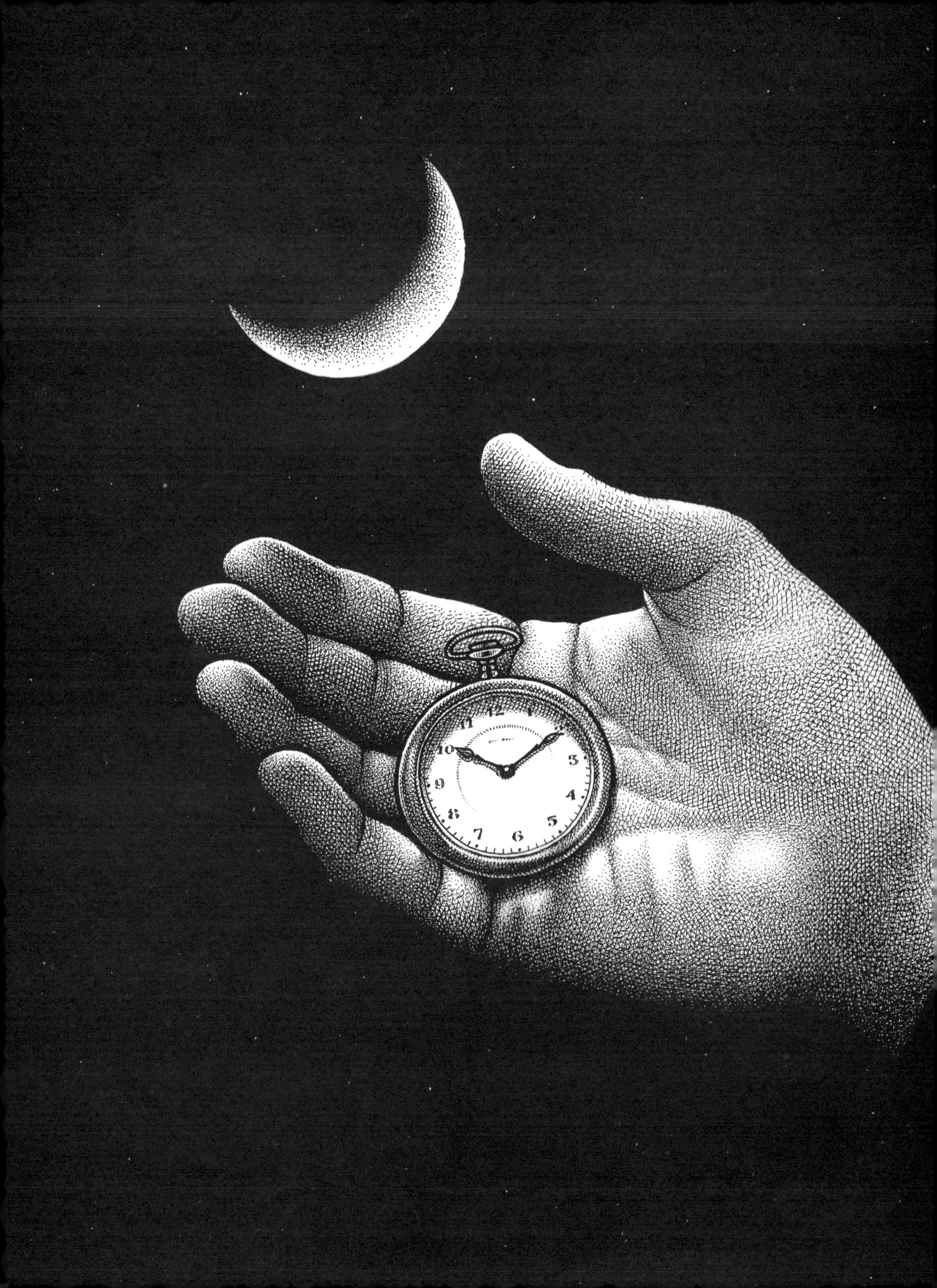

QUANDO A NOITE DA LUA CRESCENTE ENFIM CHEGOU, BENNY DEIXOU SEU APARTAMENTO COM OS NERVOS À FLOR DA PELE, ESQUECENDO ATÉ DE APAGAR AS LUZES.

ELE PENETROU A CIDADE VELHA BEM NA HORA QUE A LUA COMEÇOU A SURGIR.

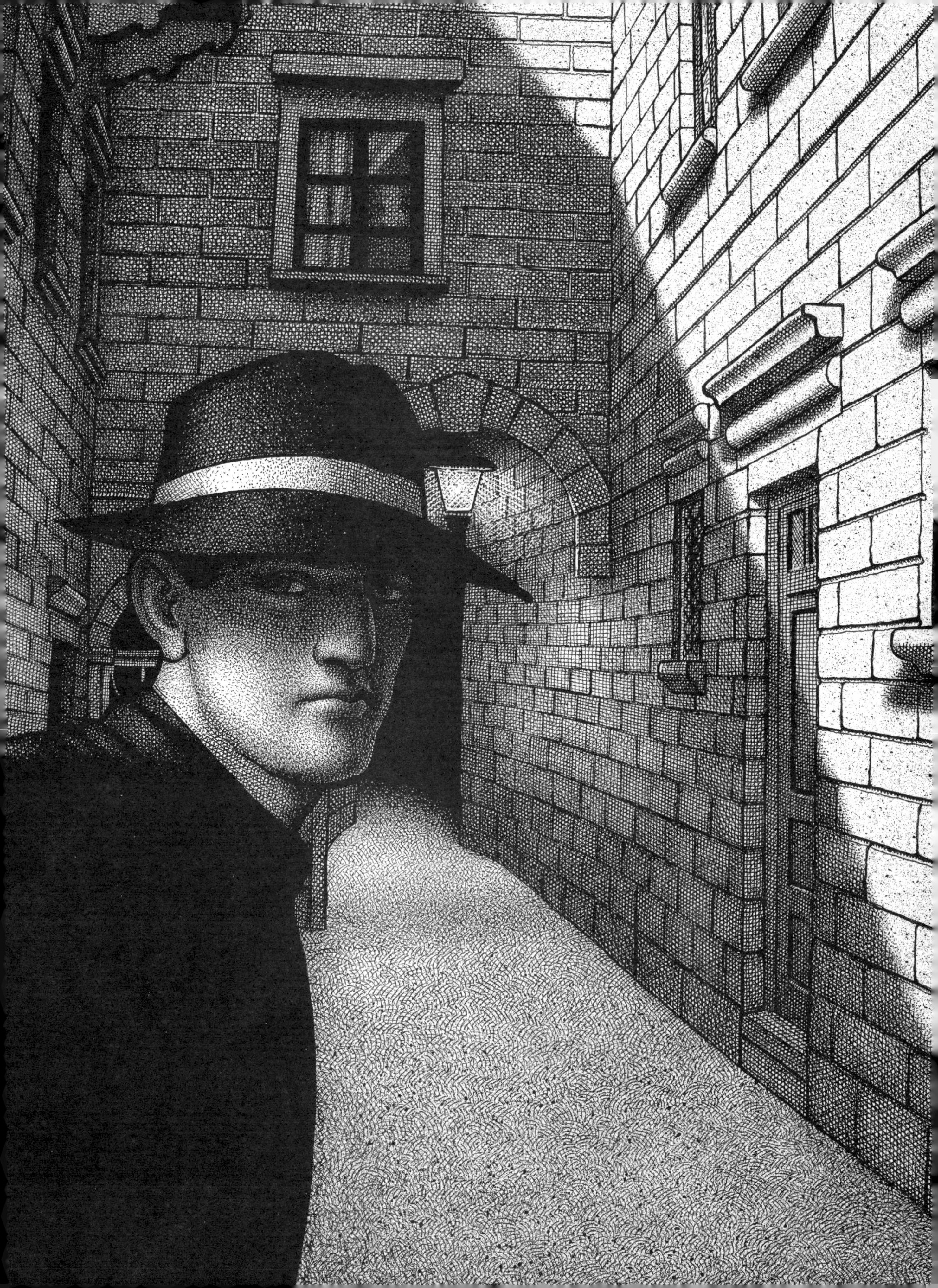

ELE PASSOU PELO POÇO ROMANO, PARANDO POR UM MOMENTO PARA ACENDER UM CIGARRO.

SEU ESTÔMAGO RONCAVA E ELE DE REPENTE PERCEBEU QUE NÃO HAVIA COMIDO NADA O DIA TODO.

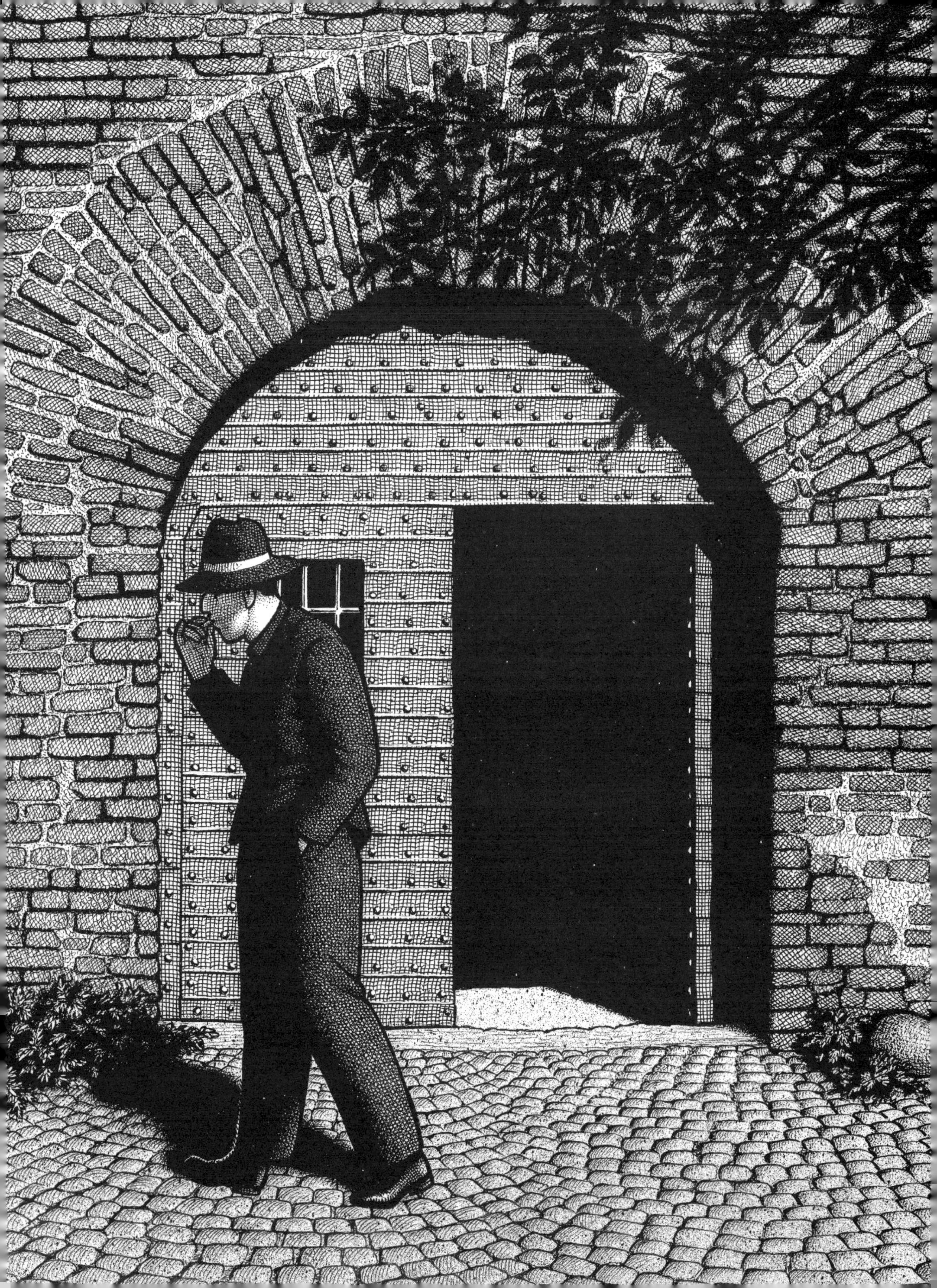

A NOITE ESTAVA MERGULHADA NO RUÍDO DE SAPOS E GRILOS, E NO SOM DO RIACHO QUE CORRIA AO LADO. BENNY HAVIA PERCORRIDO METADE DO CAMINHO DO BOSQUE, QUANDO DE REPENTE MERCÚRIO SURGIU NO CÉU.
ELE ESTAVA SUANDO PROFUSAMENTE...

... MAS NÃO PARECIA SE INCOMODAR COM ISSO.

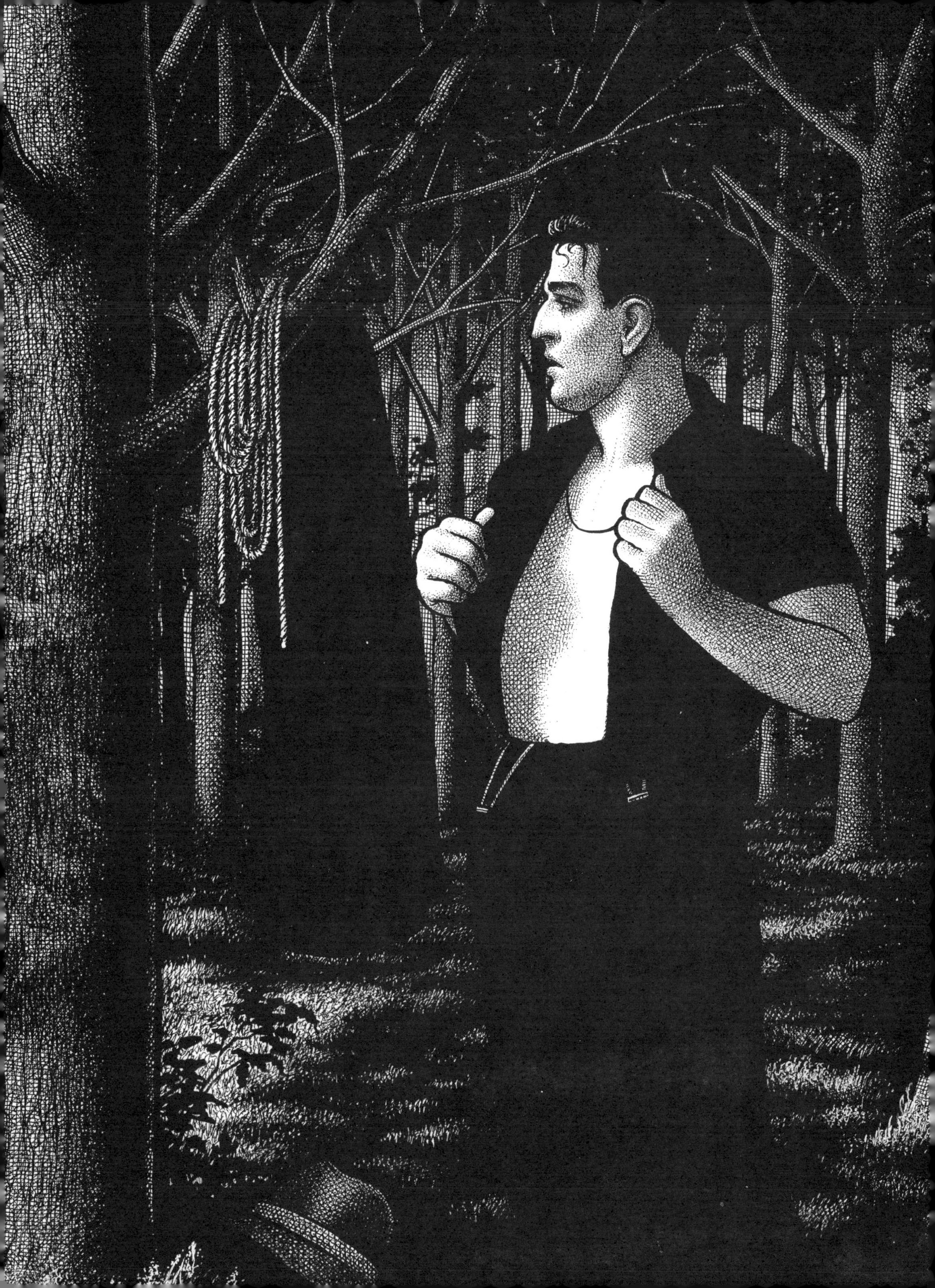

APÓS CAMINHAR ATRAVÉS DO BOSQUE PELO QUE PARECERAM HORAS, ELE FINALMENTE CHEGOU AO SEU DESTINO. UMA ESCADA ESTAVA COLOCADA ESPERANDO POR ELE.

ELE SUBIU POR ELA ATÉ A SACADA, SENTINDO UMA FORTE PRESSÃO INDO DO FUNDO DE SUA GARGANTA ATÉ O TOPO DA CABEÇA...

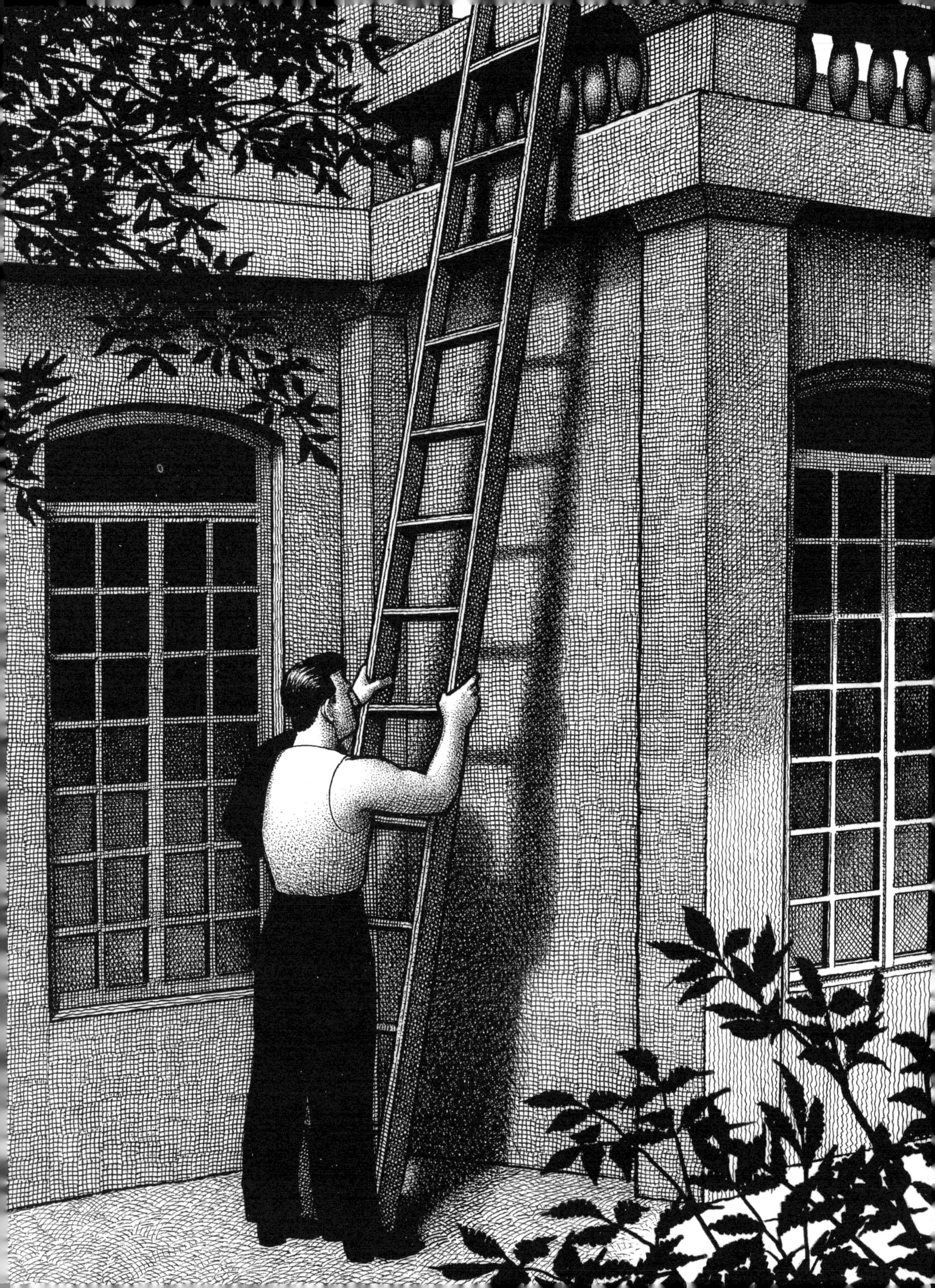

A AMIGA DE BECKY DO ZOOLÓGICO
ESTAVA SE PREPARANDO PARA IR PARA A CAMA.

TUDO PARECIA ESTAR
ACONTECENDO CONFORME O CADERNO MOSTRAVA.
BENNY SEGUIU TODOS OS PASSOS CORRETAMENTE E TINHA
CHEGADO NA HORA CERTA.

SÓ O QUE PRECISAVA FAZER
ERA FICAR ALI POR UM MOMENTO E
ESPERAR PELO SINAL...

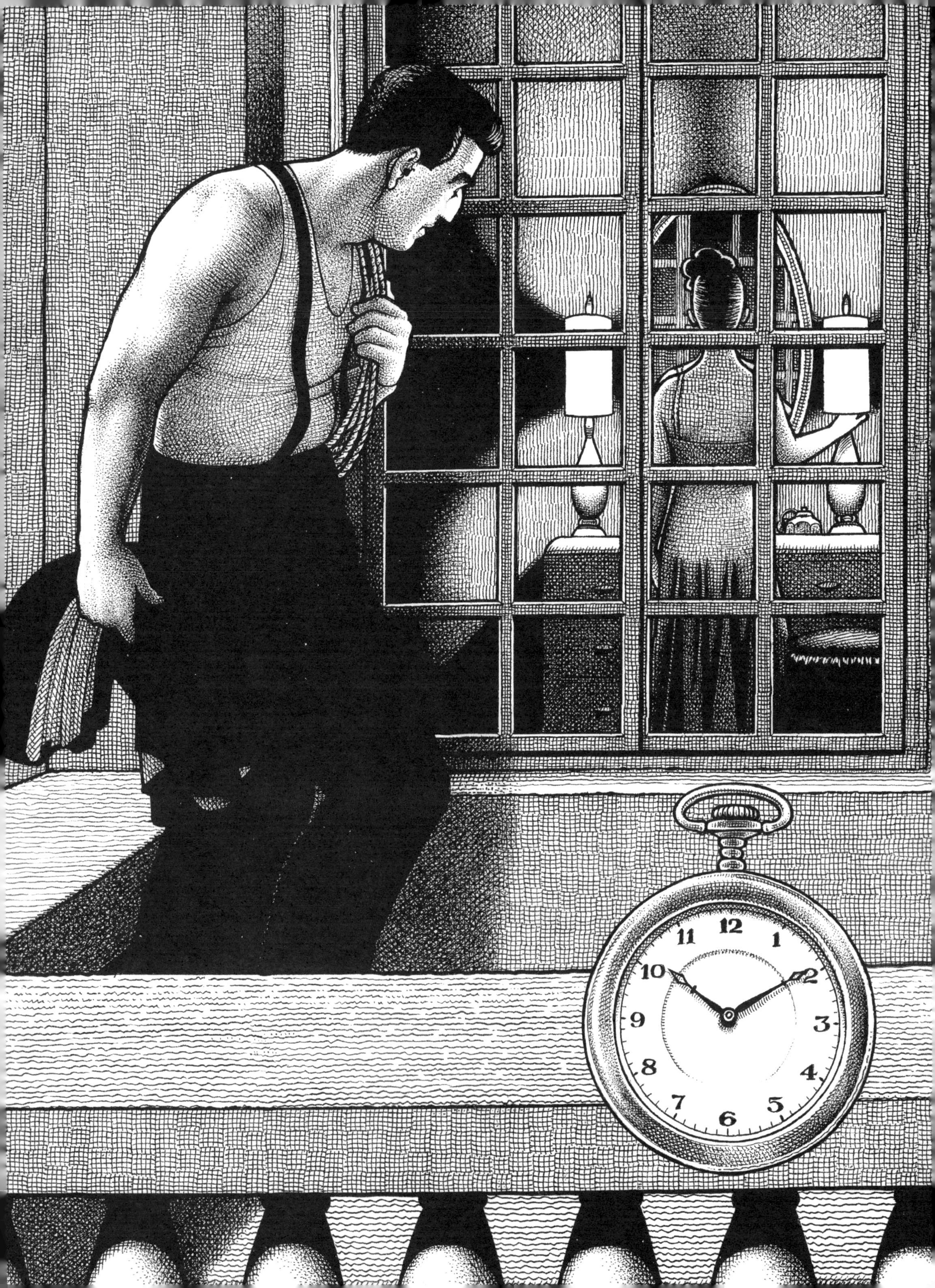

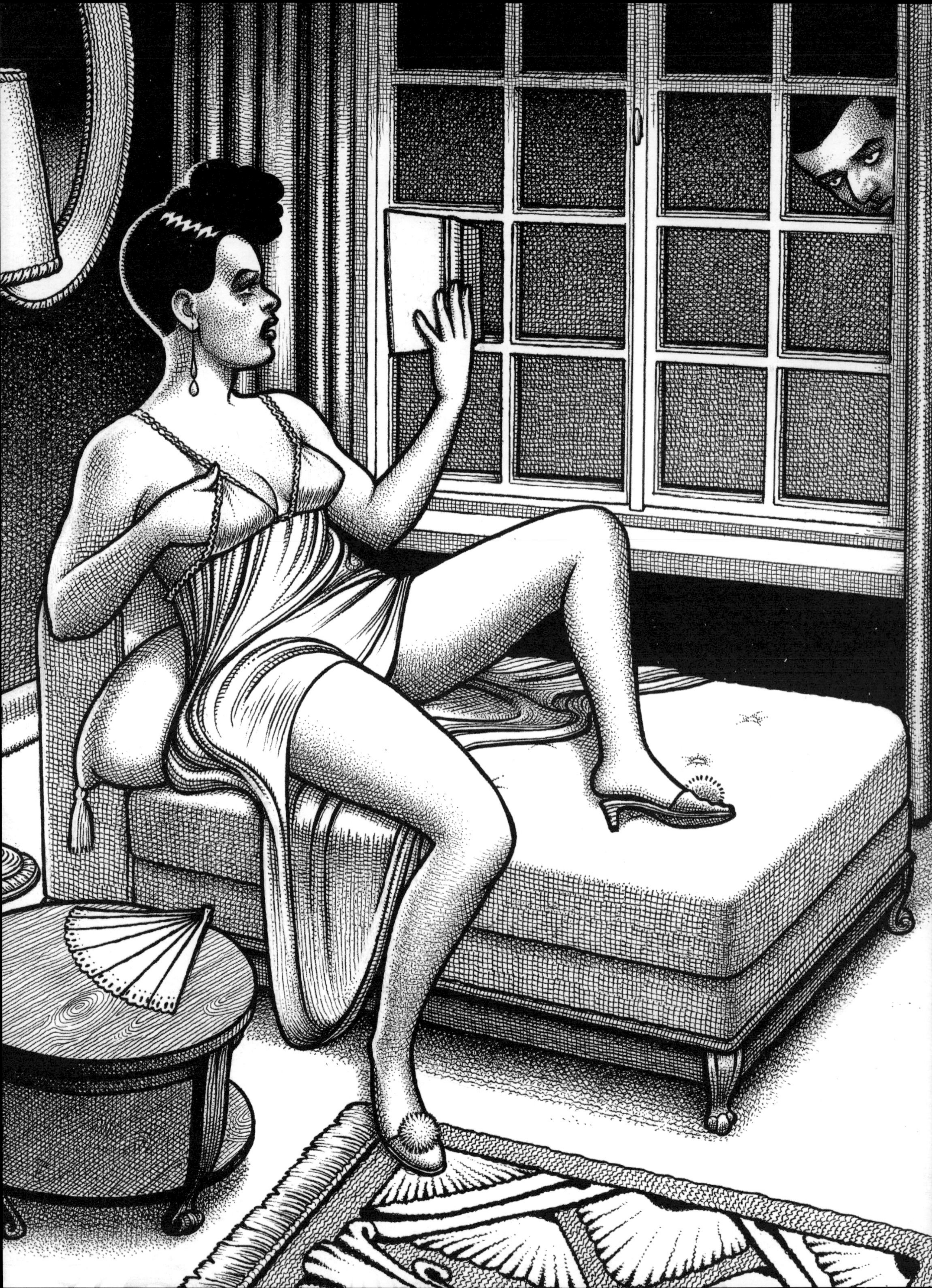

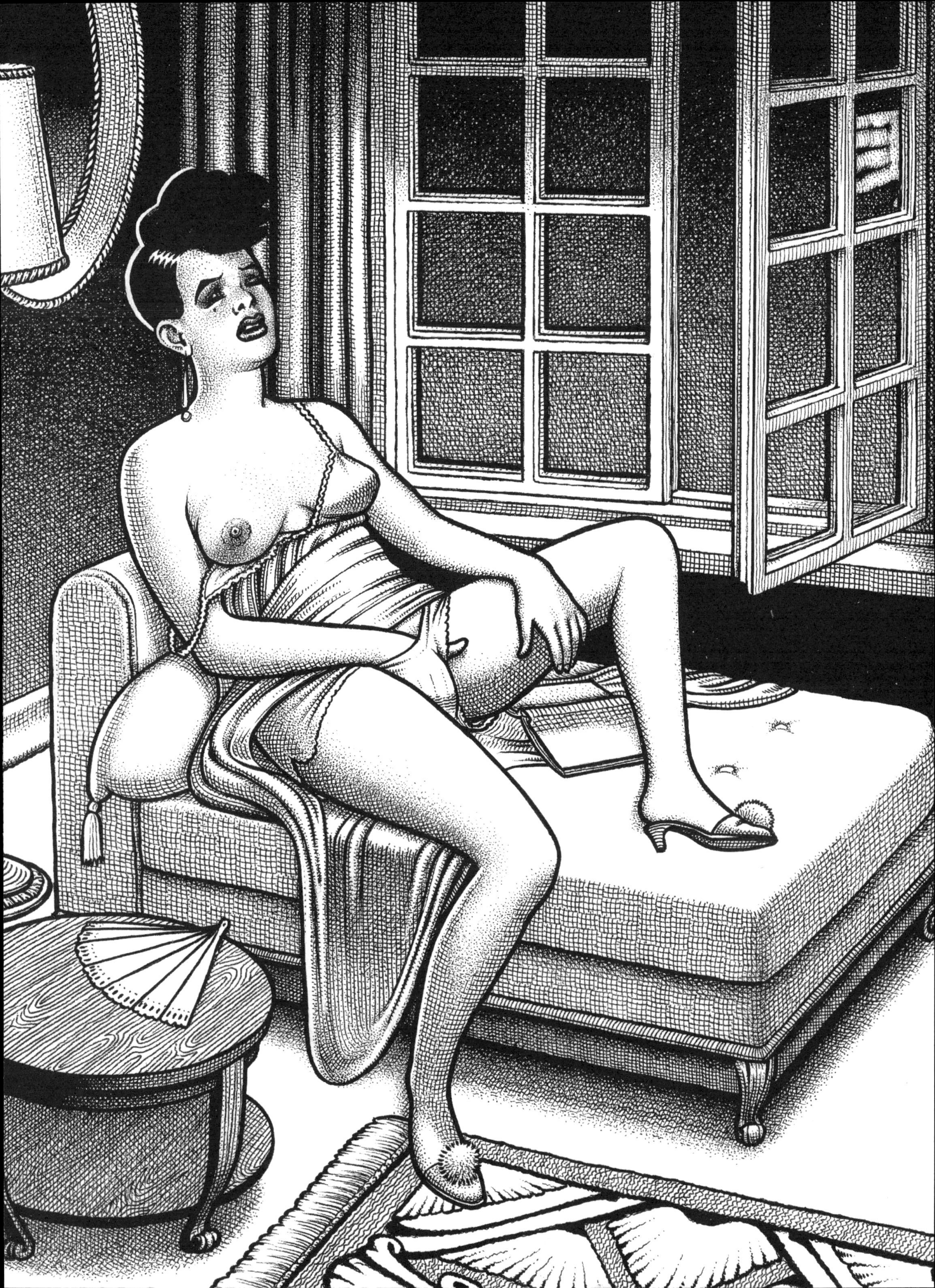

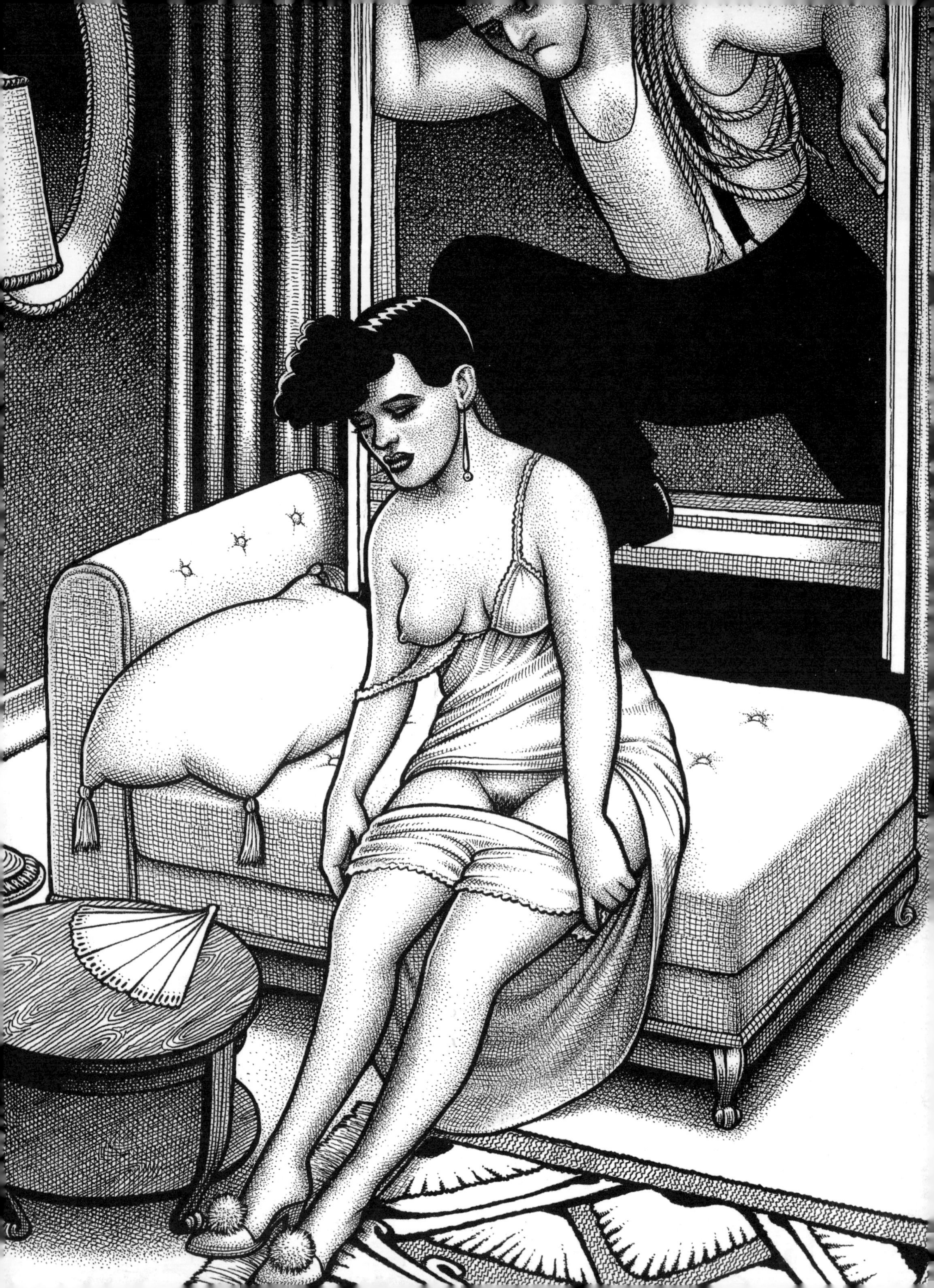

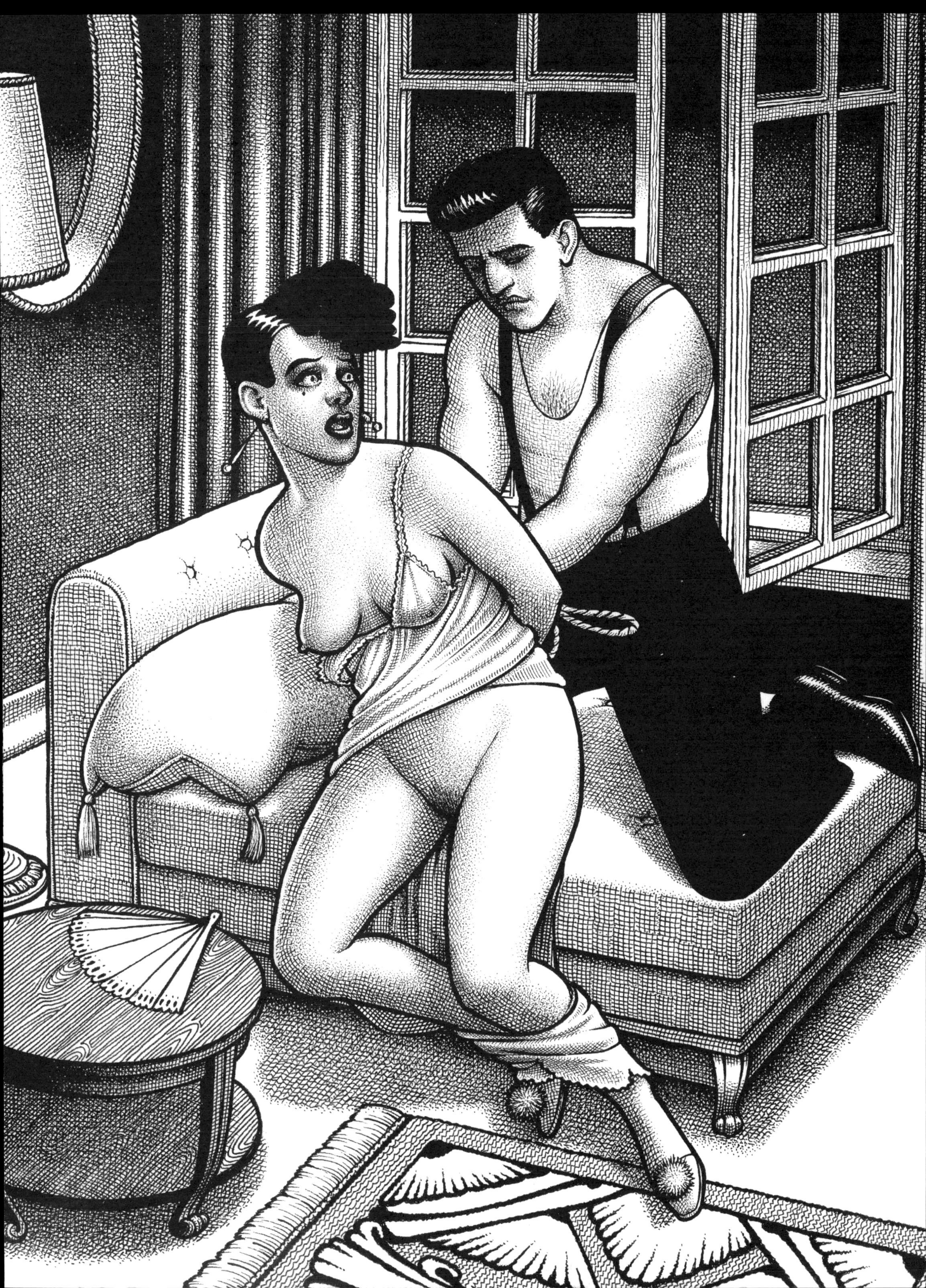

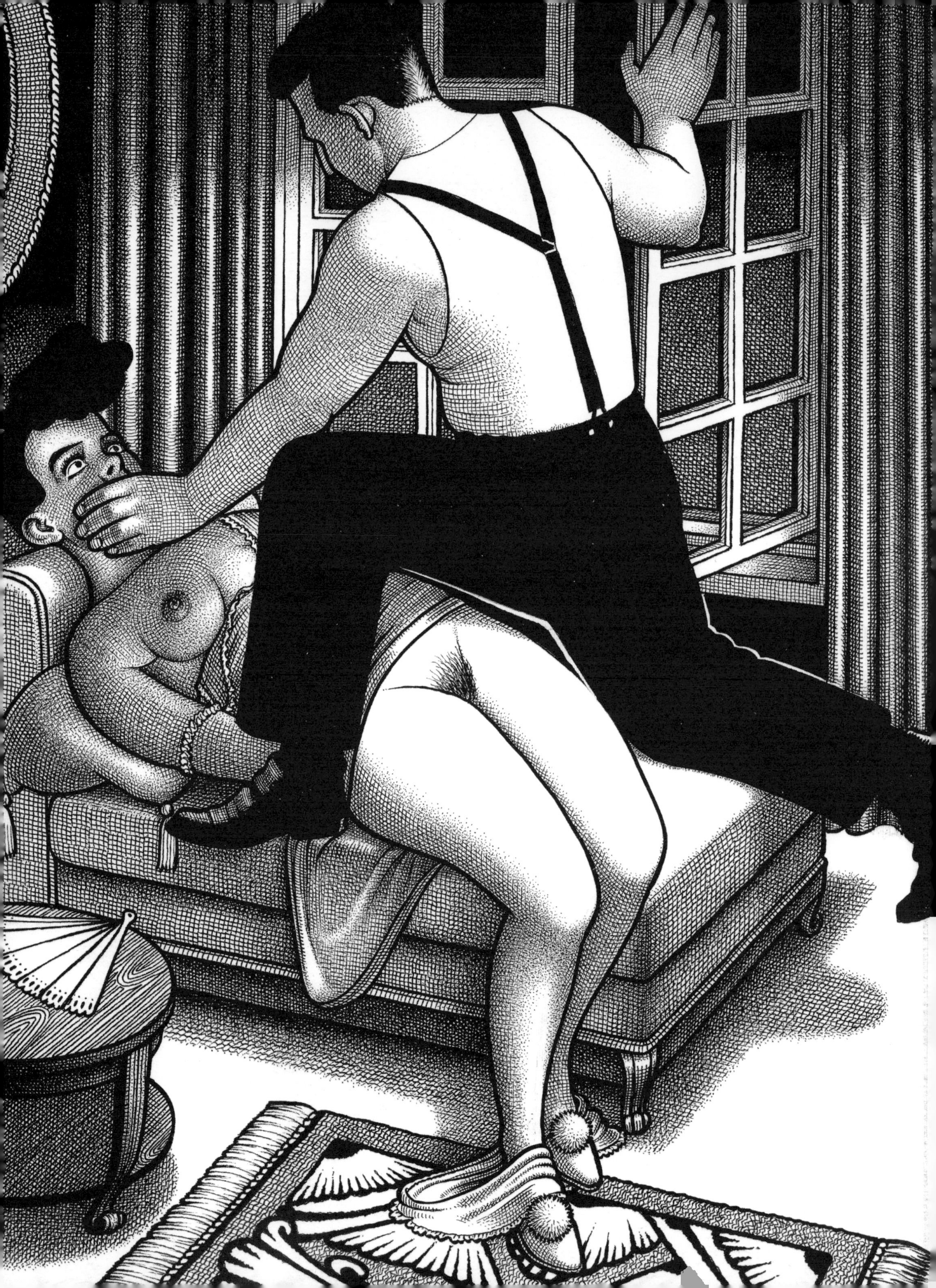

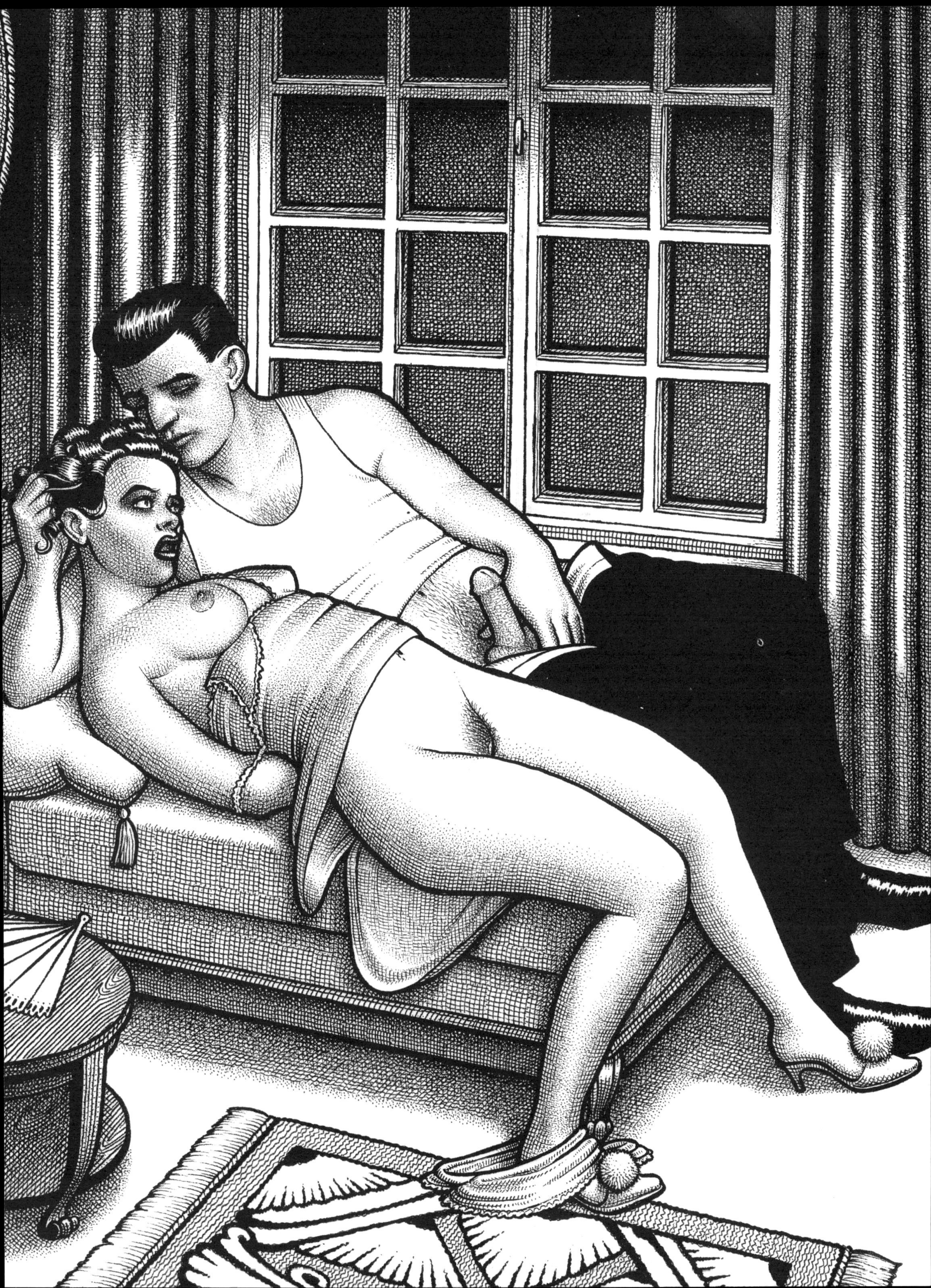

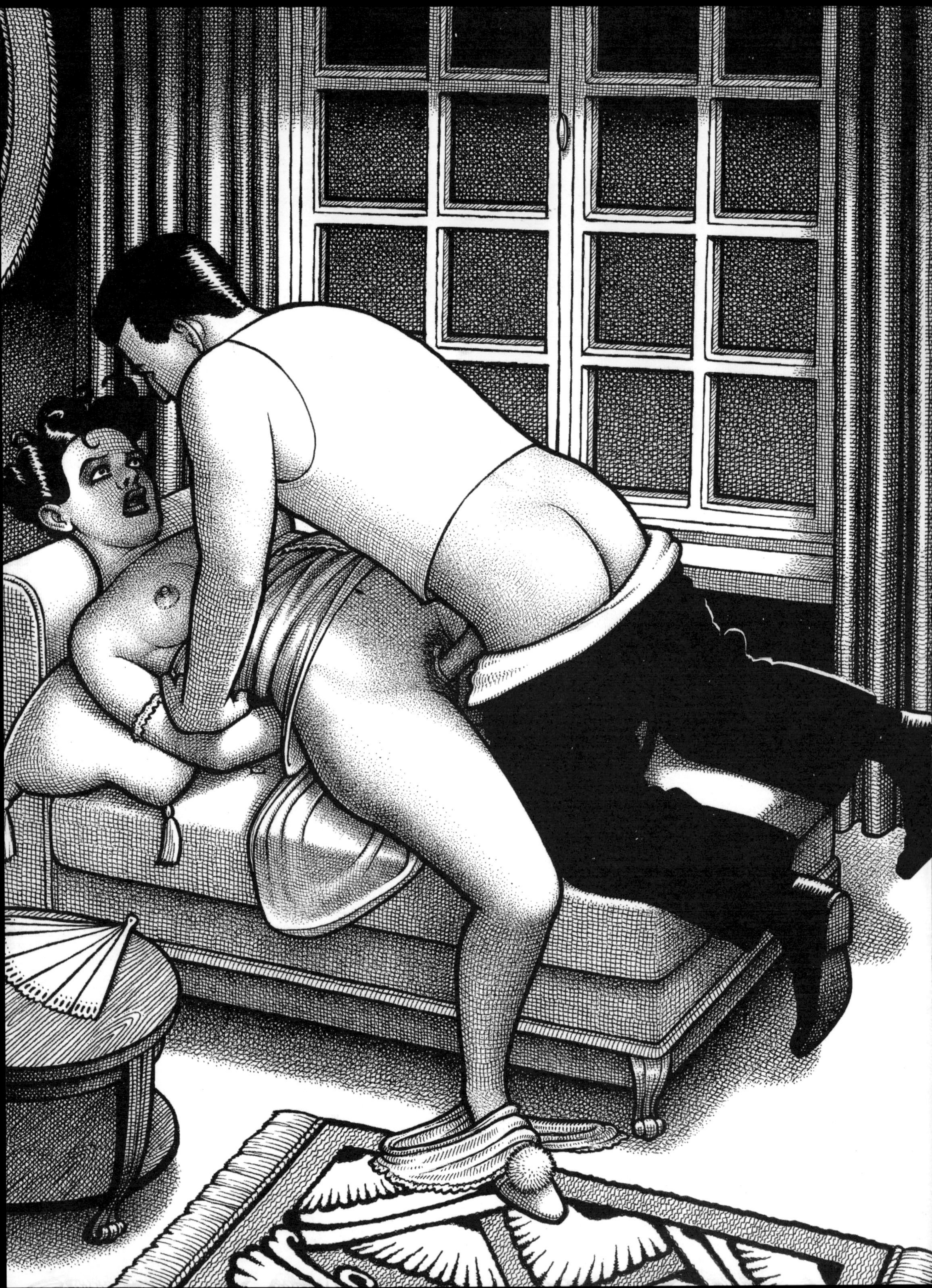

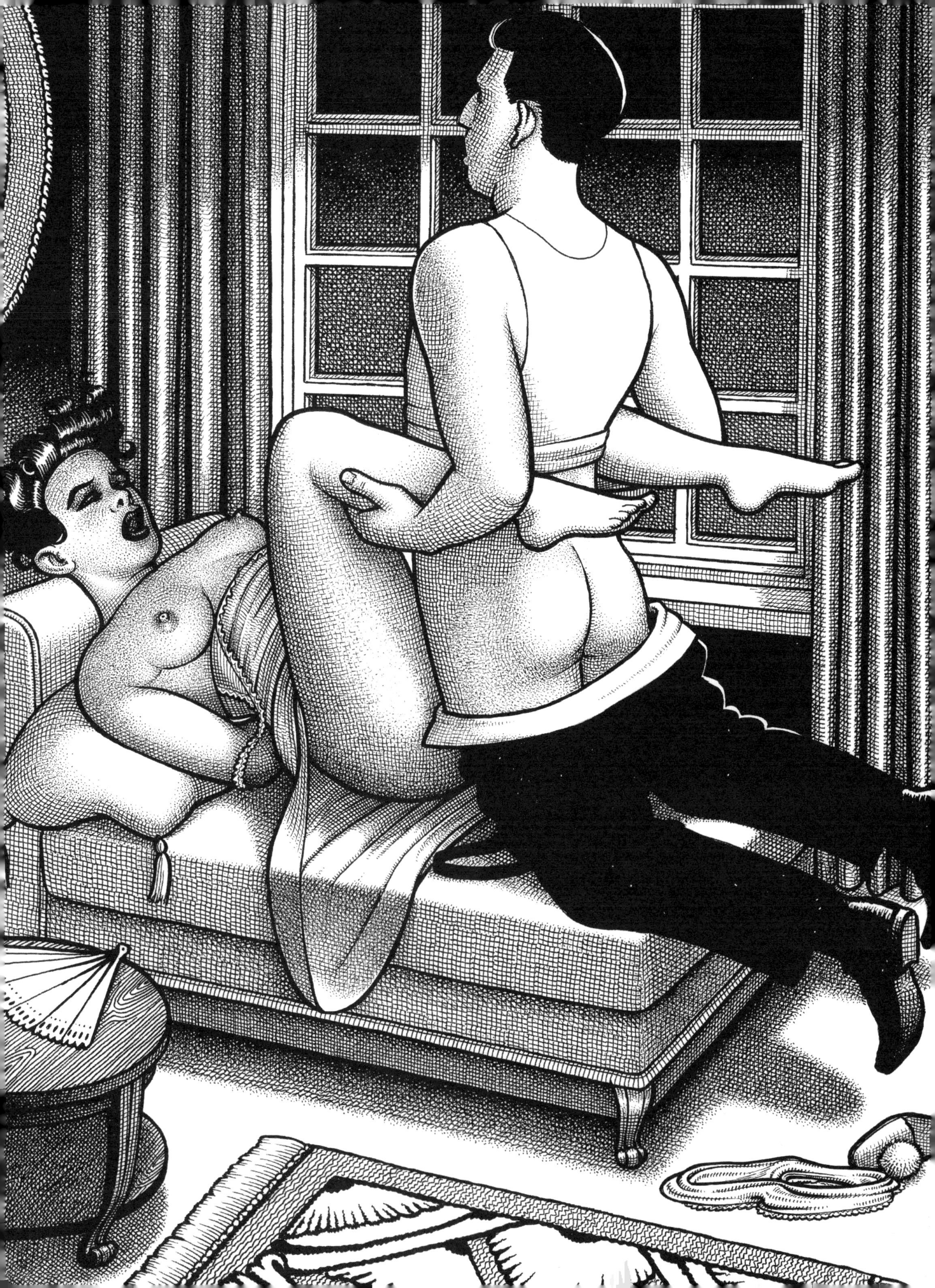

"OS PENSAMENTOS SAÍRAM..."

ELE DISSE QUANDO DEIXOU A CASA, DA MESMA MANEIRA COMO HAVIA ENTRADO, E LARGANDO A MULHER, EXAUSTA E OFEGANTE, NO DIVÃ ENCHARCADO DE SUOR E SÉMEN.

"OS PENSAMENTOS SAÍRAM DA MINHA CABEÇA..."

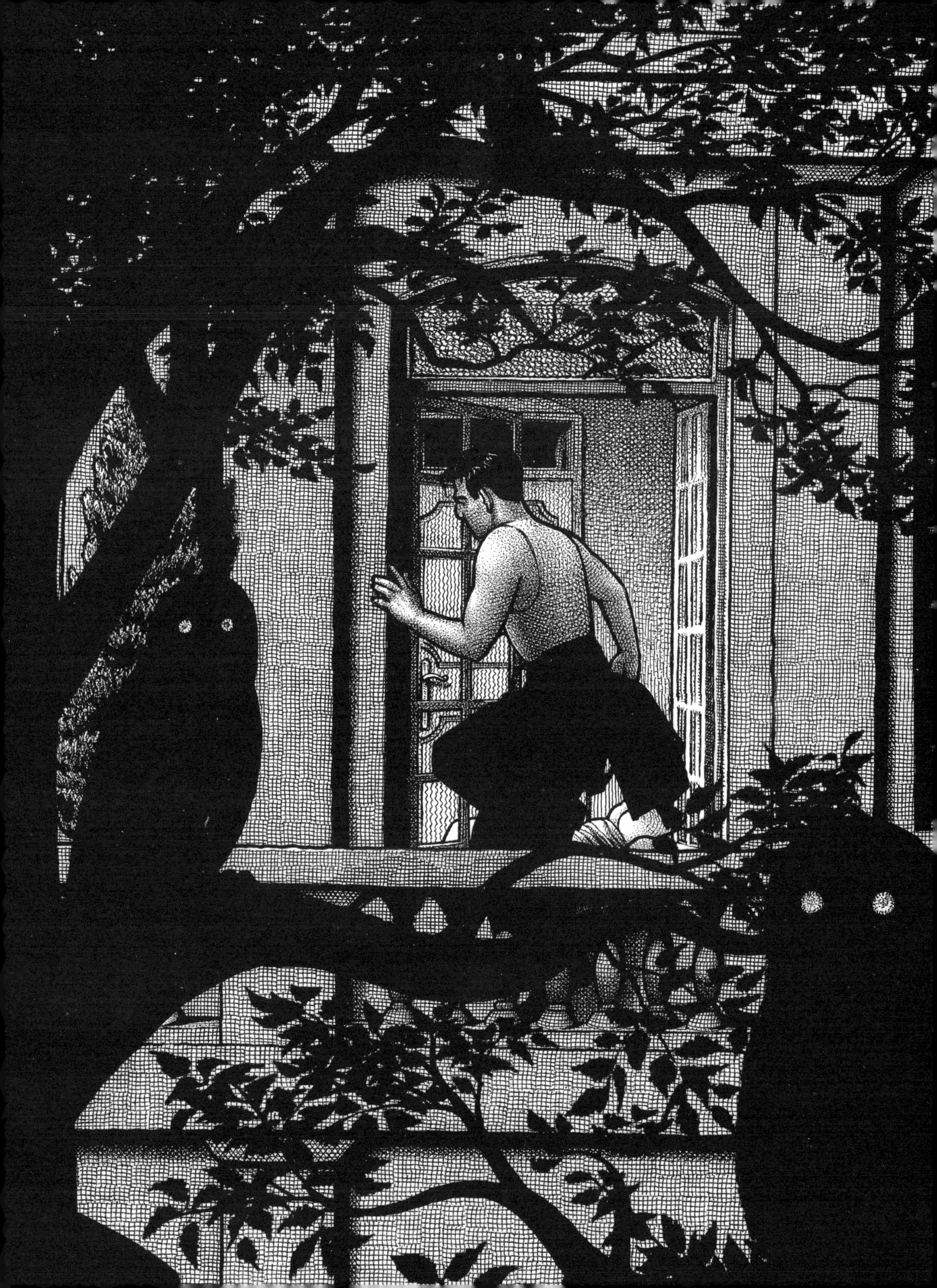

ELE VOLTOU PARA CASA A PASSOS LARGOS, COMO SE SEUS PÉS DESLIZASSEM, MAL TOCANDO O CHÃO.

O TEMPO PARECIA ANDAR MAIS LENTAMENTE, OU MESMO TER PARADO POR COMPLETO.

BENNY NUNCA TINHA SE SENTIDO TÃO VIVO.

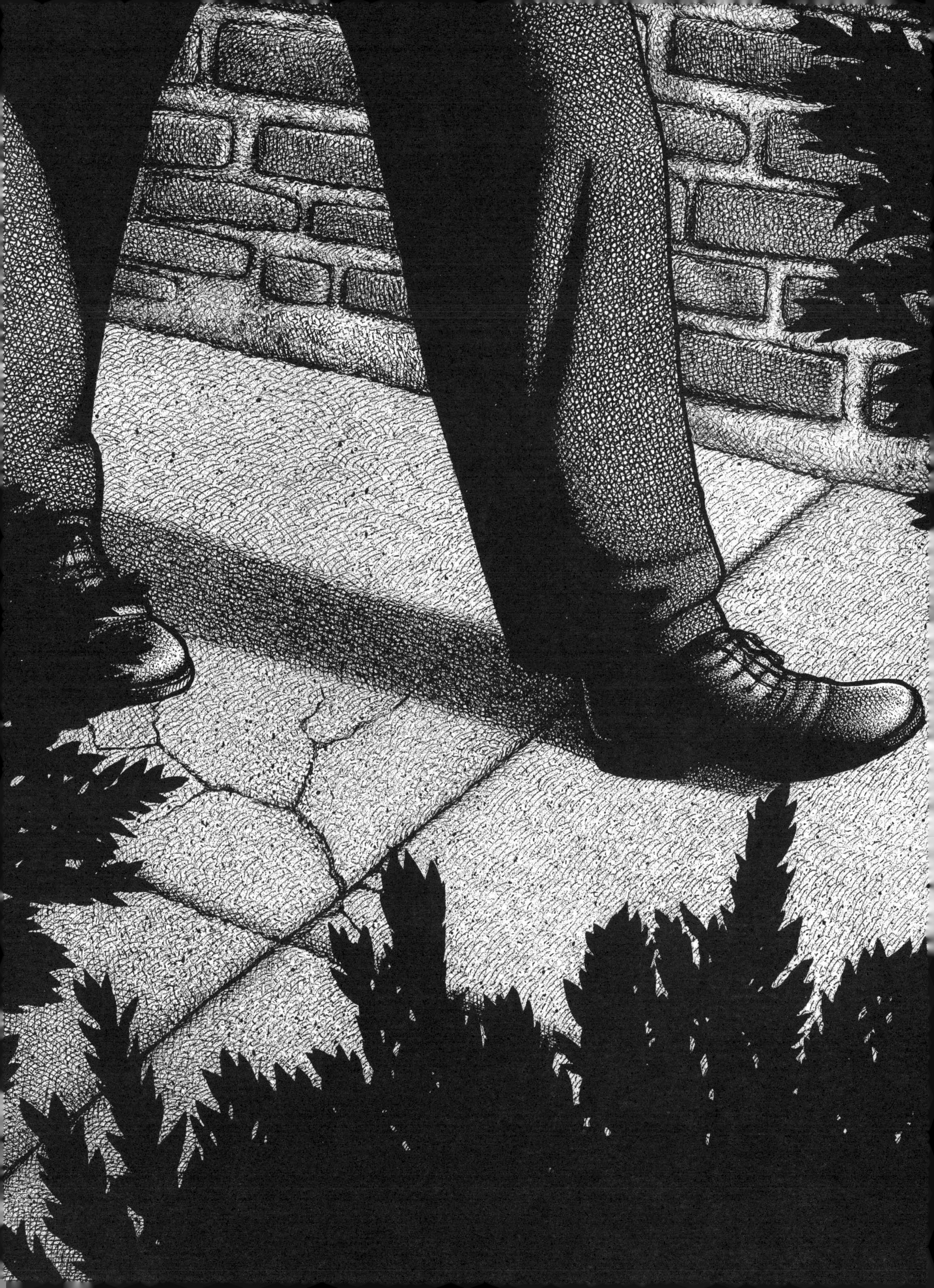

ELE NÃO PODIA VOLTAR ATRÁS, E ISSO NA VERDADE POUCO IMPORTAVA.

E CERTAMENTE POUCO IMPORTAVA TAMBÉM QUE ELE, SEM SABER COMO NEM ONDE, HAVIA PERDIDO O CHAPÉU NAQUELA NOITE FATÍDICA.

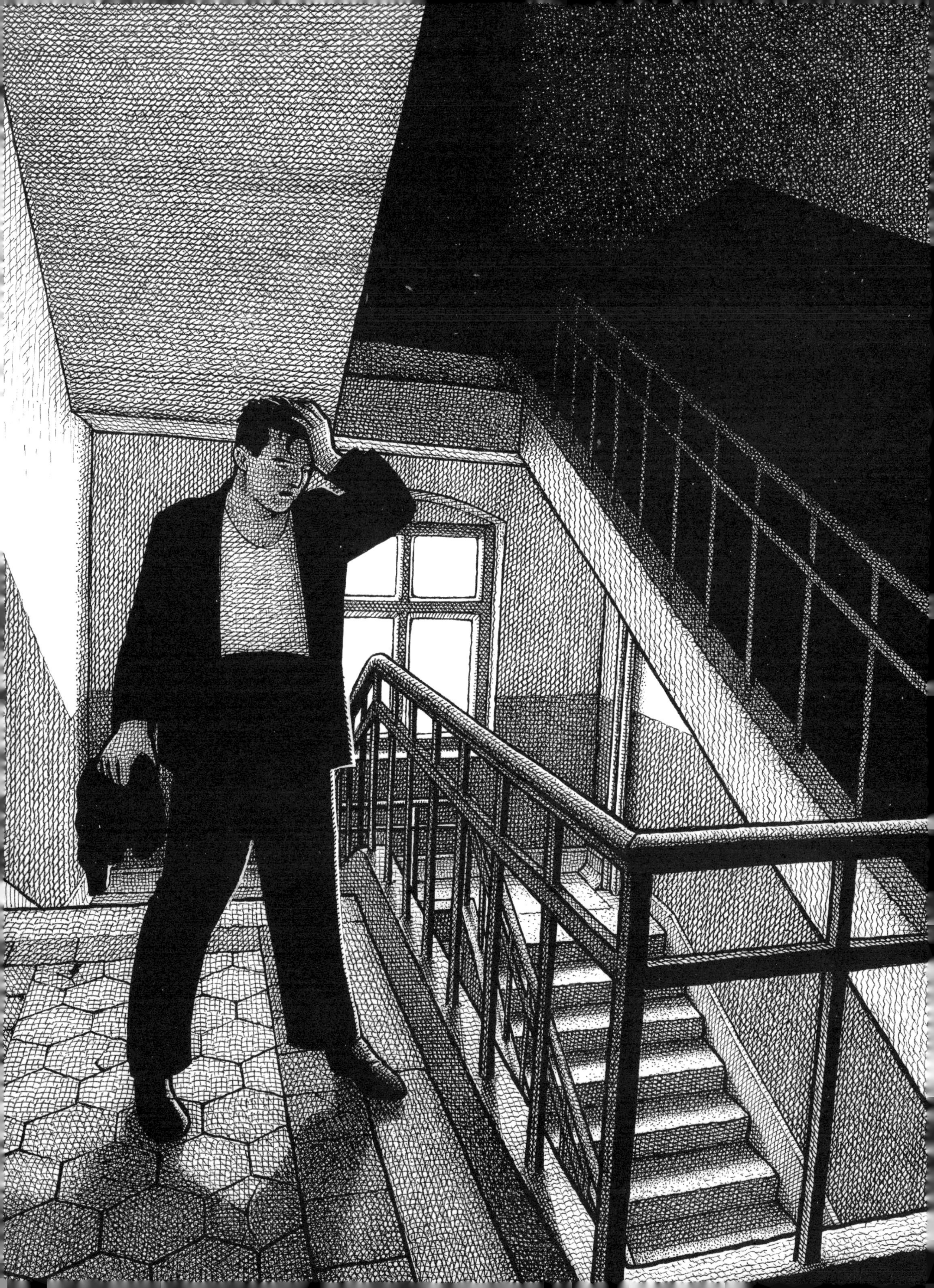

DURANTE A NOITE BENNY TEVE UM PESADELO, O PRIMEIRO DE MUITOS QUE DALI EM DIANTE COMEÇARAM A ATORMENTÁ-LO...

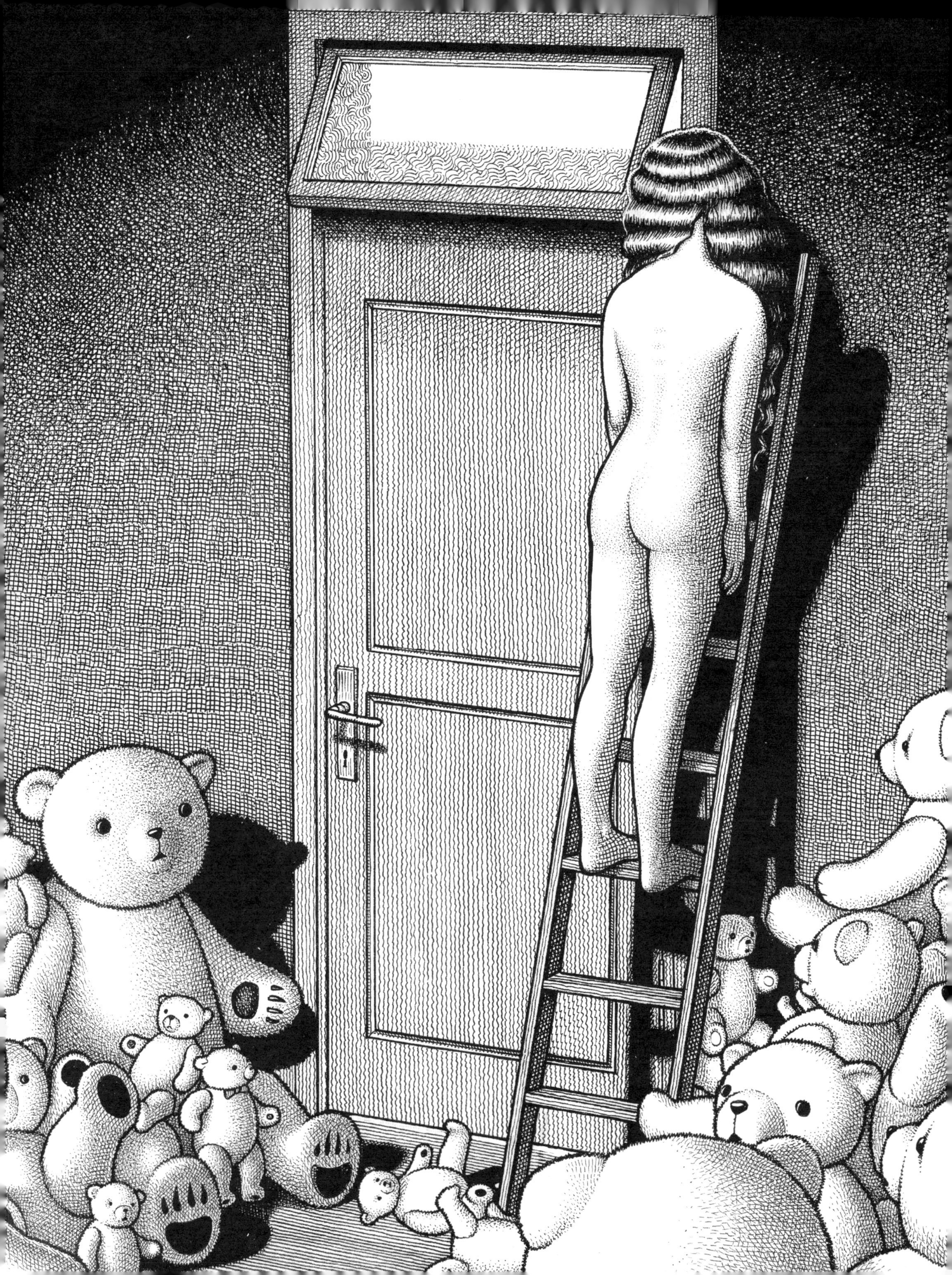

... ONDE ELE OBSERVAVA,
MAS TAMBÉM ERA OBSERVADO...

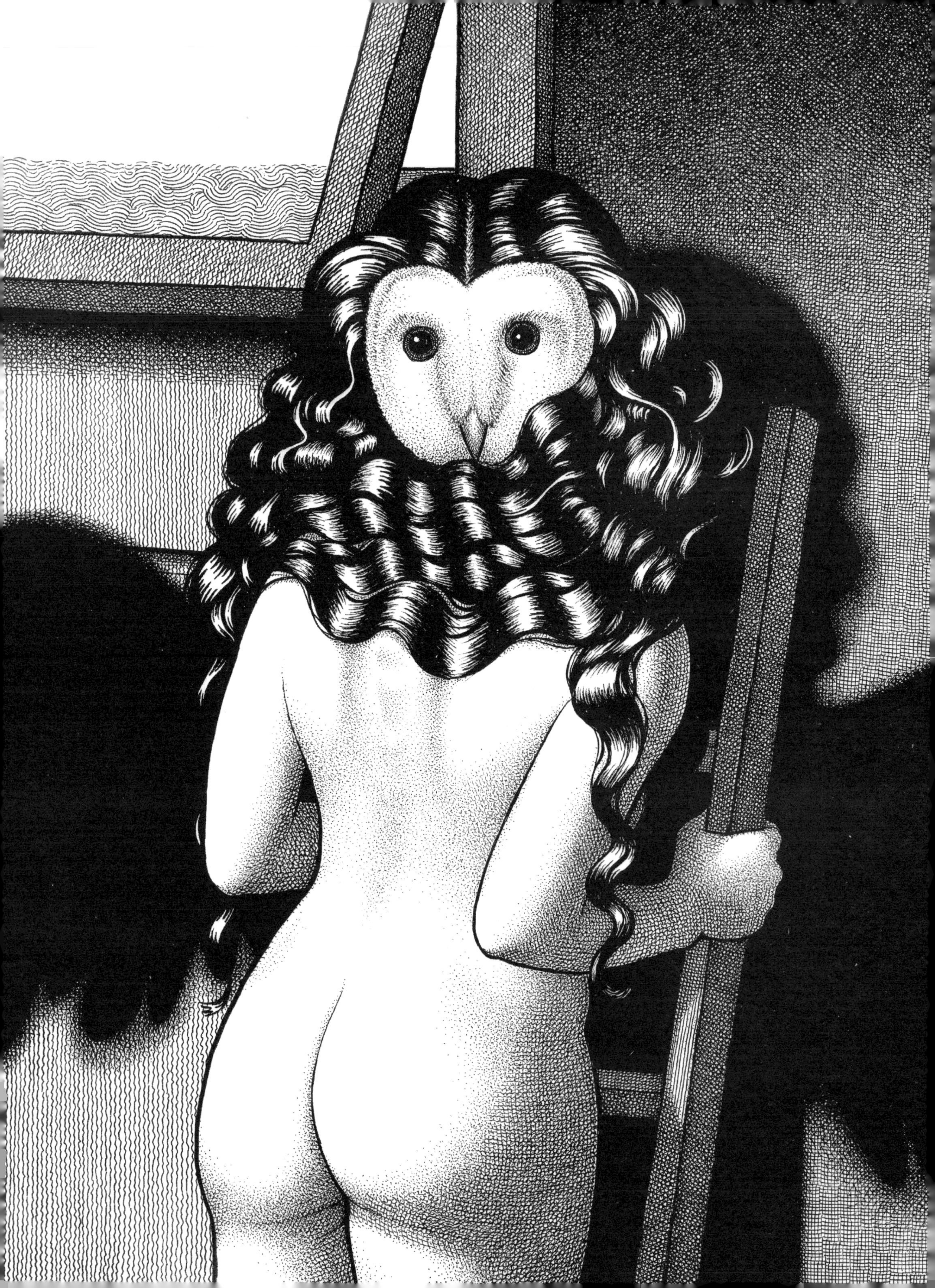

ISSO O DEIXAVA EXAUSTO E COBERTO DE UM SUOR FRIO.

MAS NADA IMPORTAVA, ABSOLUTAMENTE NADA.

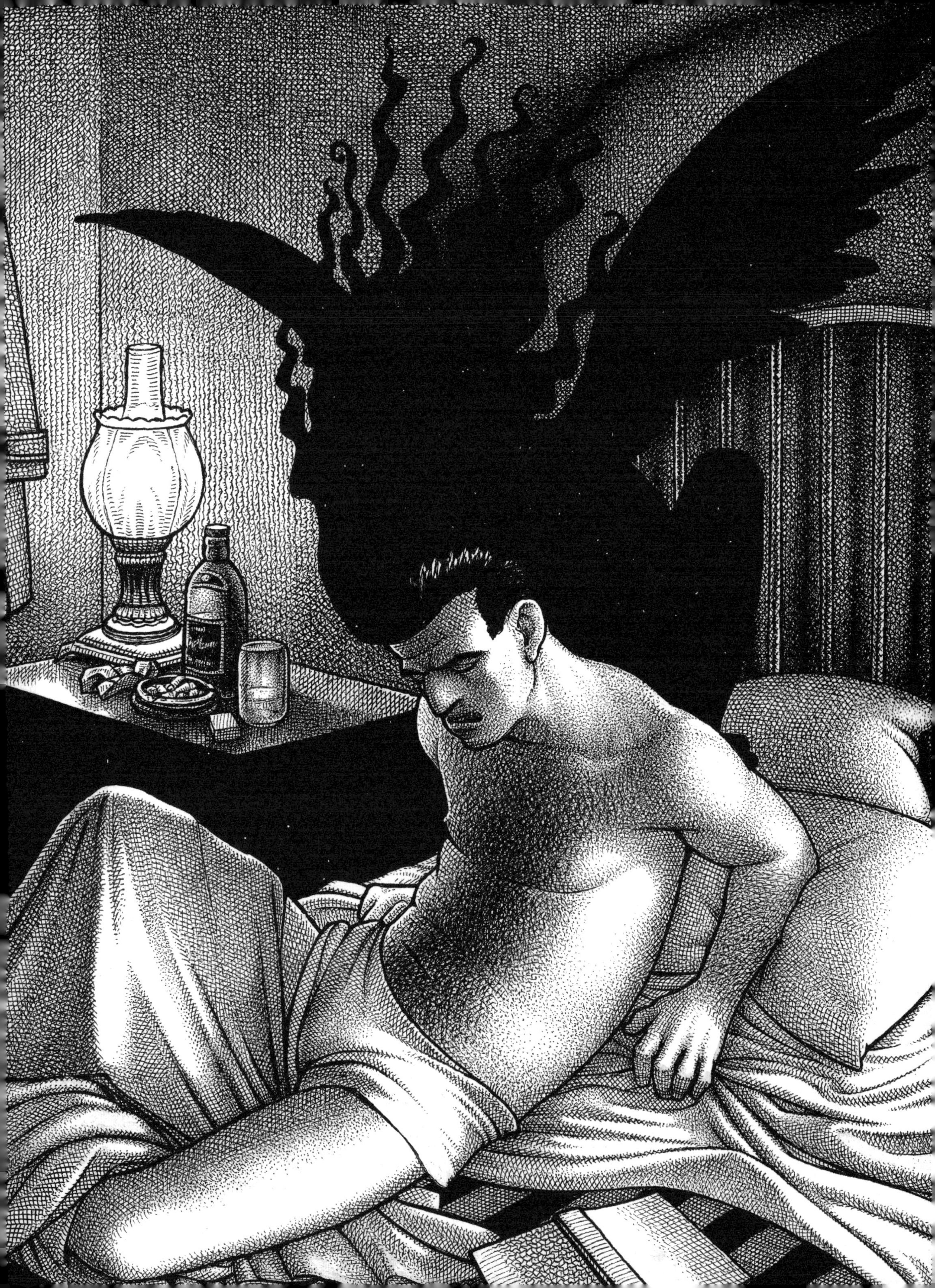

NAS SEMANAS SEGUINTES
BENNY FICOU TOTALMENTE OBCECADO, INCAPAZ DE PENSAR
EM OUTRA COISA ALÉM DO PRÓXIMO ENCONTRO, MARCADO PARA
ACONTECER NA NOITE DE LUA CHEIA.

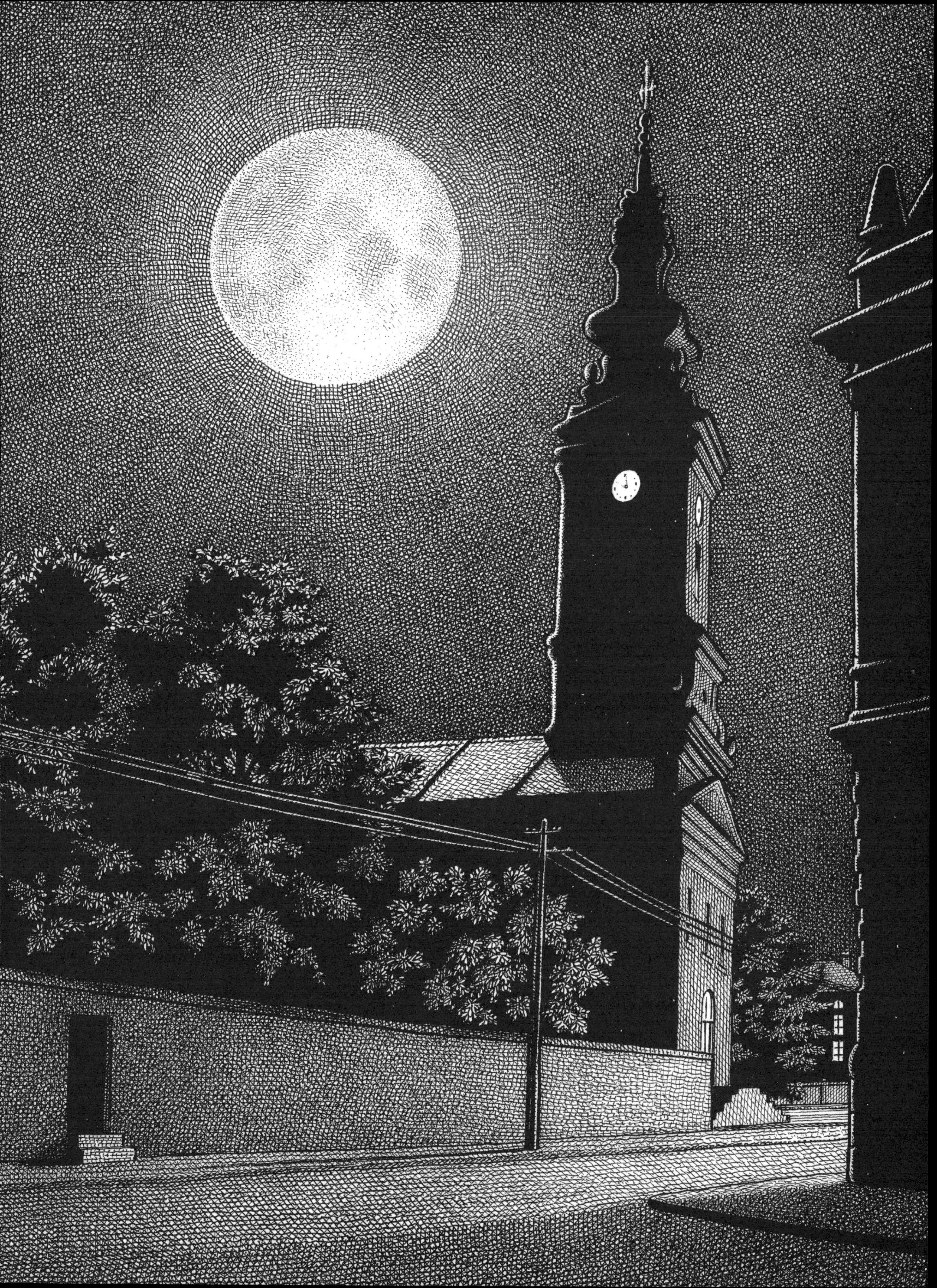

ELE PAROU DE
IR TRABALHAR, COMER, TOMAR BANHO...
ESTAVA BEBENDO MAIS DO QUE DE COSTUME...
SE TORNOU UM COMPLETO INÚTIL.

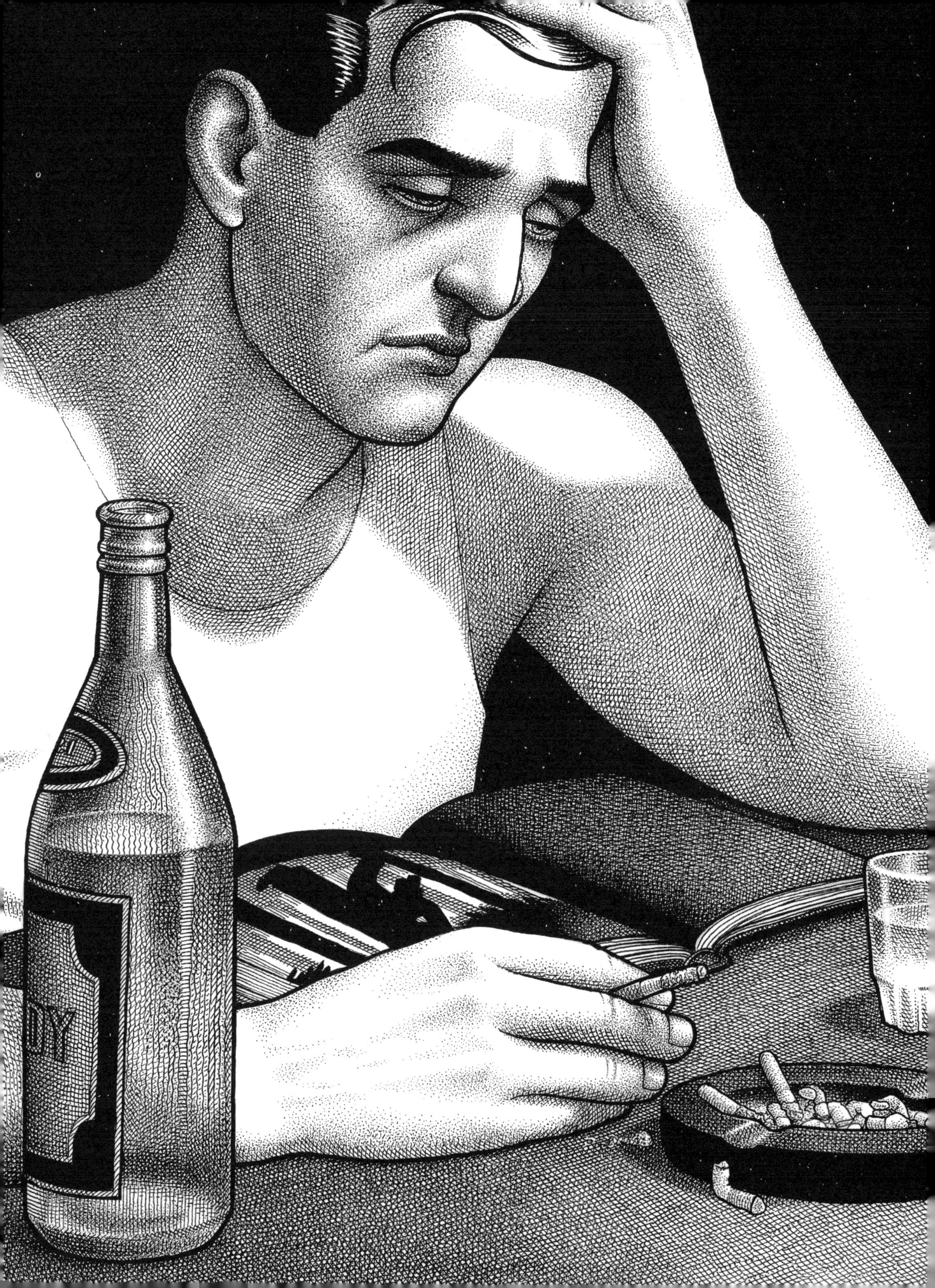

MAS ERA BECKY QUE ELE DESEJAVA ACIMA DE TUDO. PEDIA – COM TODAS SUAS FORÇAS – PARA QUE O TEMPO ACELERASSE E PARA QUE A PRÓXIMA NOITE SEM LUA CHEGASSE, POIS SERIA QUANDO ELE FINALMENTE A POSSUIRIA.

PORÉM AS ESFERAS CELESTES NÃO MOSTRAVAM PIEDADE POR SUA ALMA TORTURADA.

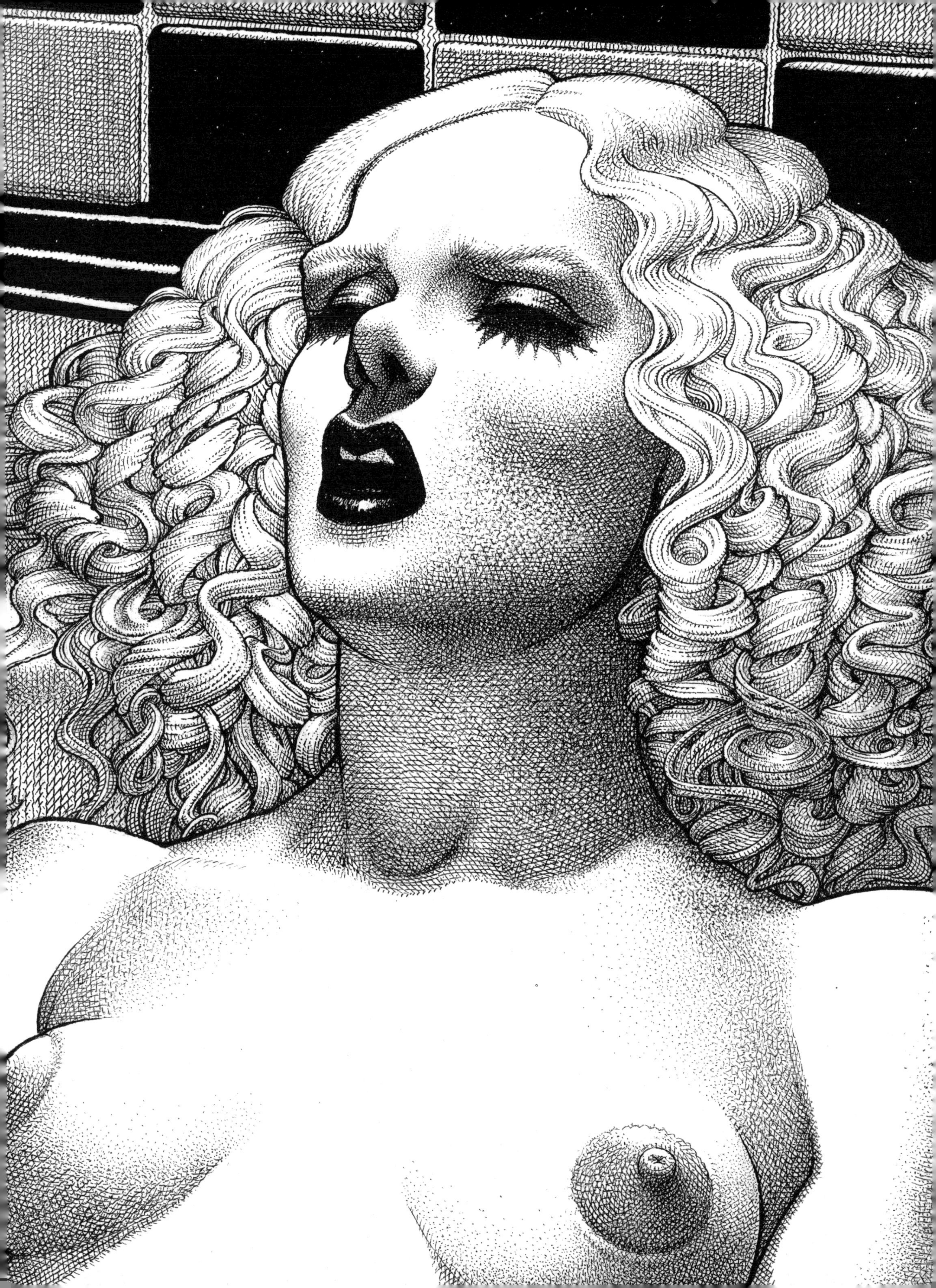

NA NOITE DE LUA CHEIA BENNY RUMOU NOVAMENTE PARA A MANSÃO NO BOSQUE.

SE DIRIGIU À PARTE DE TRÁS DO EDIFÍCIO, ONDE HAVIA UMA JANELA DO PORÃO, SEM GRADES, NA PAREDE COBERTA DE HERA, DO TAMANHO SUFICIENTE PARA QUE ELE CONSEGUISSE PASSAR...

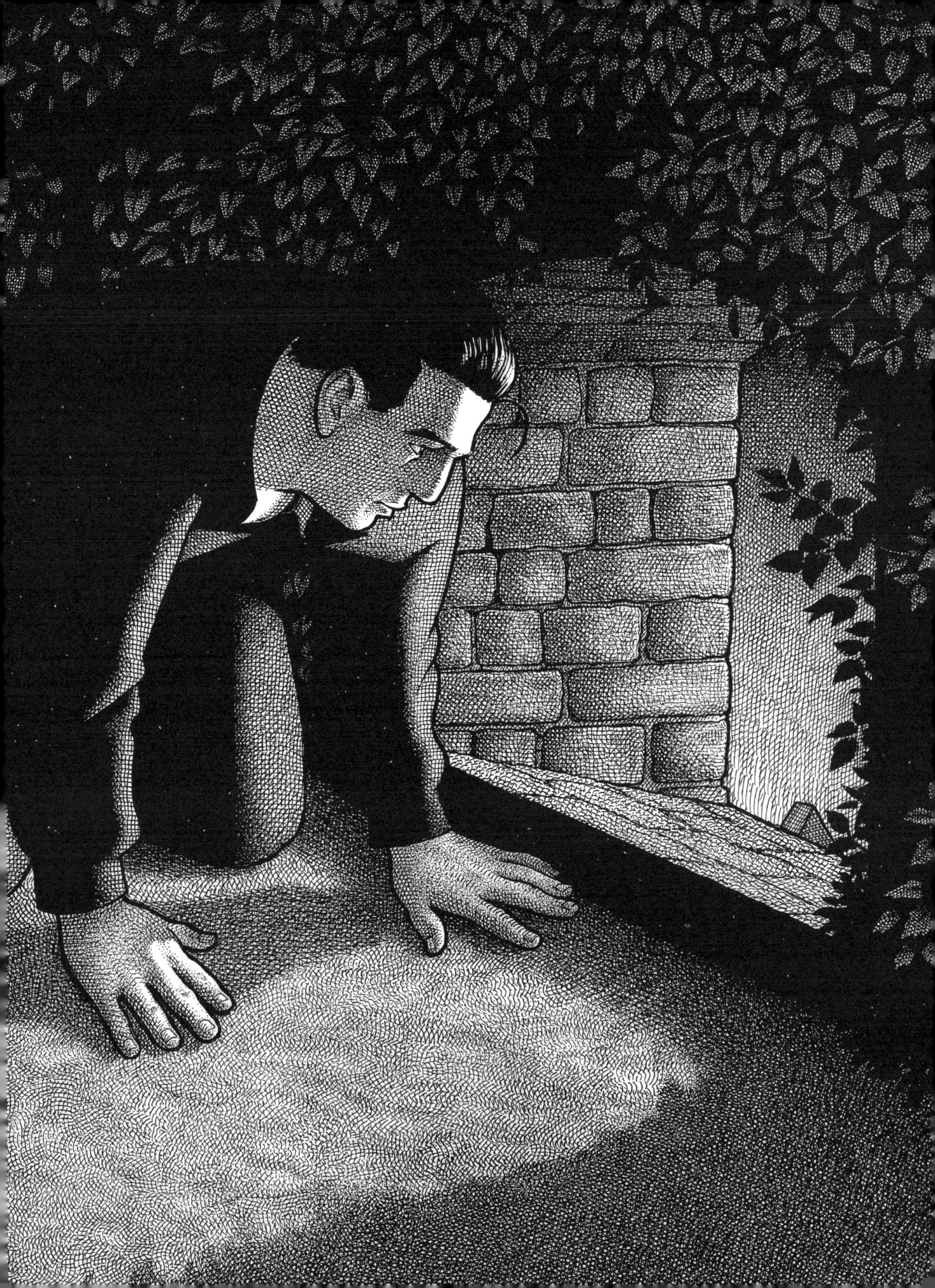

NOVAMENTE UMA ESCADA TINHA SIDO COLOCADA ALI PARA ELE...

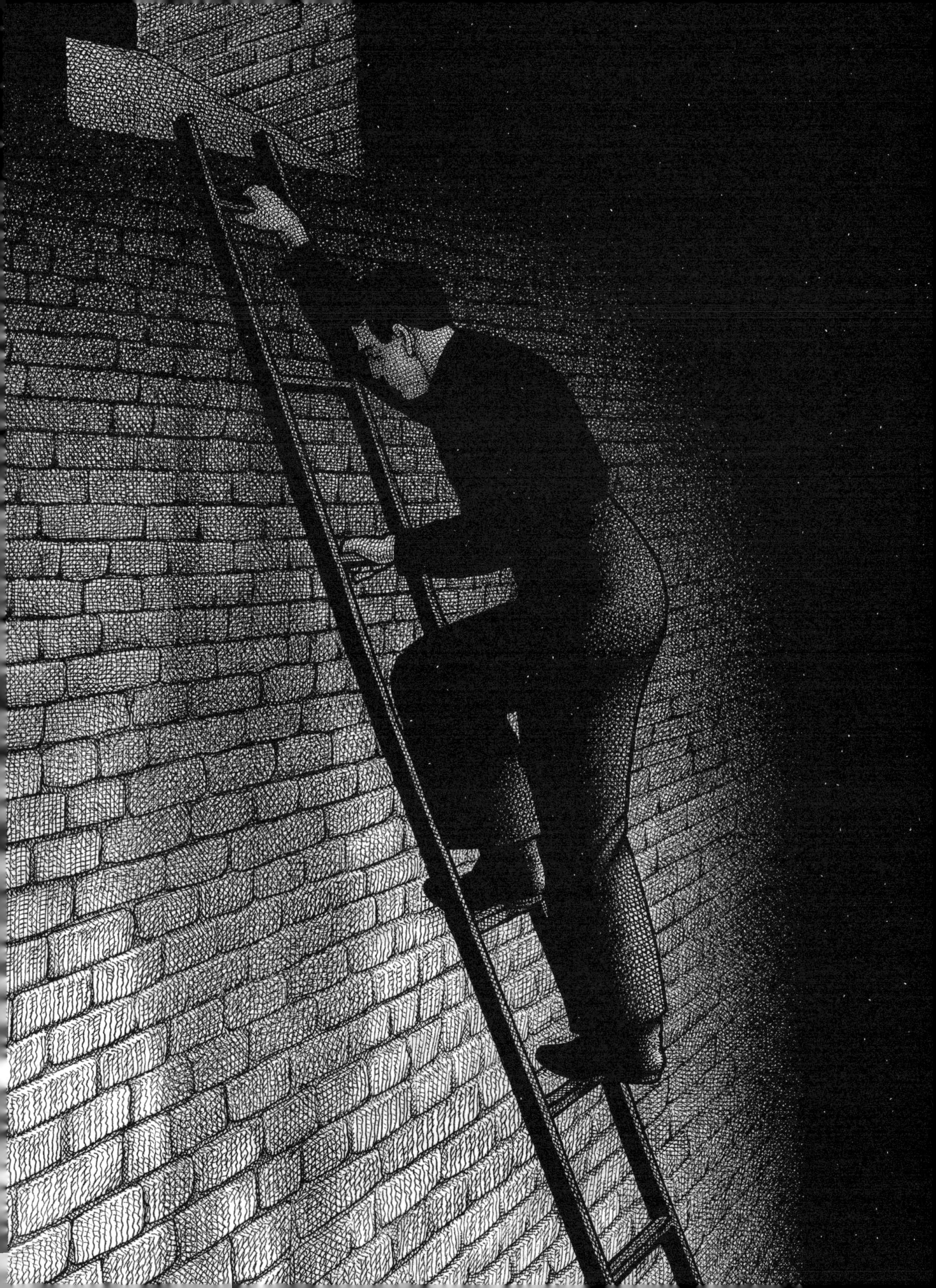

ELE DESCEU AO PORÃO E SE ESCONDEU EM UM CANTO ESCURO, ESPERANDO PELA CRIADA VIR BUSCAR CARVÃO.

UMA VEZ MAIS, TUDO ACONTECEU COMO ESTAVA PREVISTO NO CADERNO, NOS MÍNIMOS DETALHES.

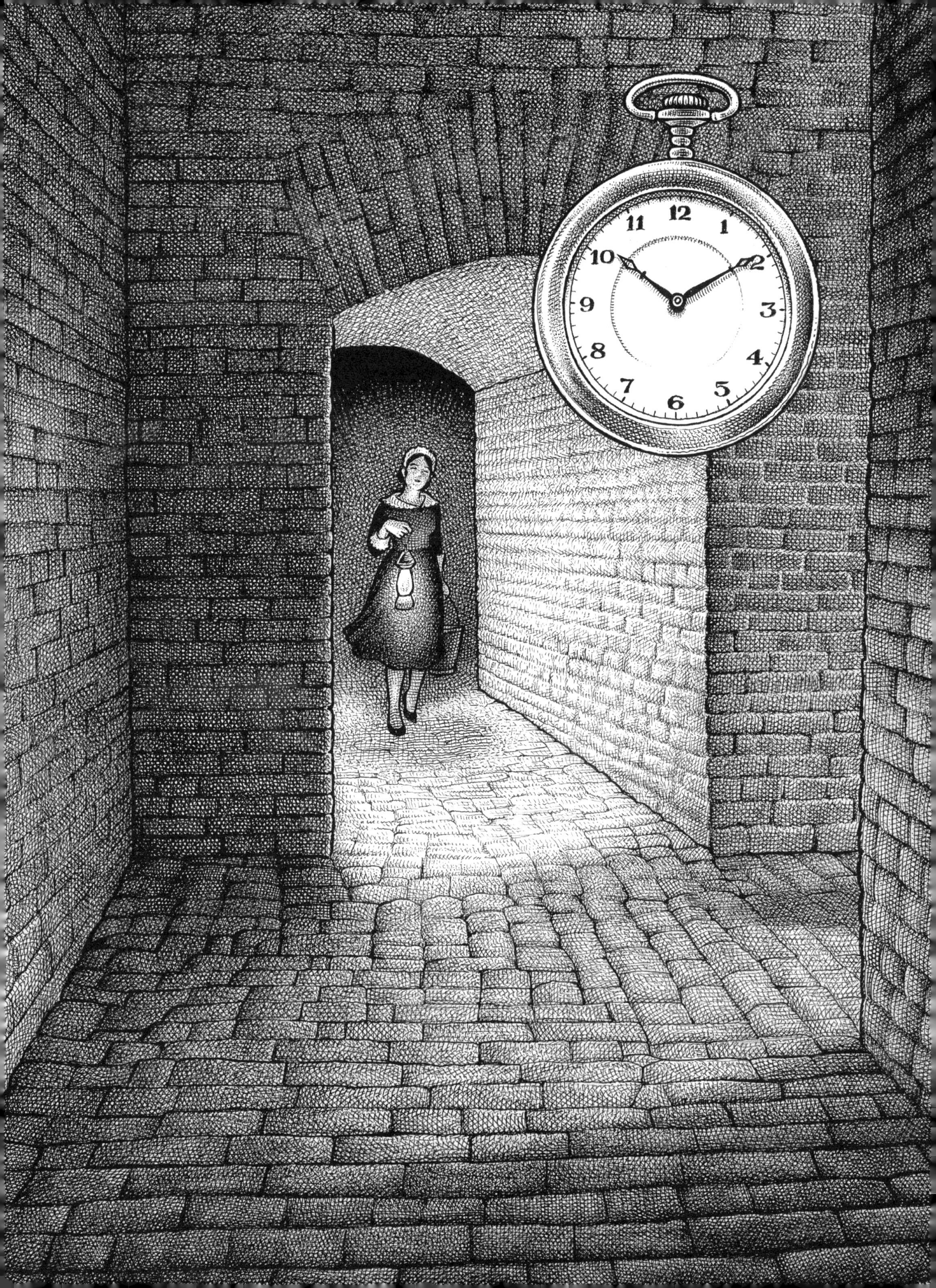

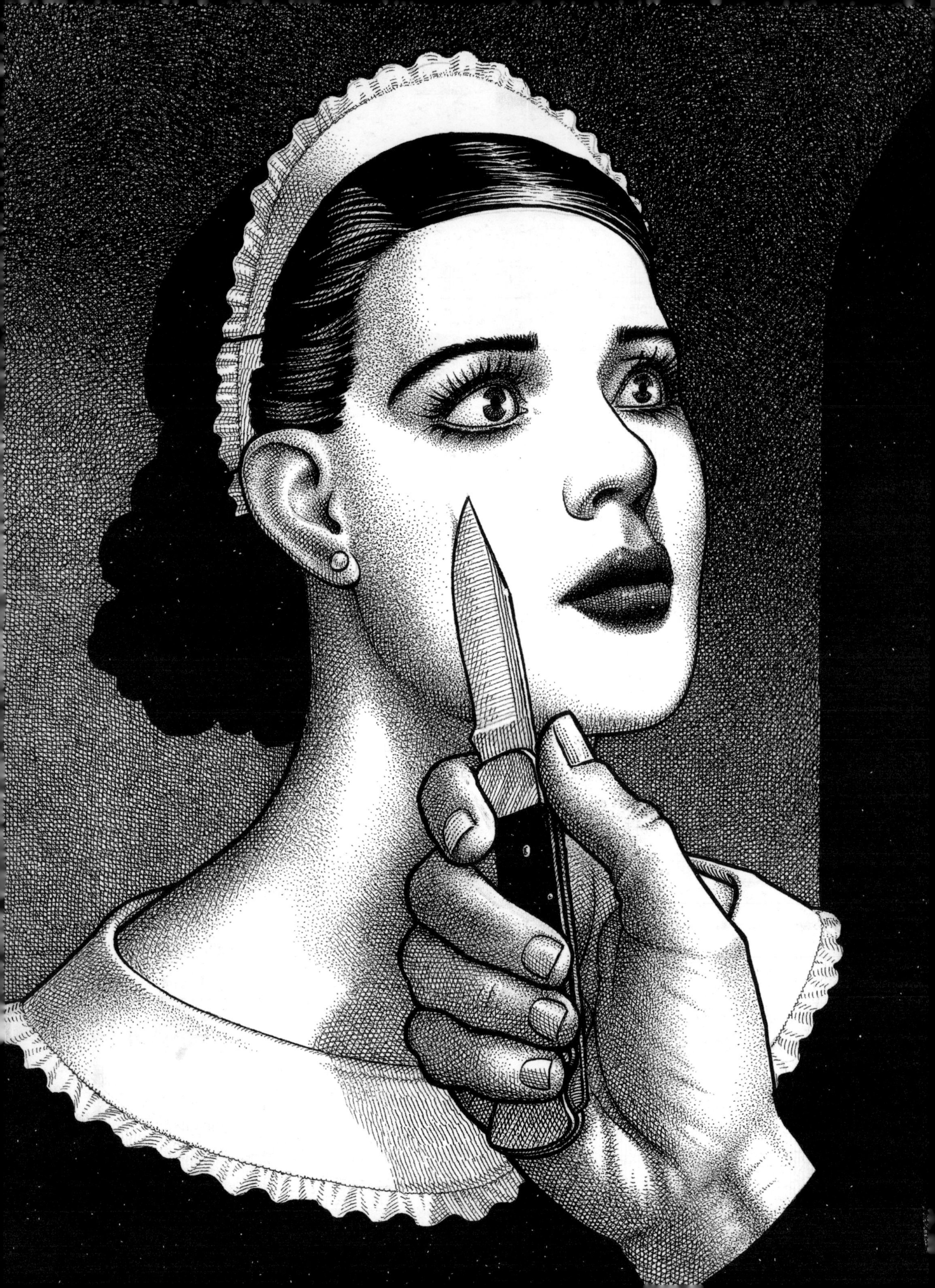

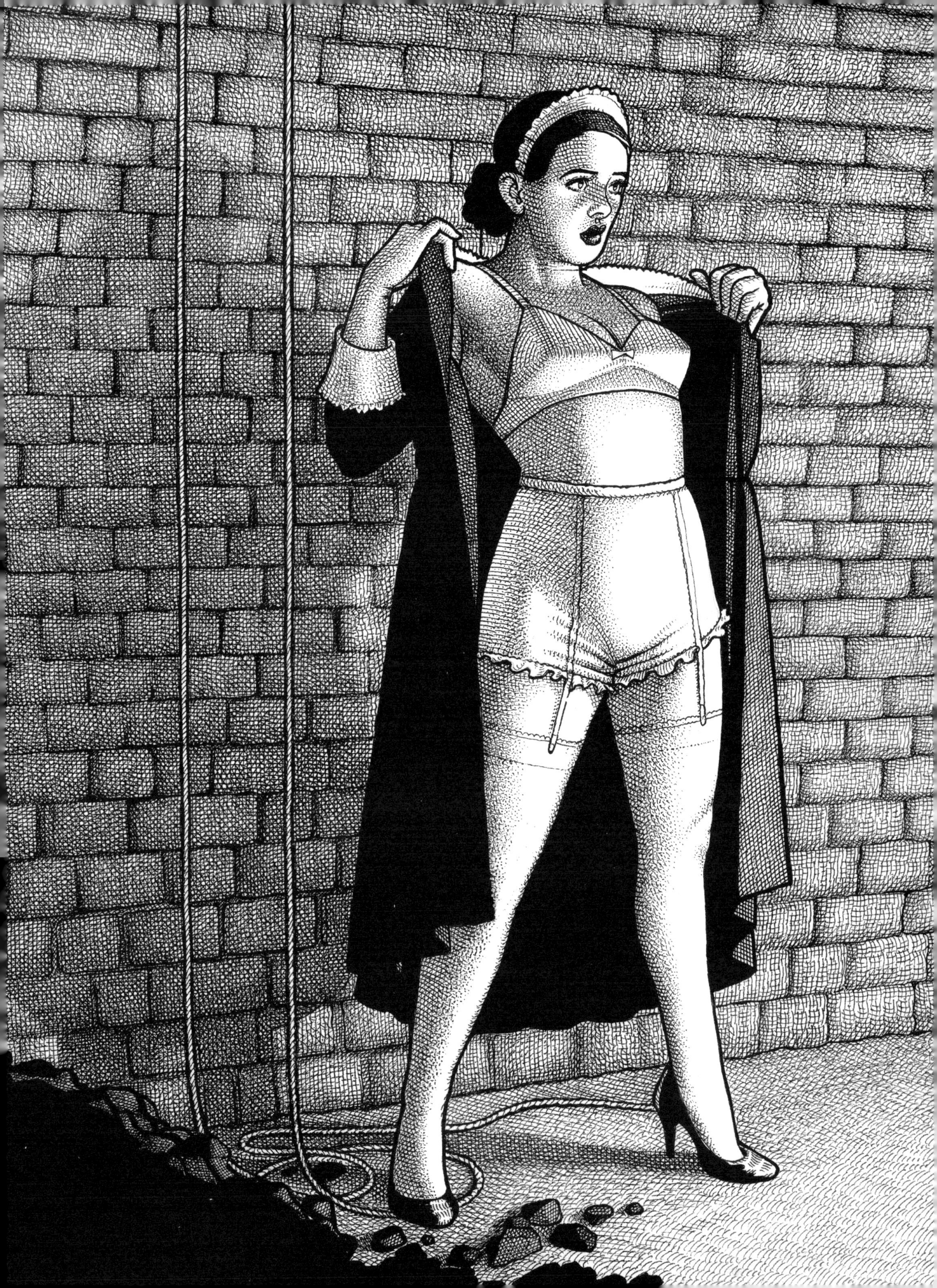

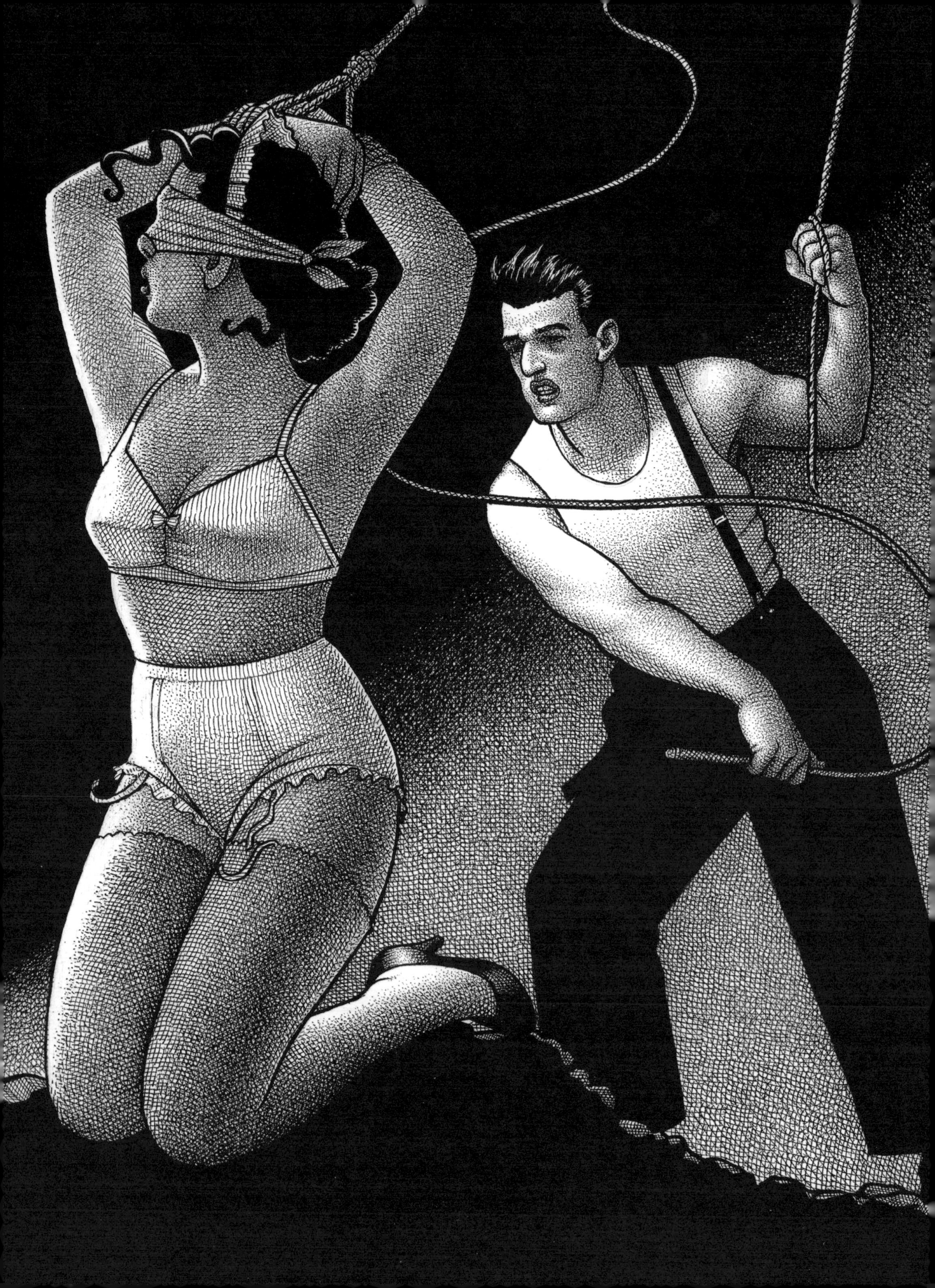

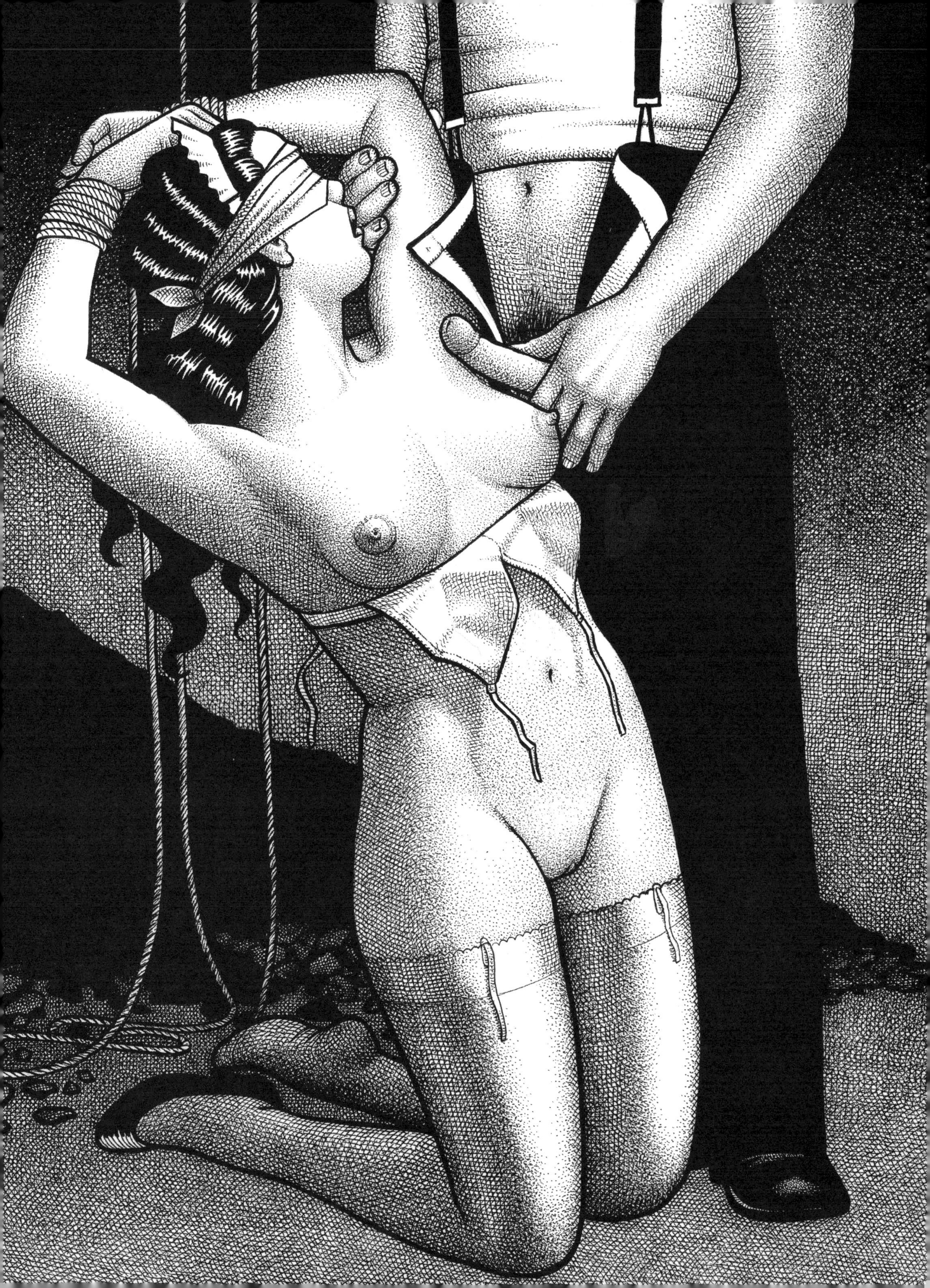

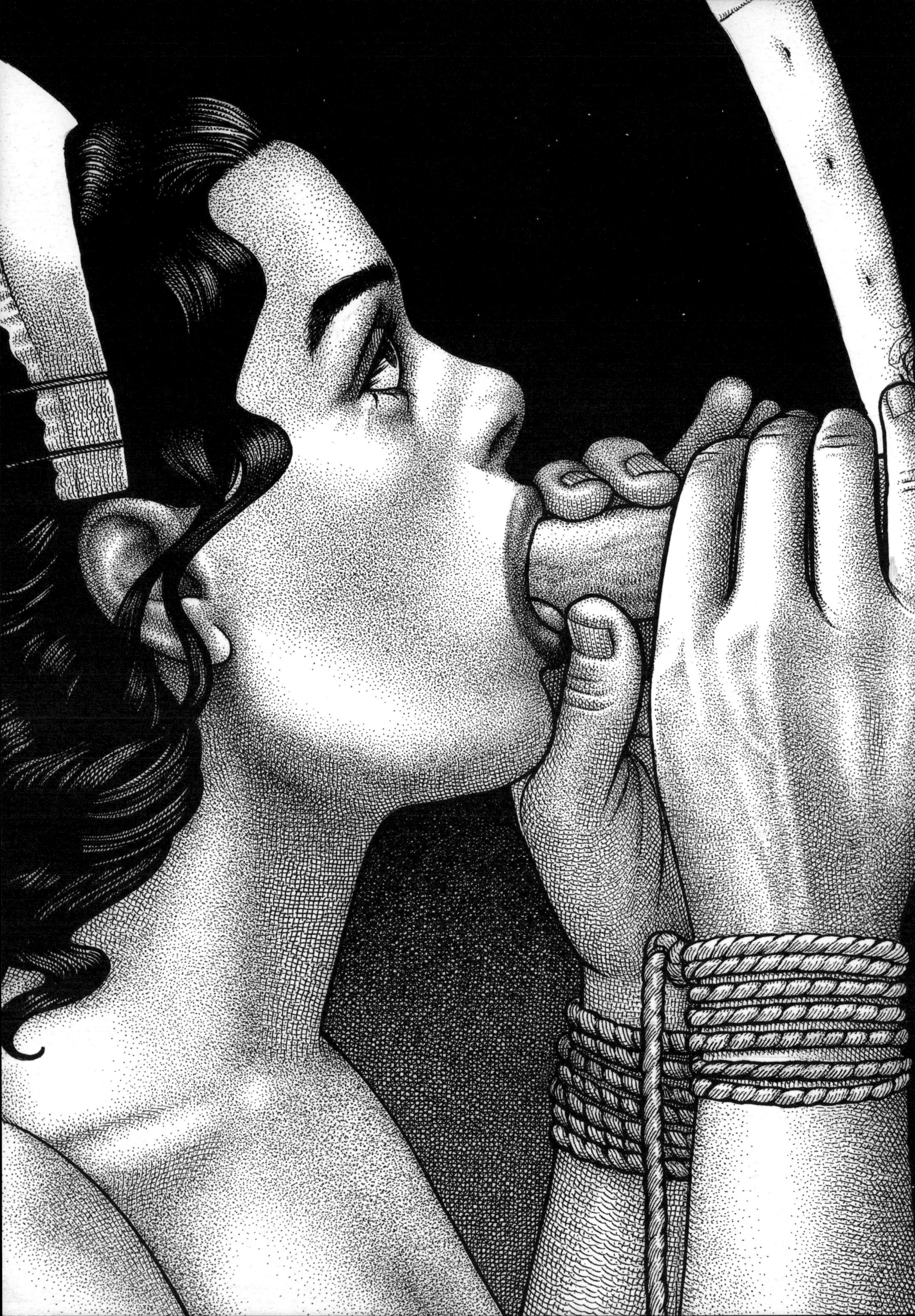

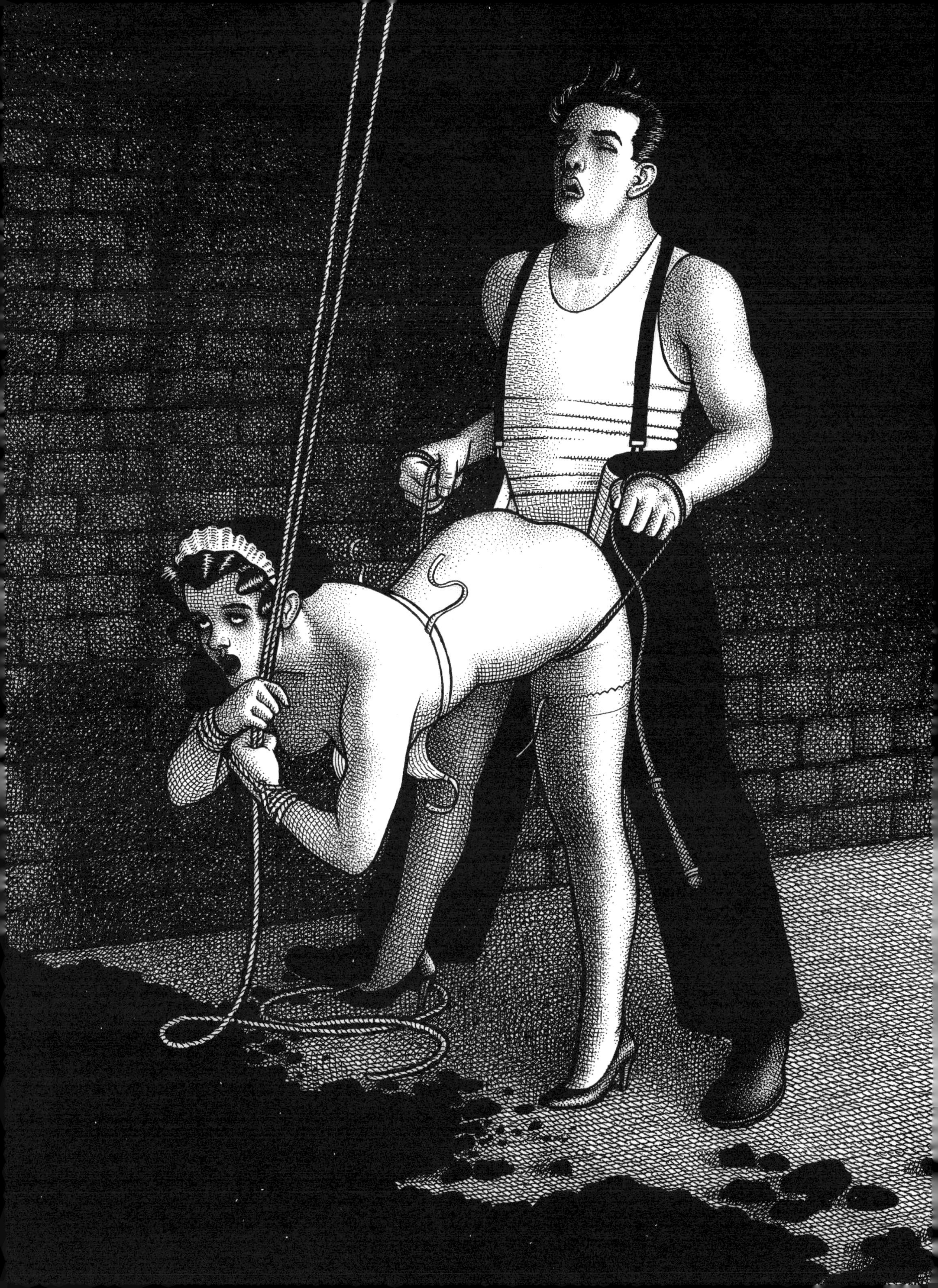

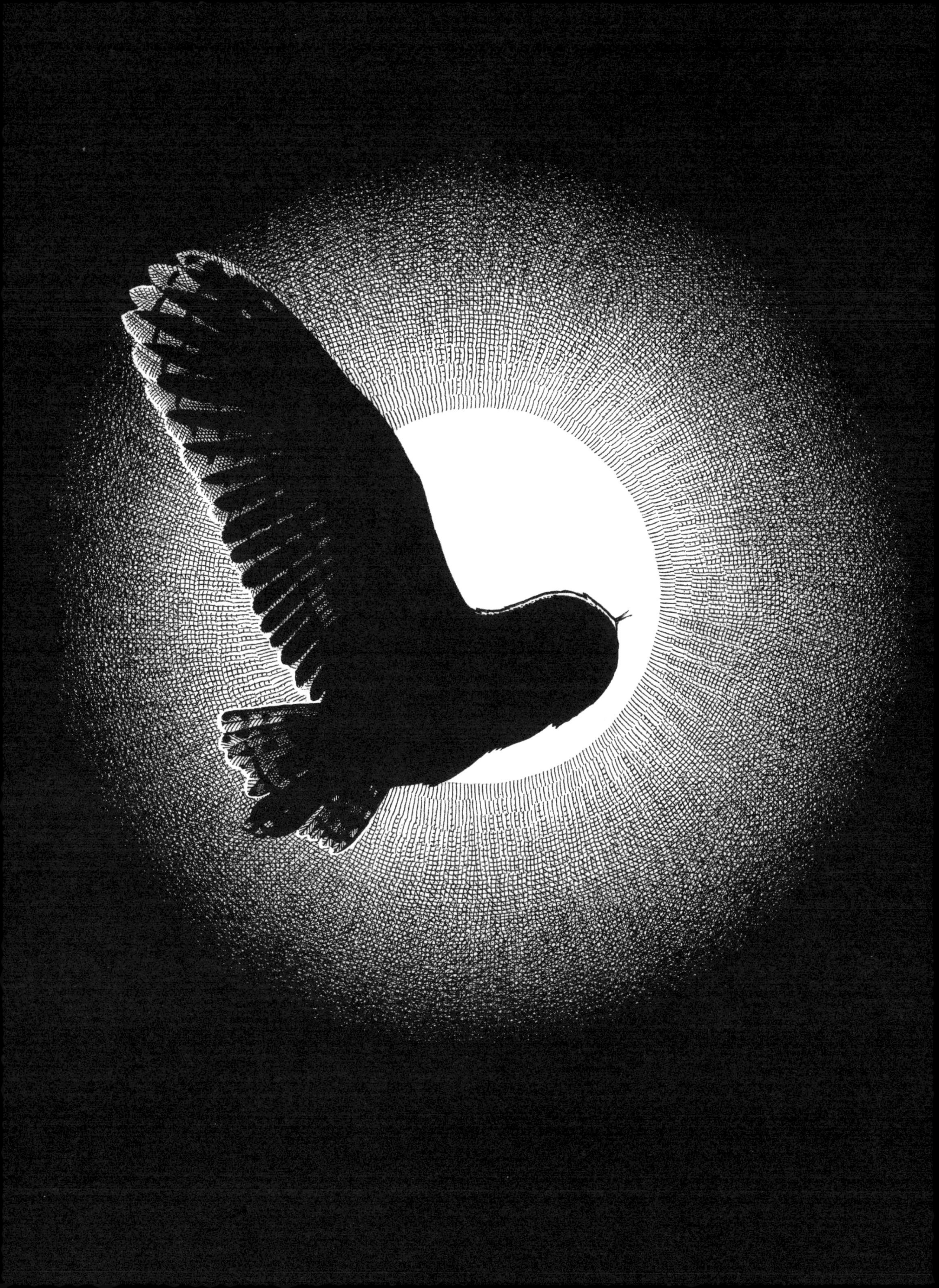

TENDO CONSUMADO O ATO E APÓS VOLTAR À SUA CASA, BENNY TEVE UM ESTRANHO SONHO AQUELA NOITE, SOBRE TER SE TORNADO UM CERVO...

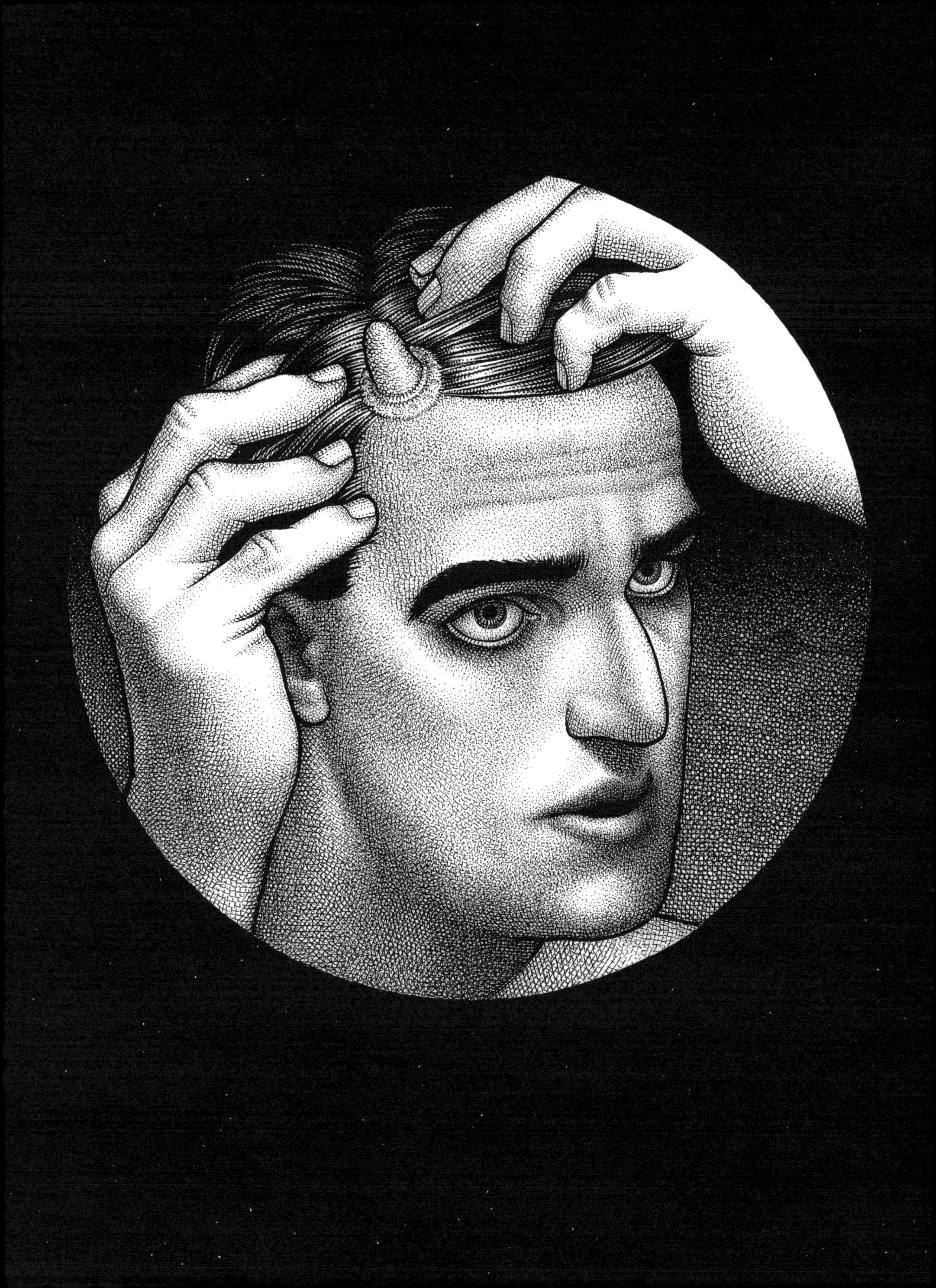

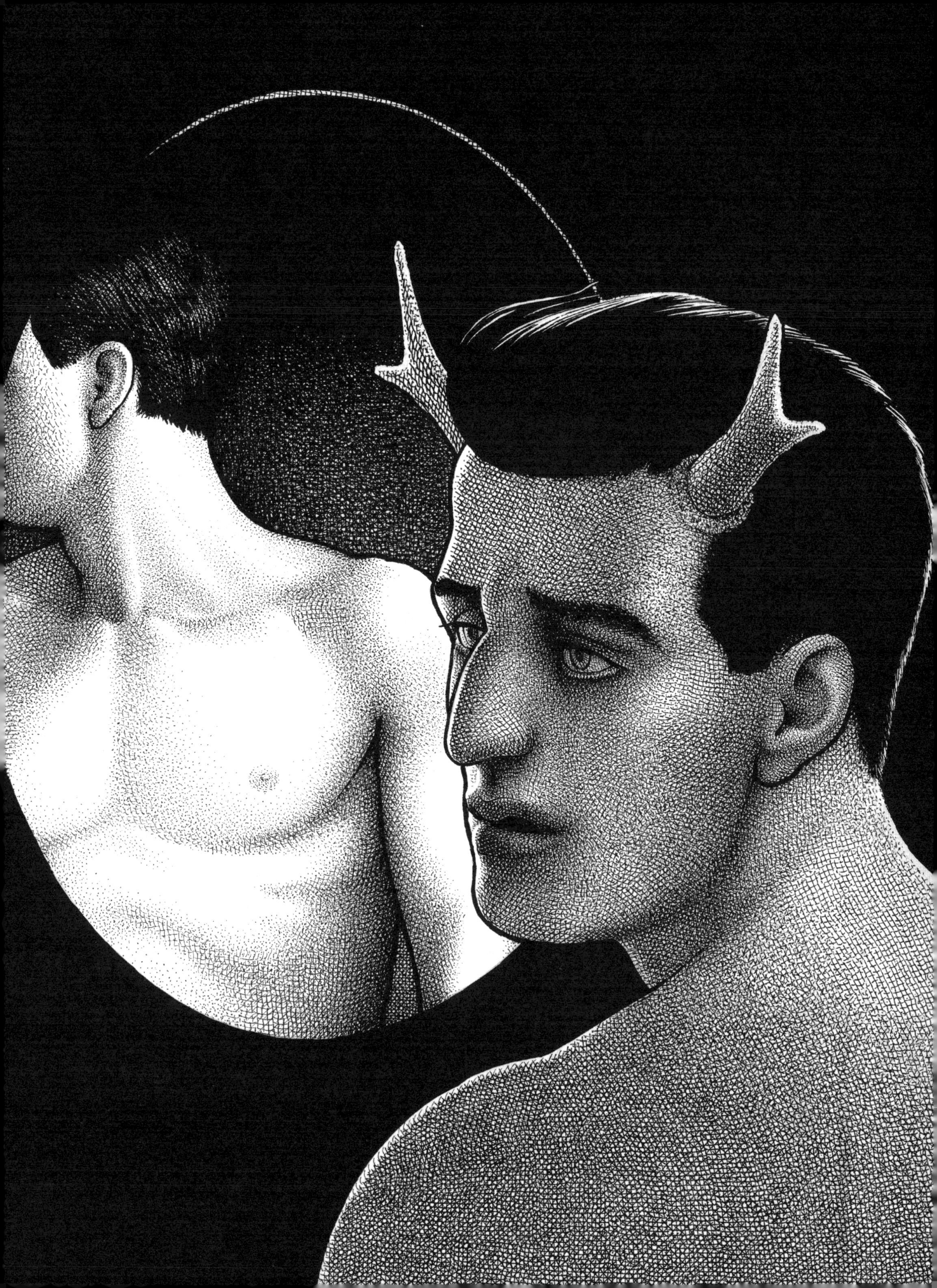

DURANTE TODO O SONHO ELE FOI PERSEGUIDO POR UM BANDO DE CÃES SELVAGENS.

NESSE ESTADO ADORMECIDO, ELE PARECIA TER PLENA CONSCIÊNCIA DA RAZÃO DISSO ESTAR ACONTECENDO E TUDO FAZIA SENTIDO...

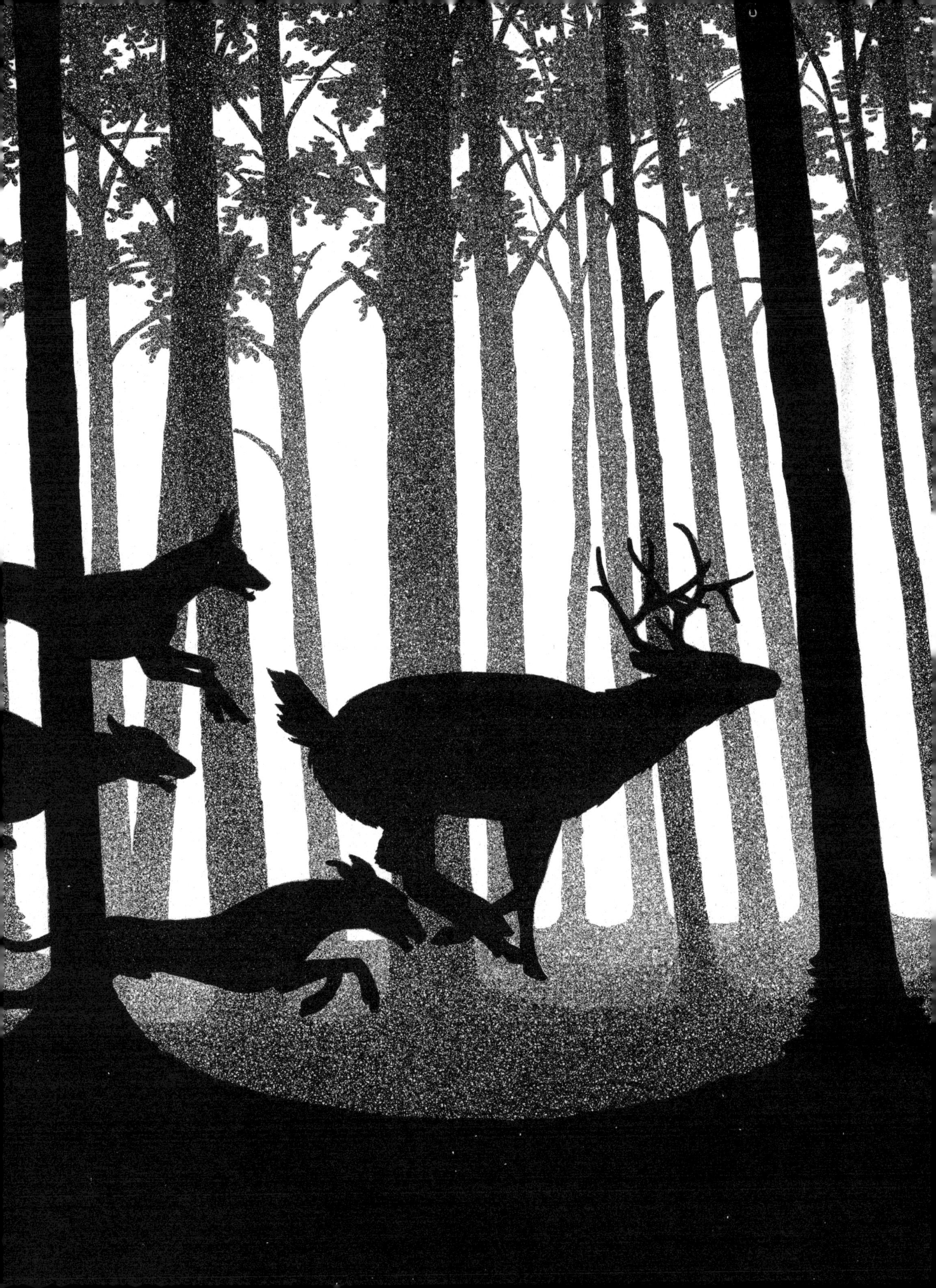

PORÉM, ESSE SENTIMENTO COMEÇOU A DESAPARECER AO ACORDAR, SENDO REPENTINAMENTE SUBSTITUÍDO POR UM TERROR INDIZÍVEL QUANDO BENNY PERCEBEU QUE SUAS MÃOS E ANTEBRAÇOS ESTAVAM COBERTOS POR ARRANHÕES E CORTES PROFUNDOS.

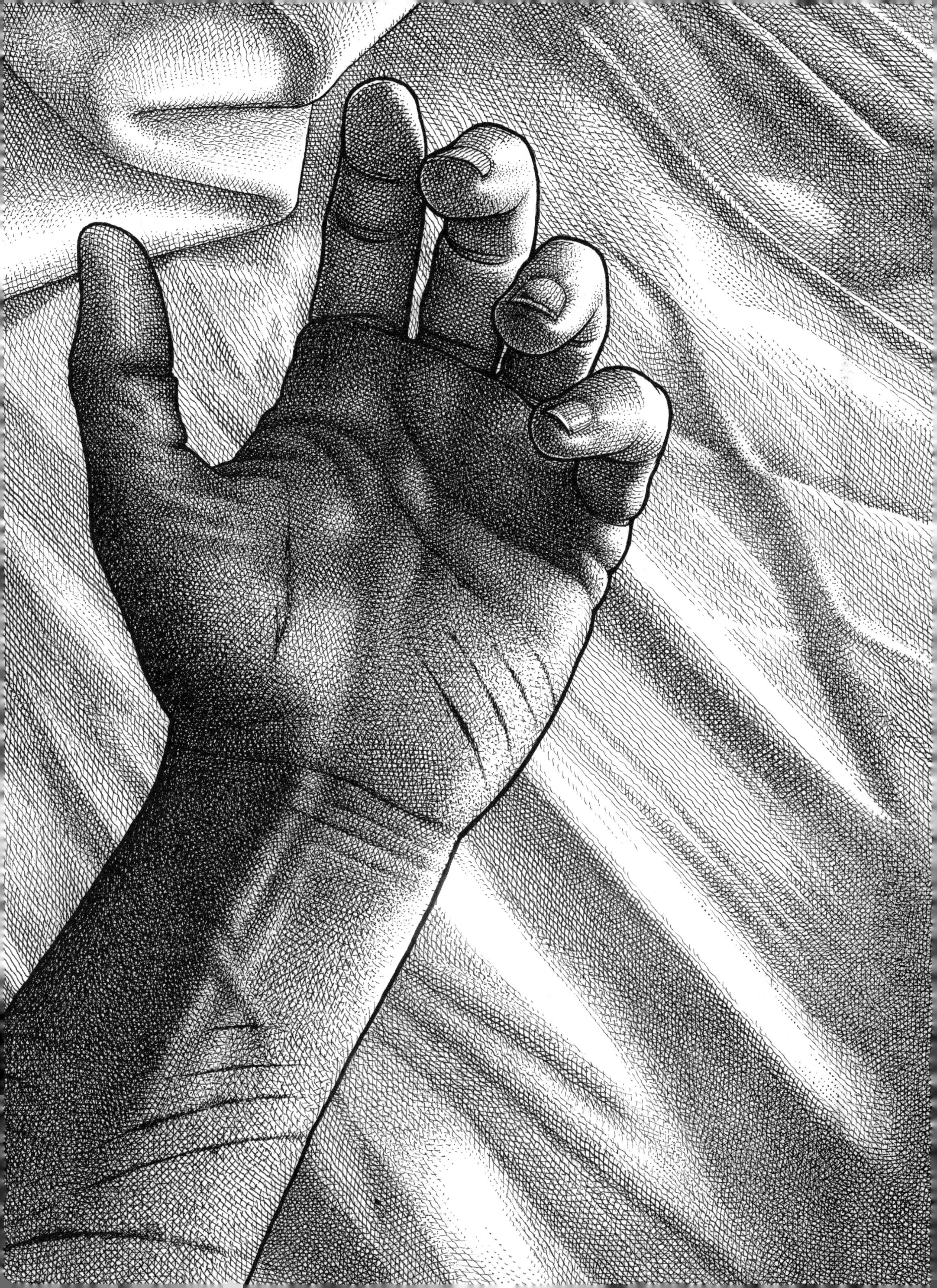

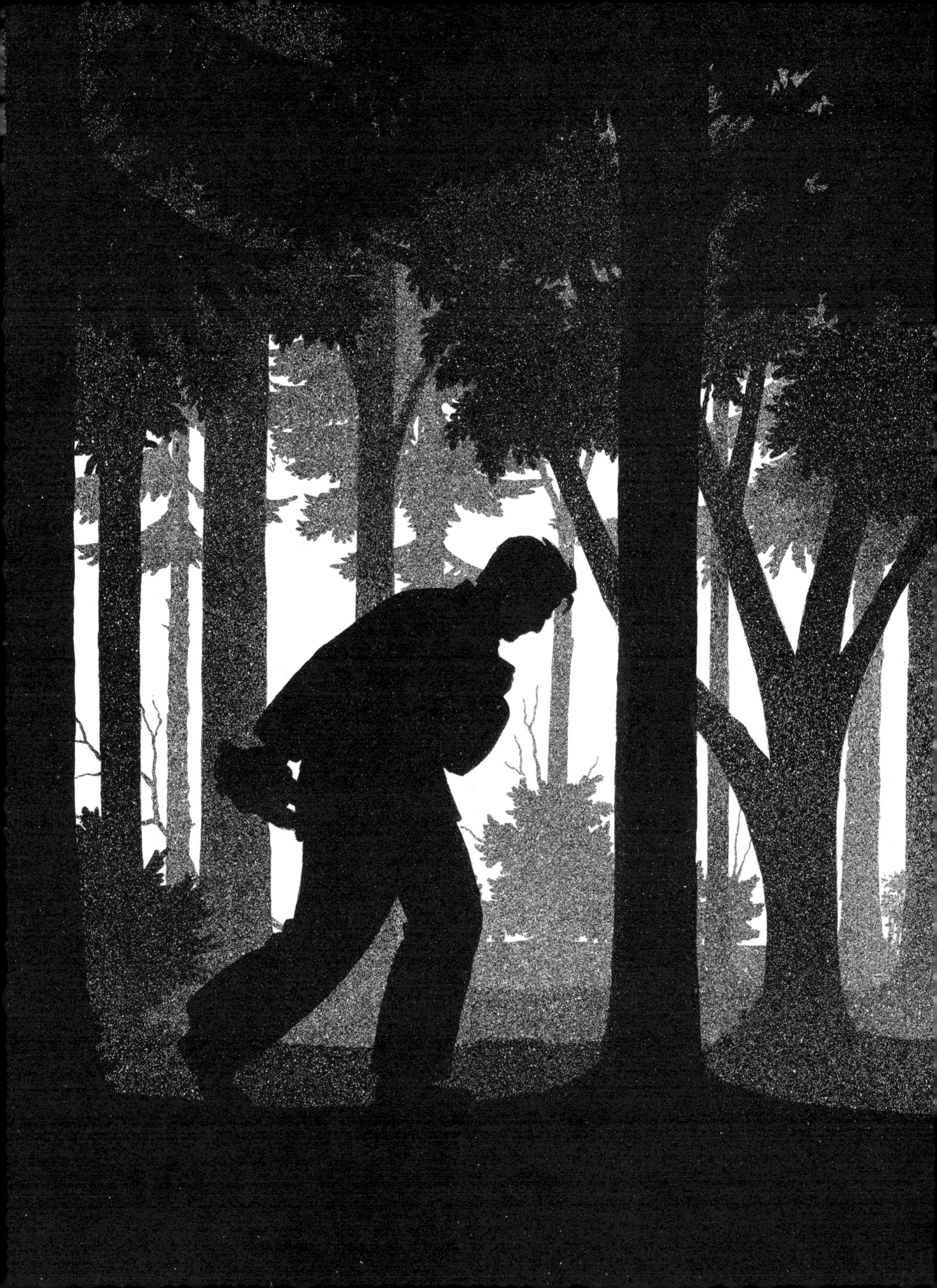

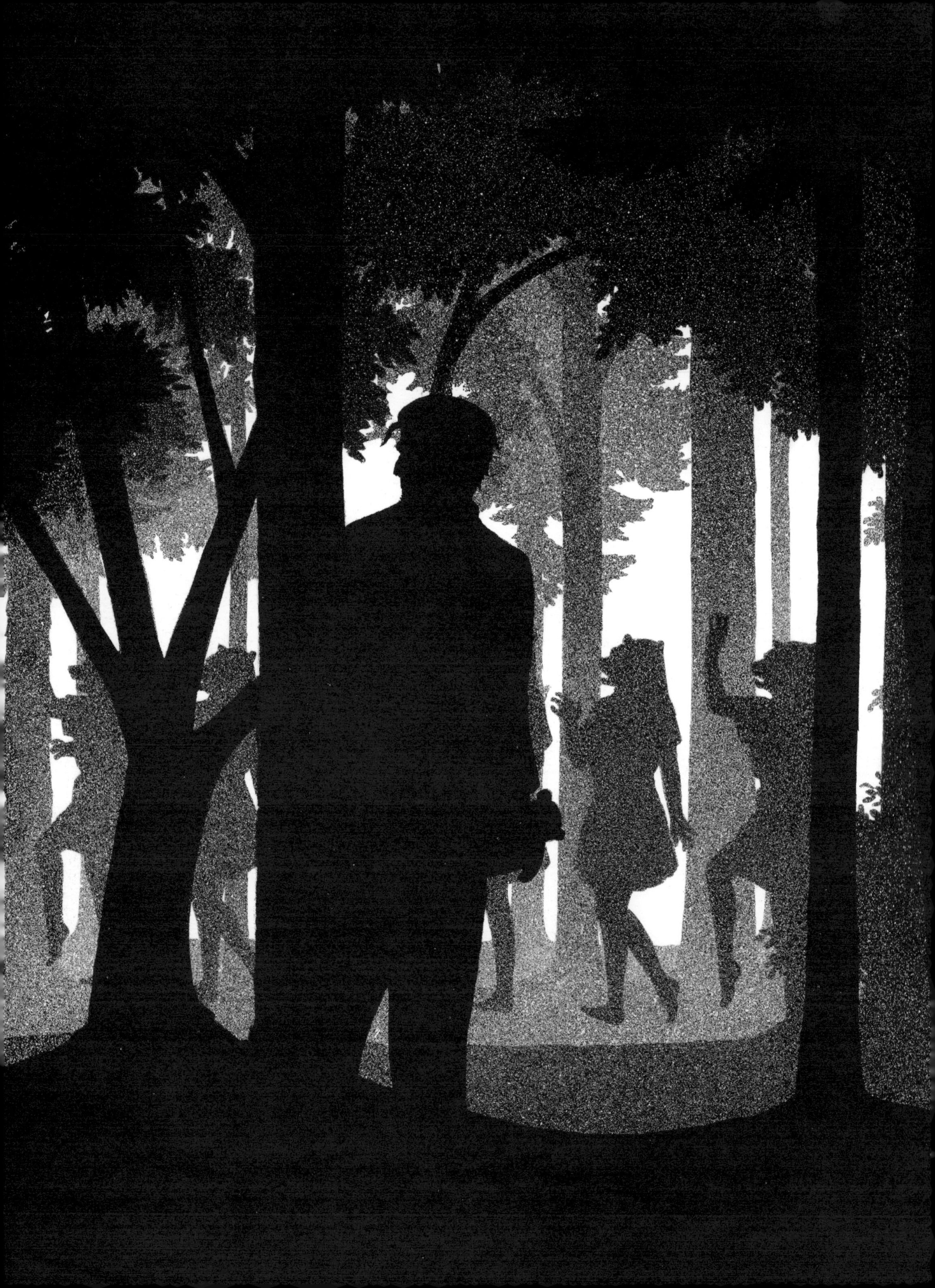

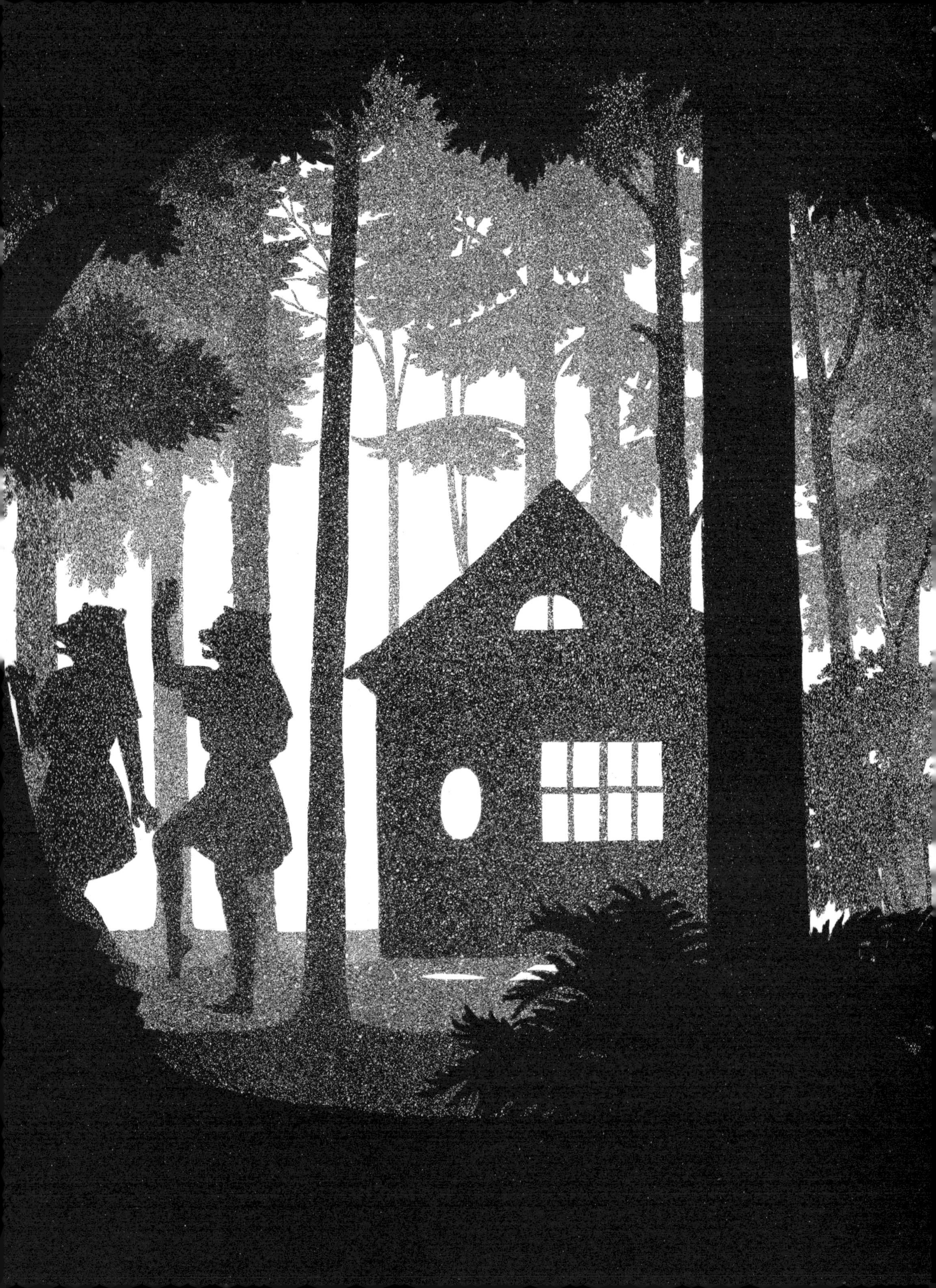

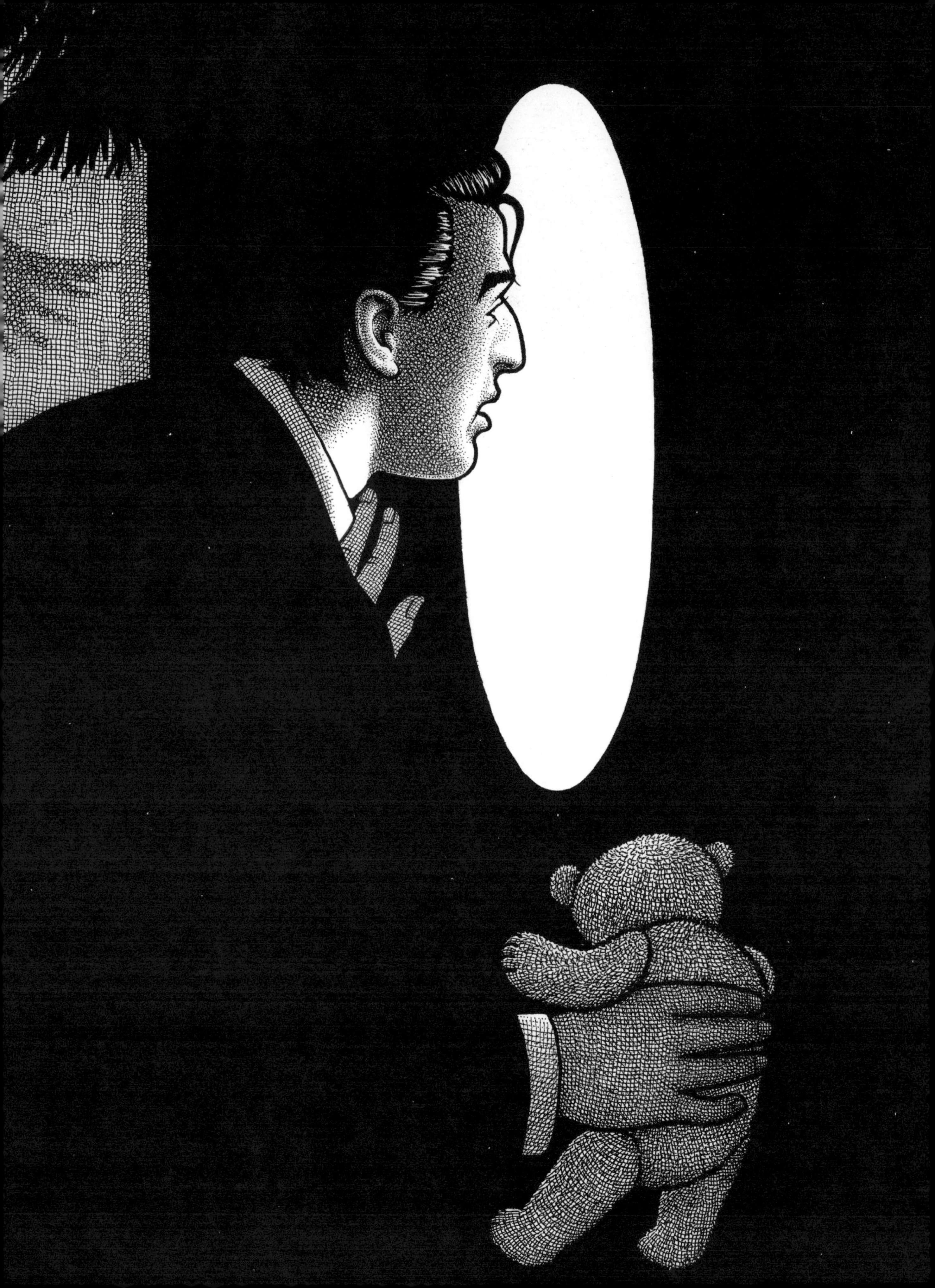

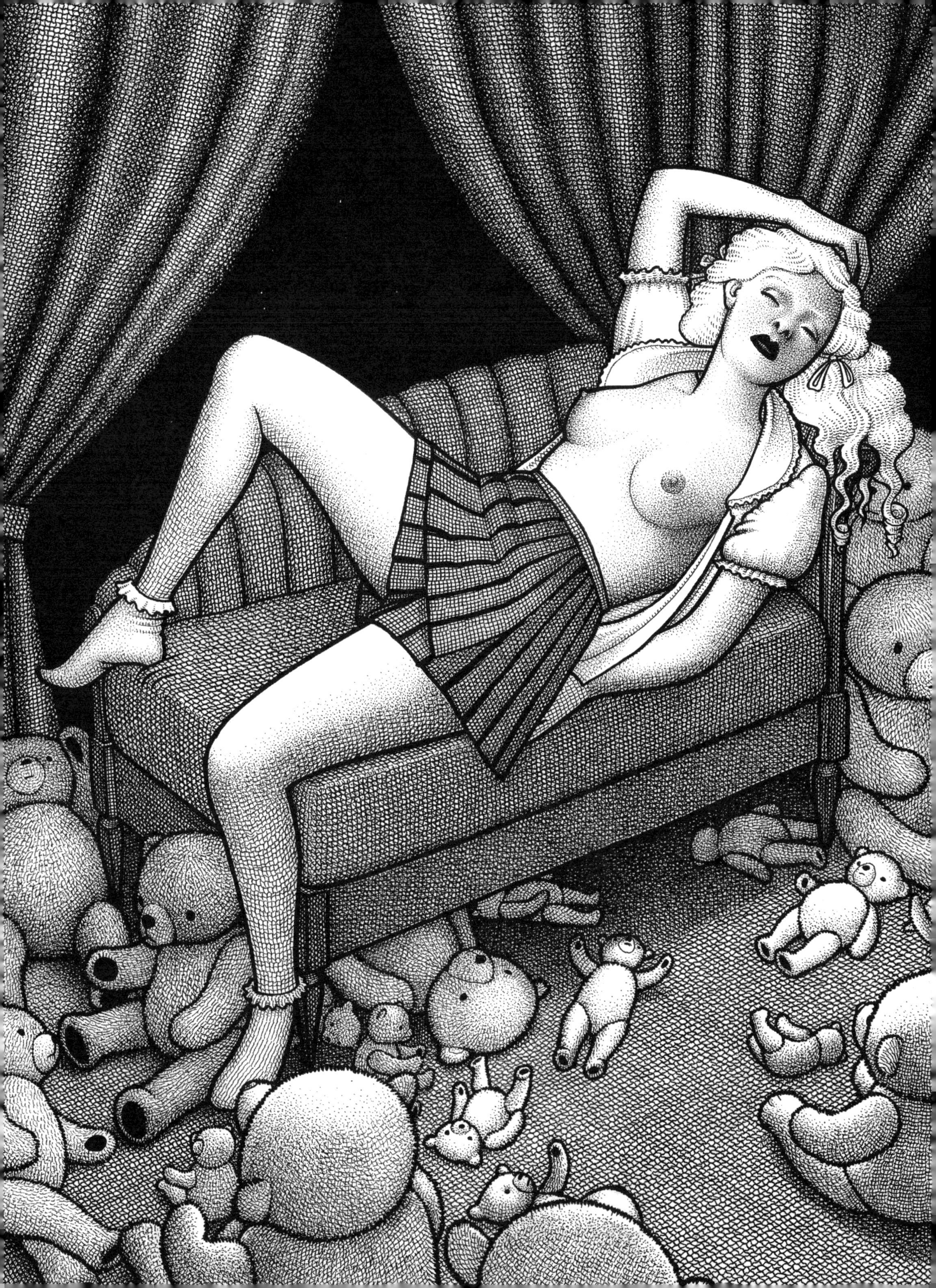

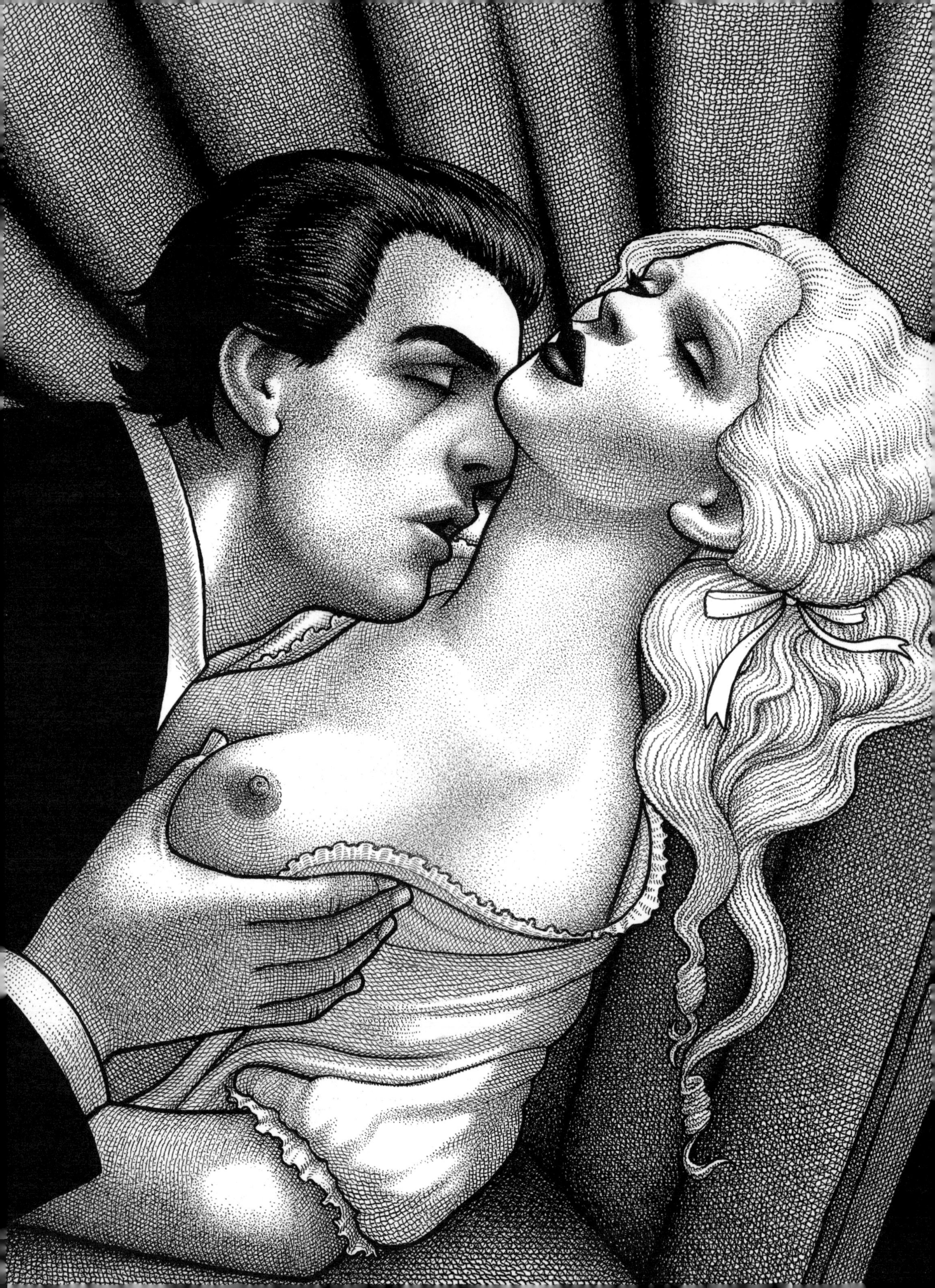

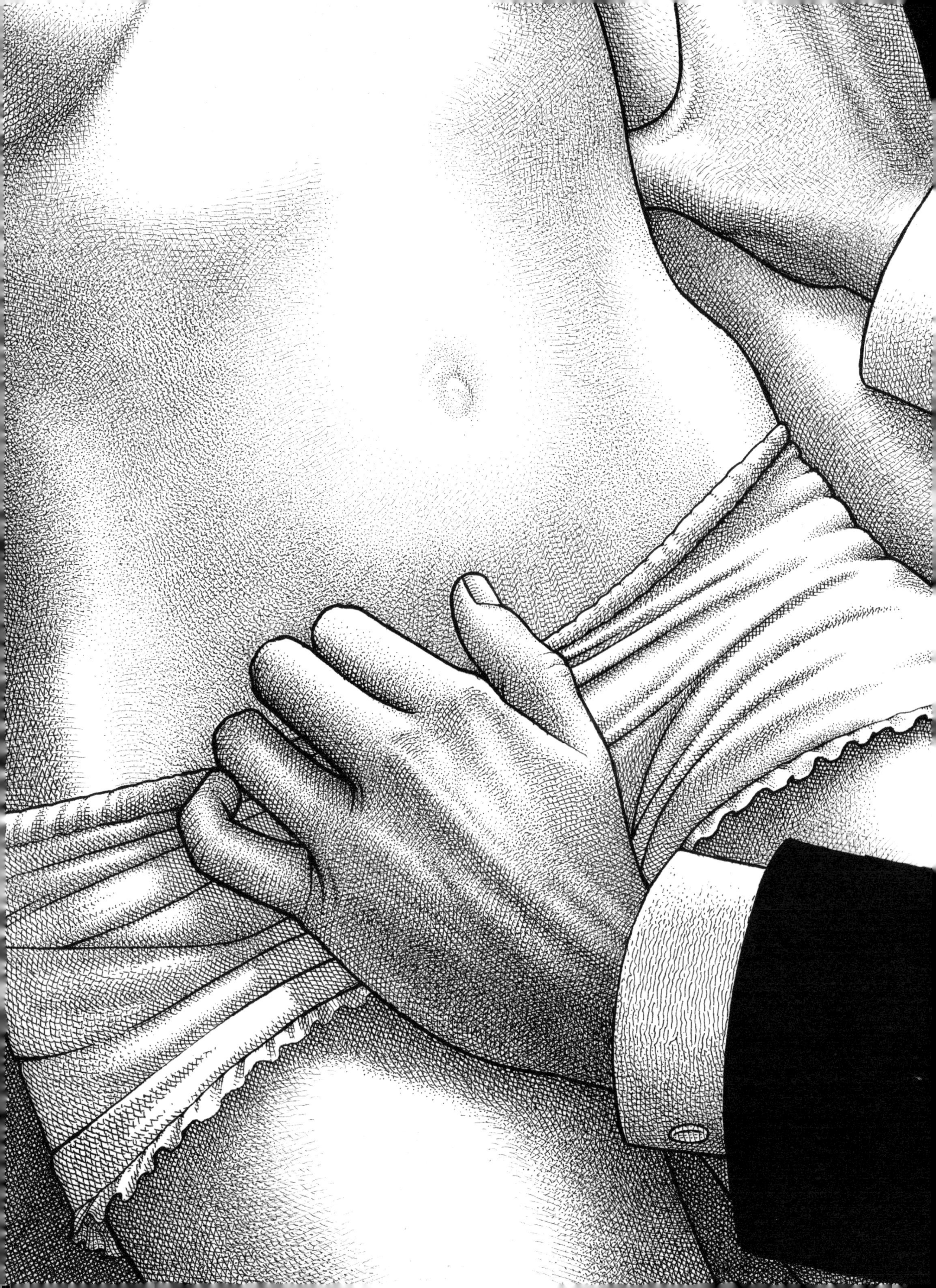

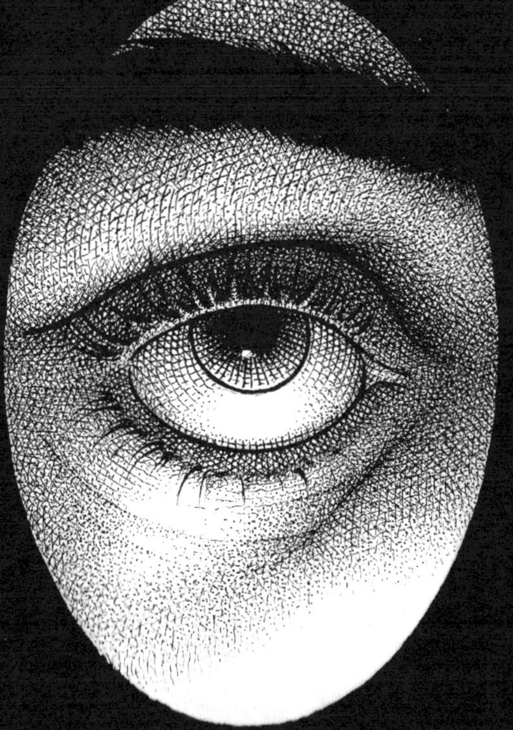

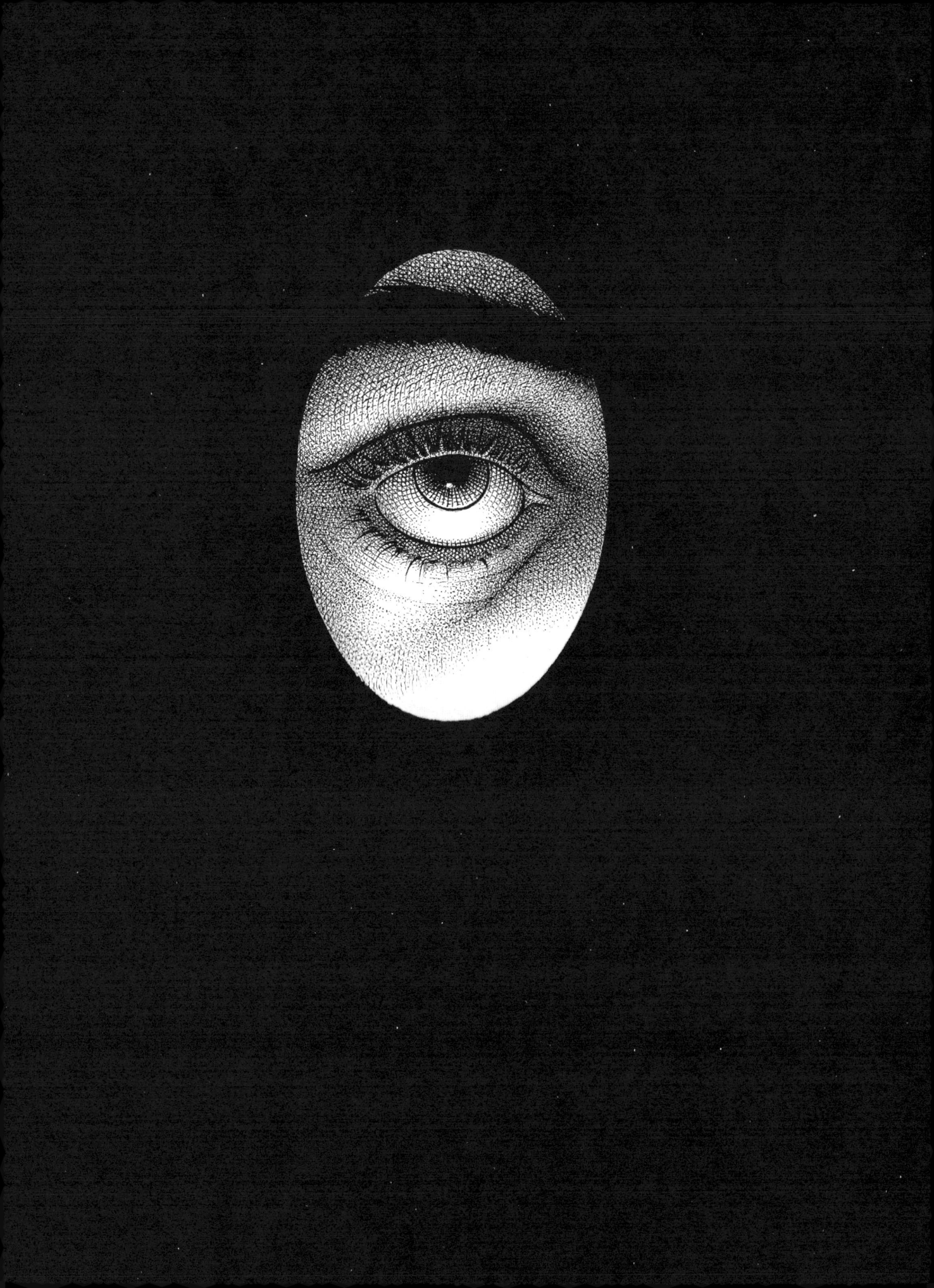

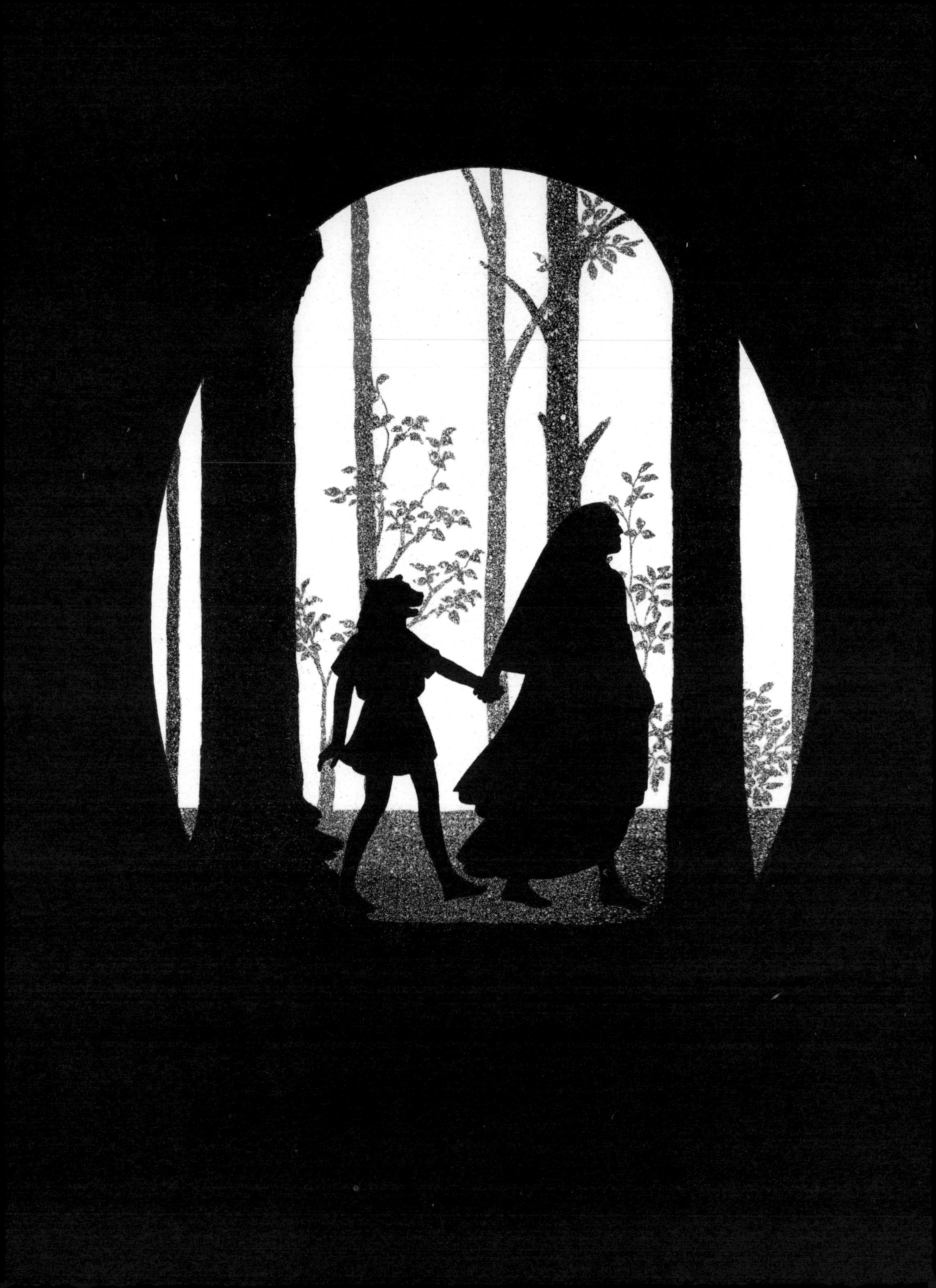

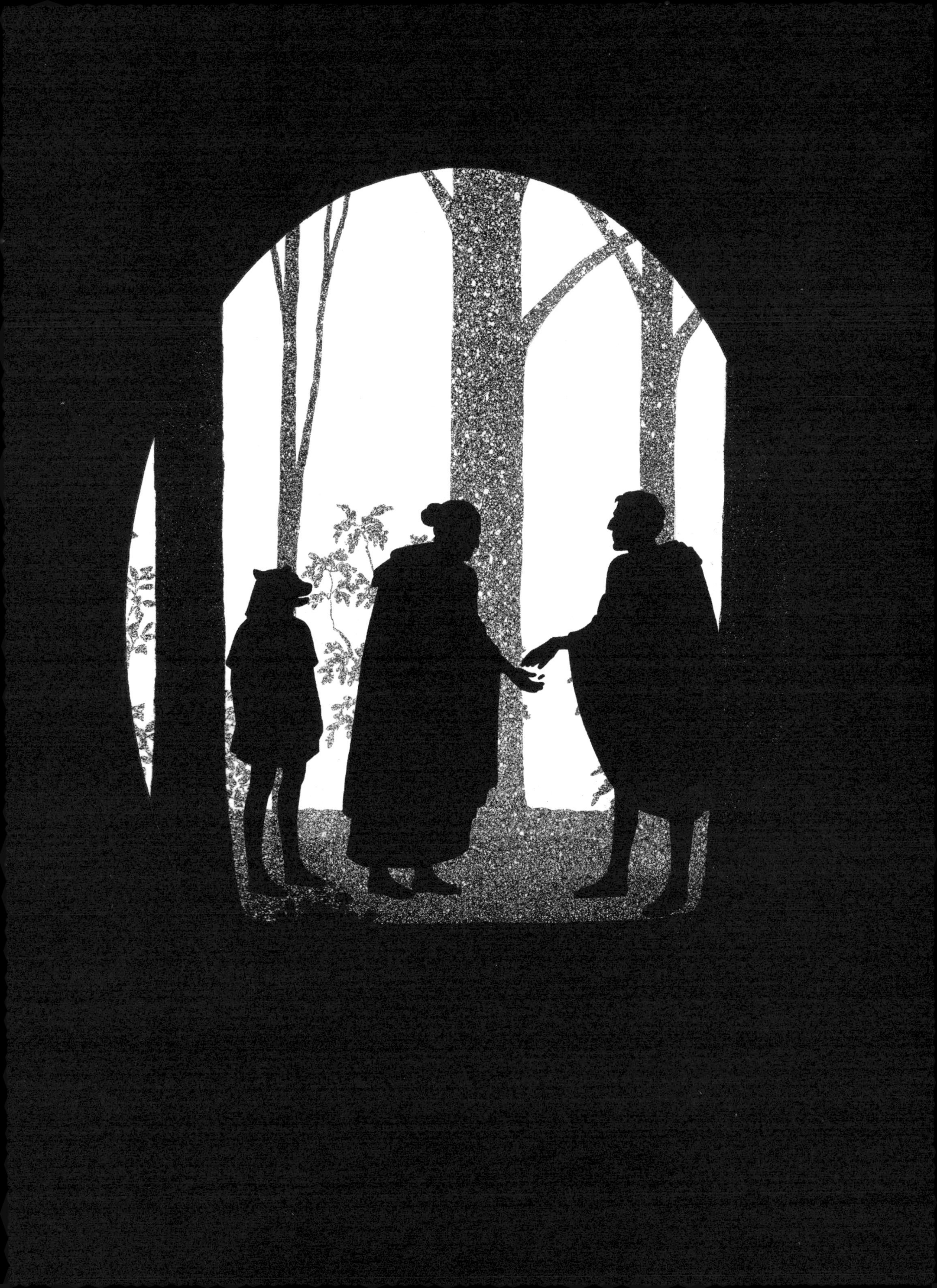

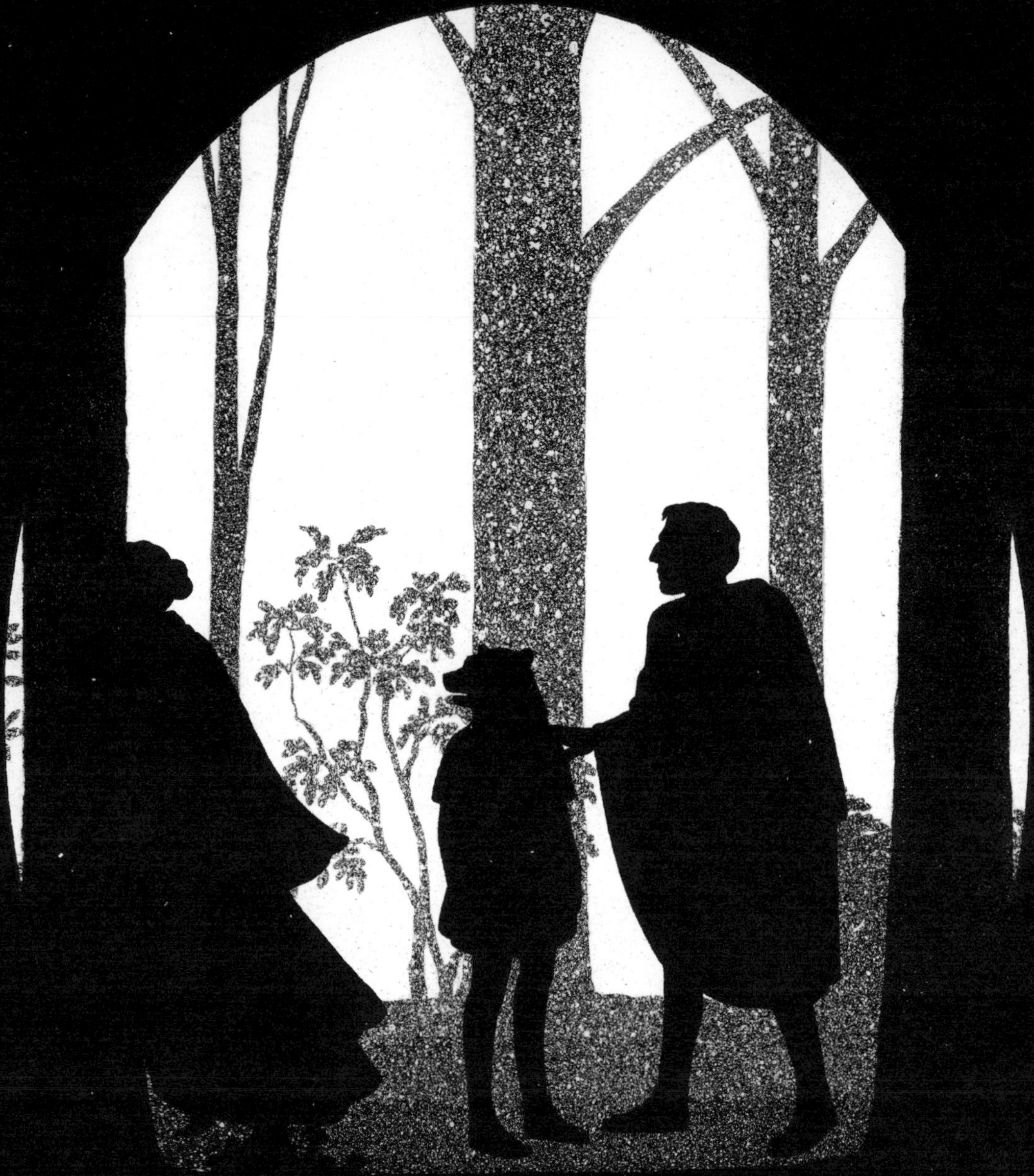

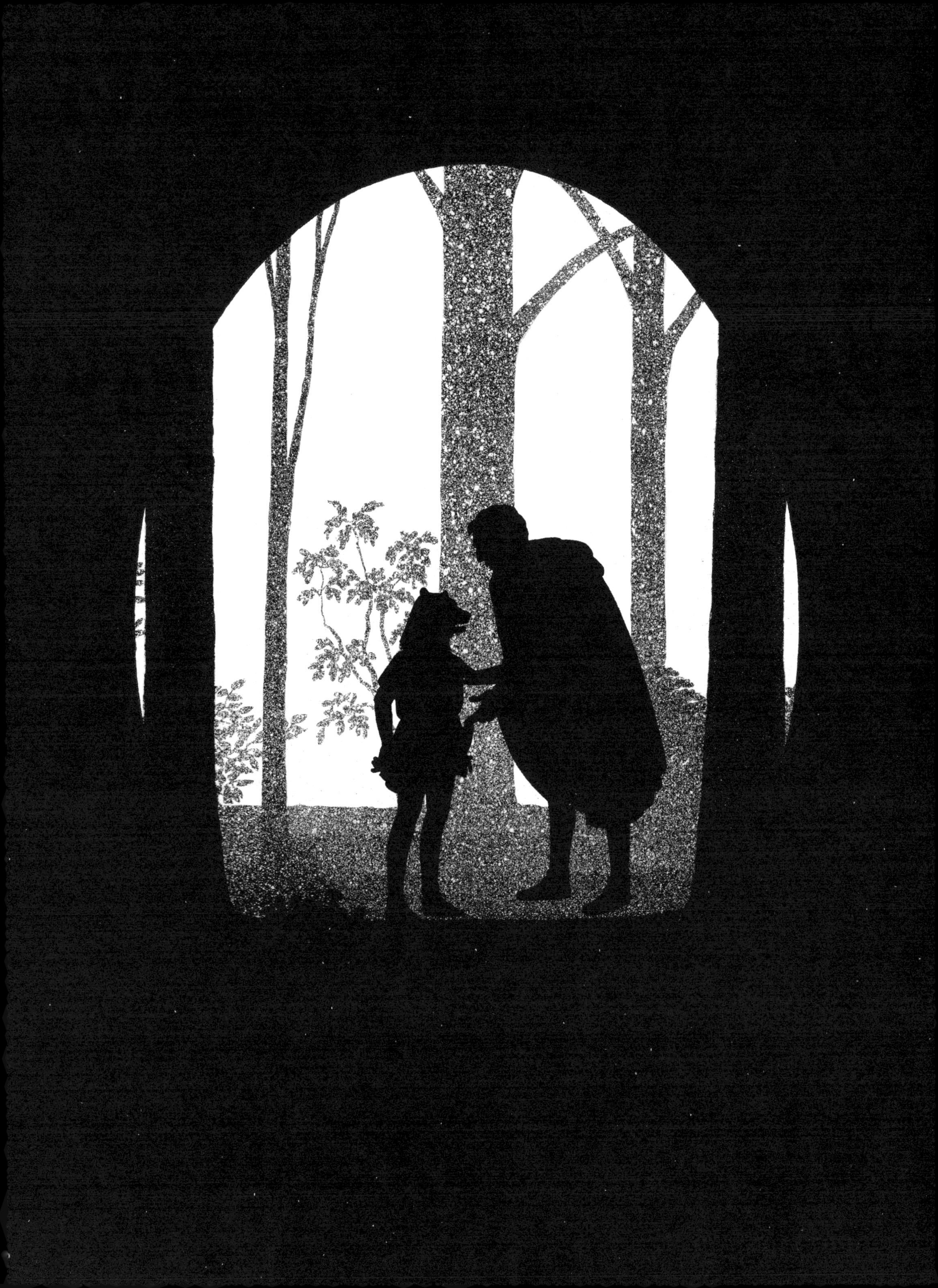

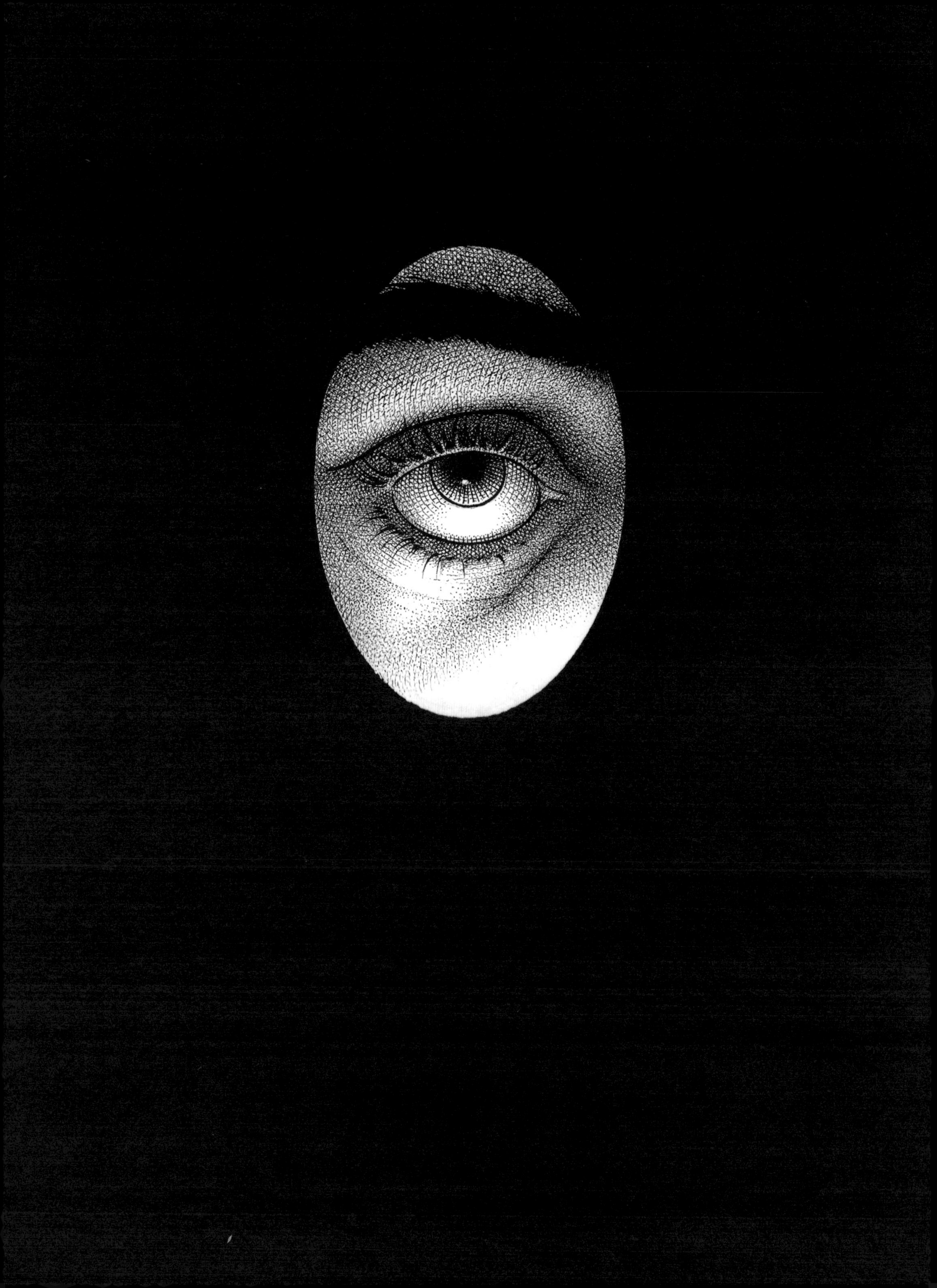

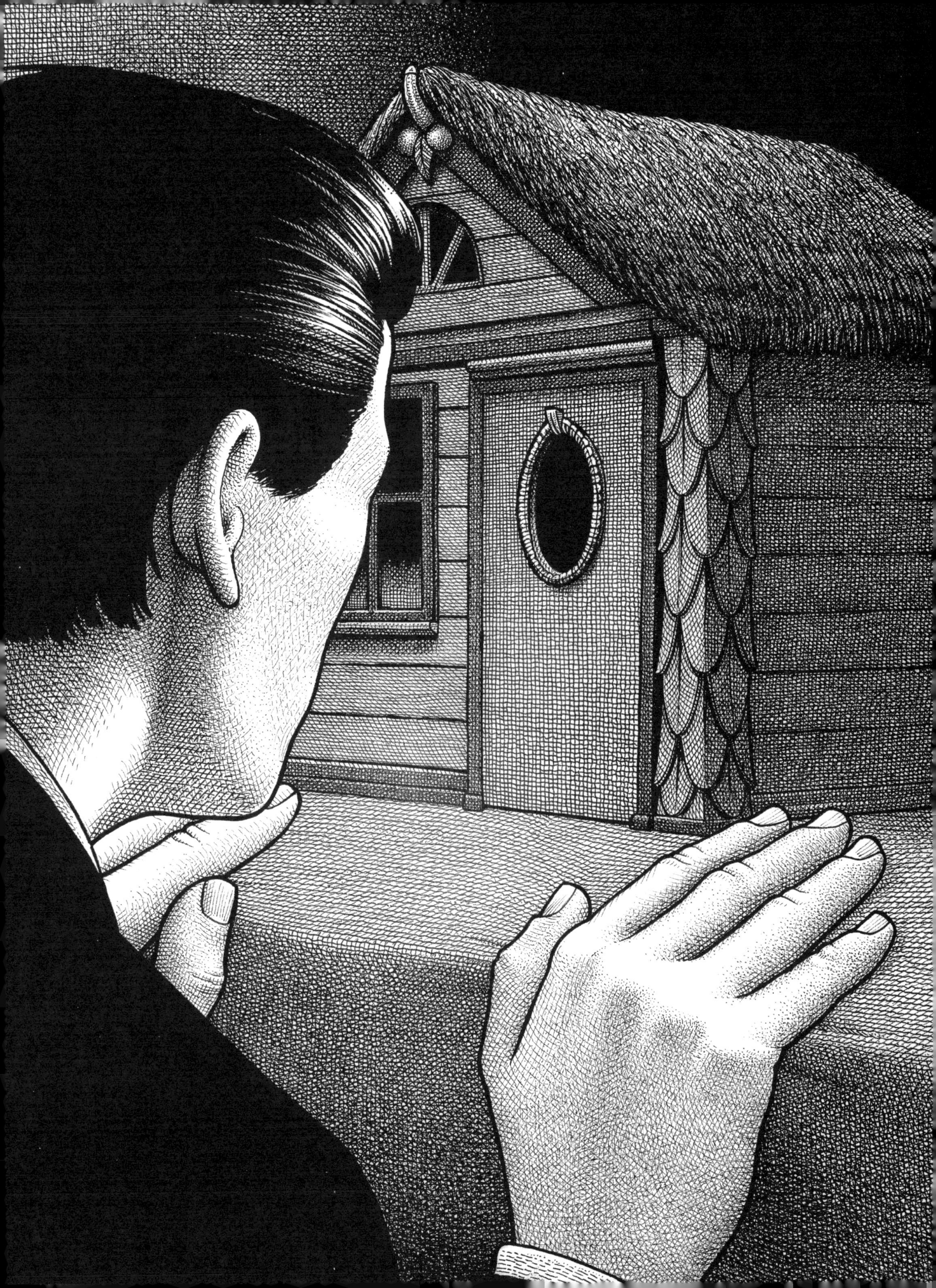

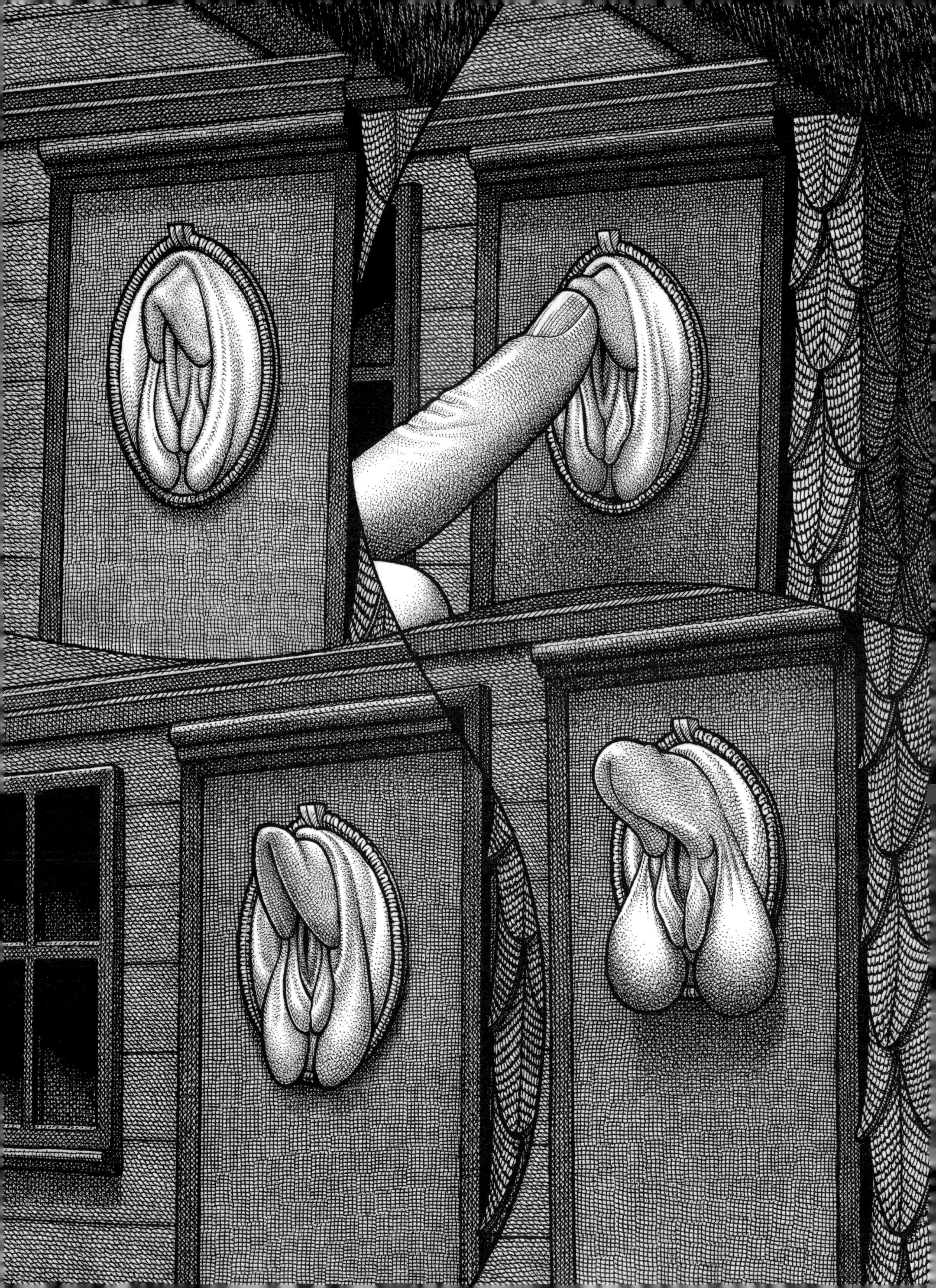

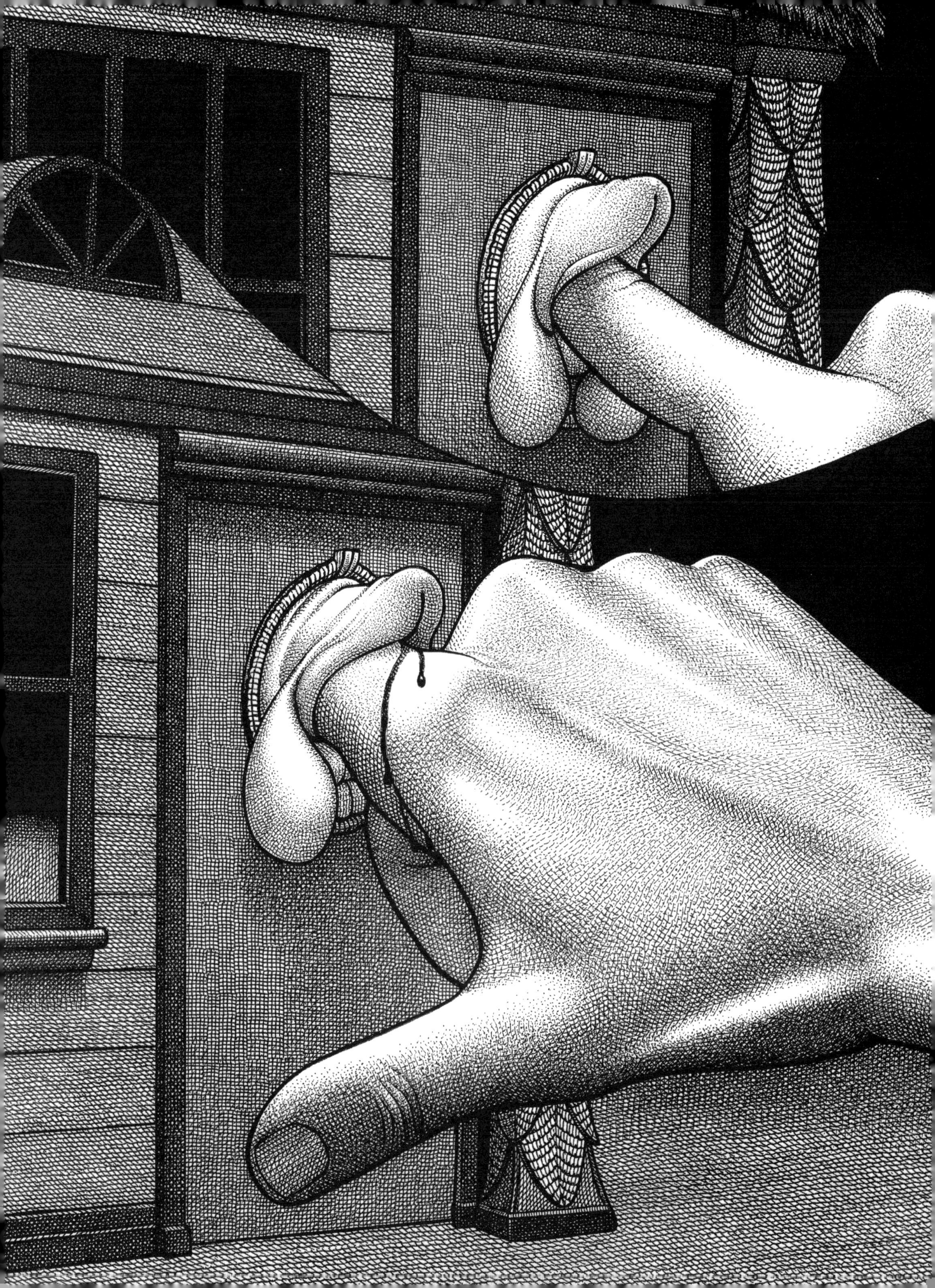

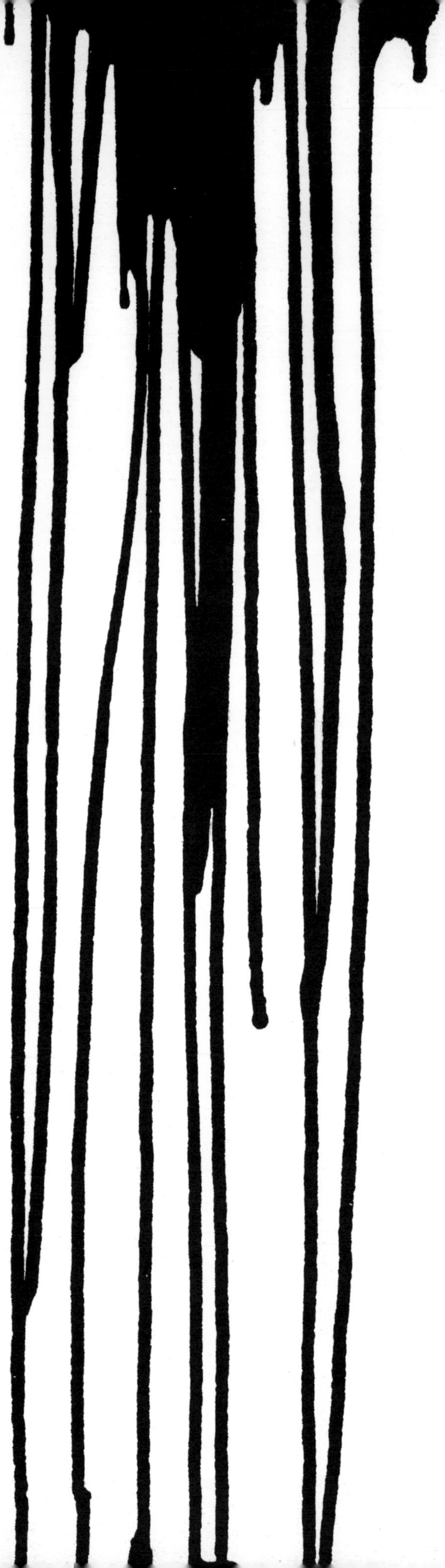

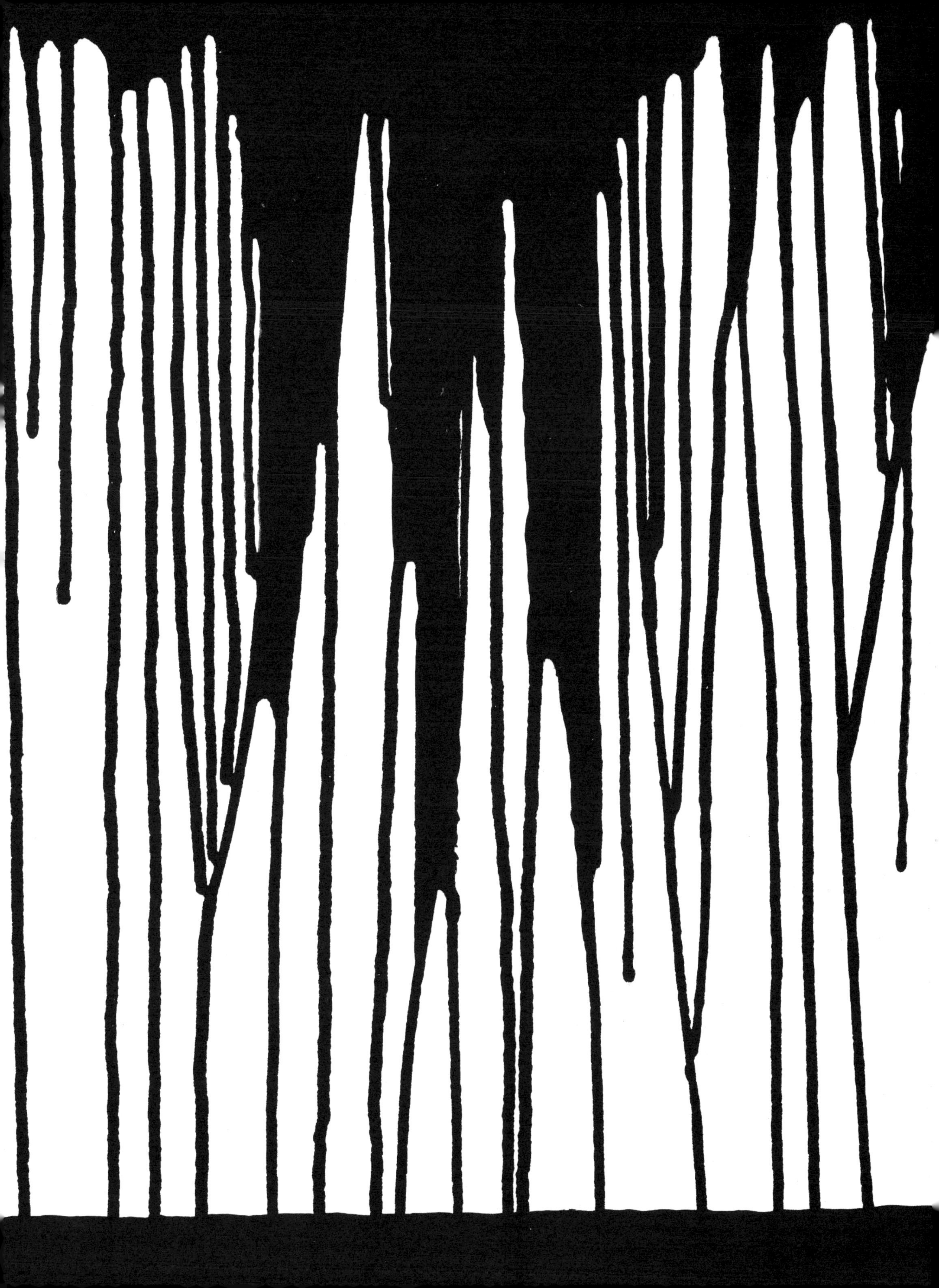

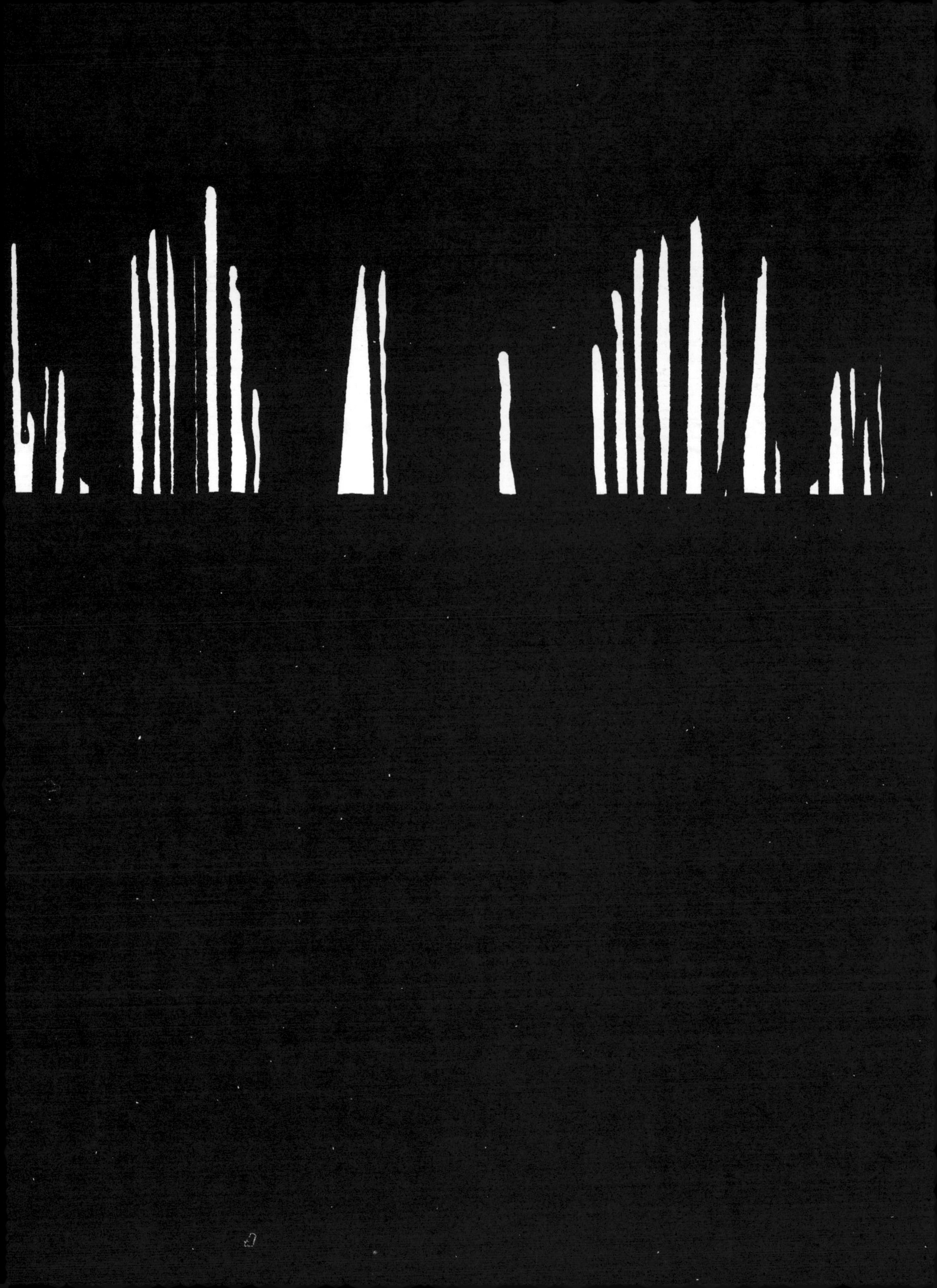

BENNY DESPERTOU DE VEZ
COM O SOM DE UM PUNHO BATENDO
NA SUA PORTA. ELE LEVOU UM TEMPO
PARA SE ORIENTAR.

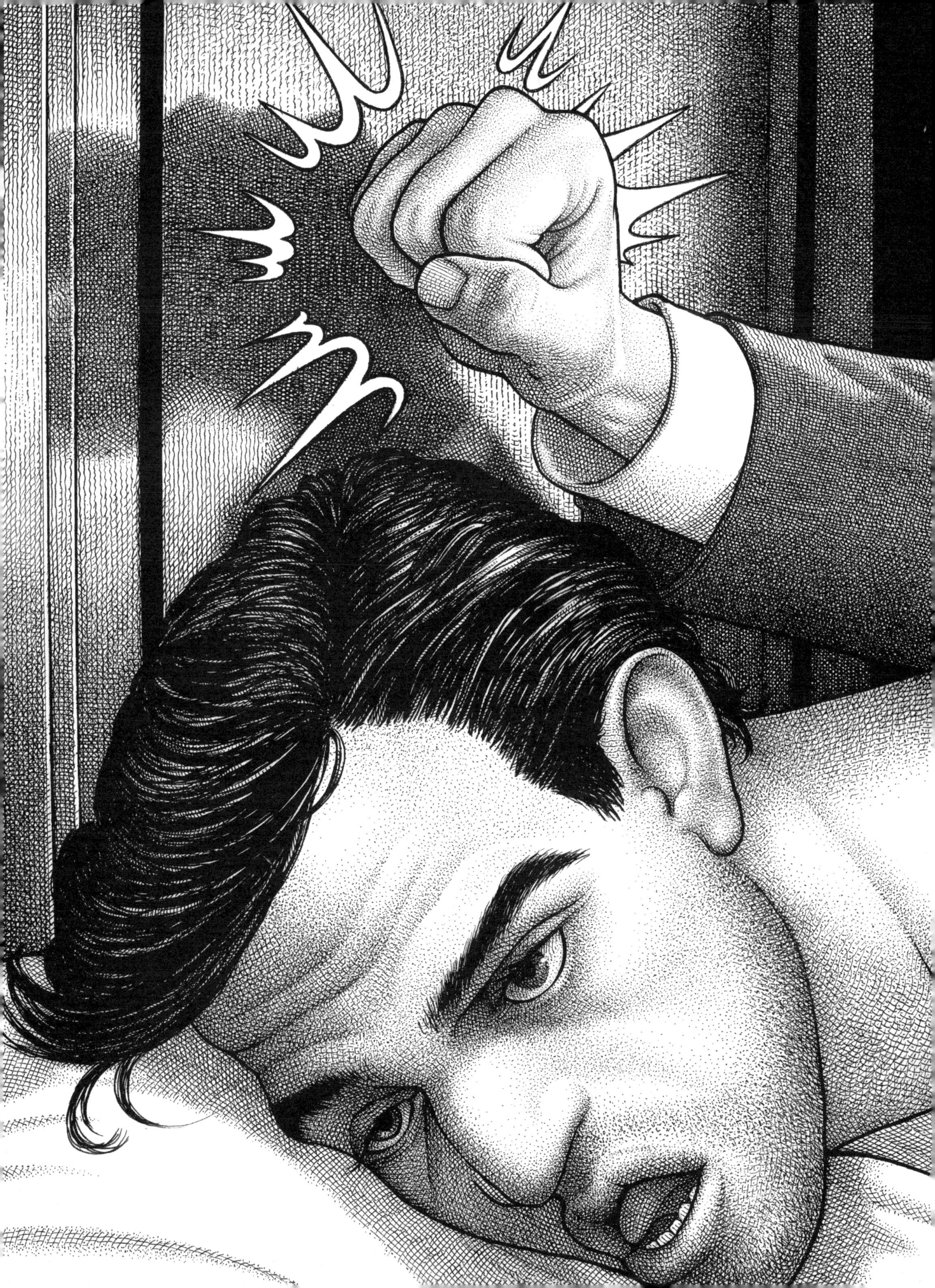

CONSEGUIU SE RECOMPOR
E ABRIU A PORTA COM BASTANTE ESFORÇO.
TRÊS HOMENS ESTAVAM PARADOS NA SOLEIRA; DOIS POLICIAIS
FARDADOS E UM HOMEM DE TERNO COM O OLHAR SEVERO,
QUE SE APRESENTOU COMO SARGENTO LLOYD.

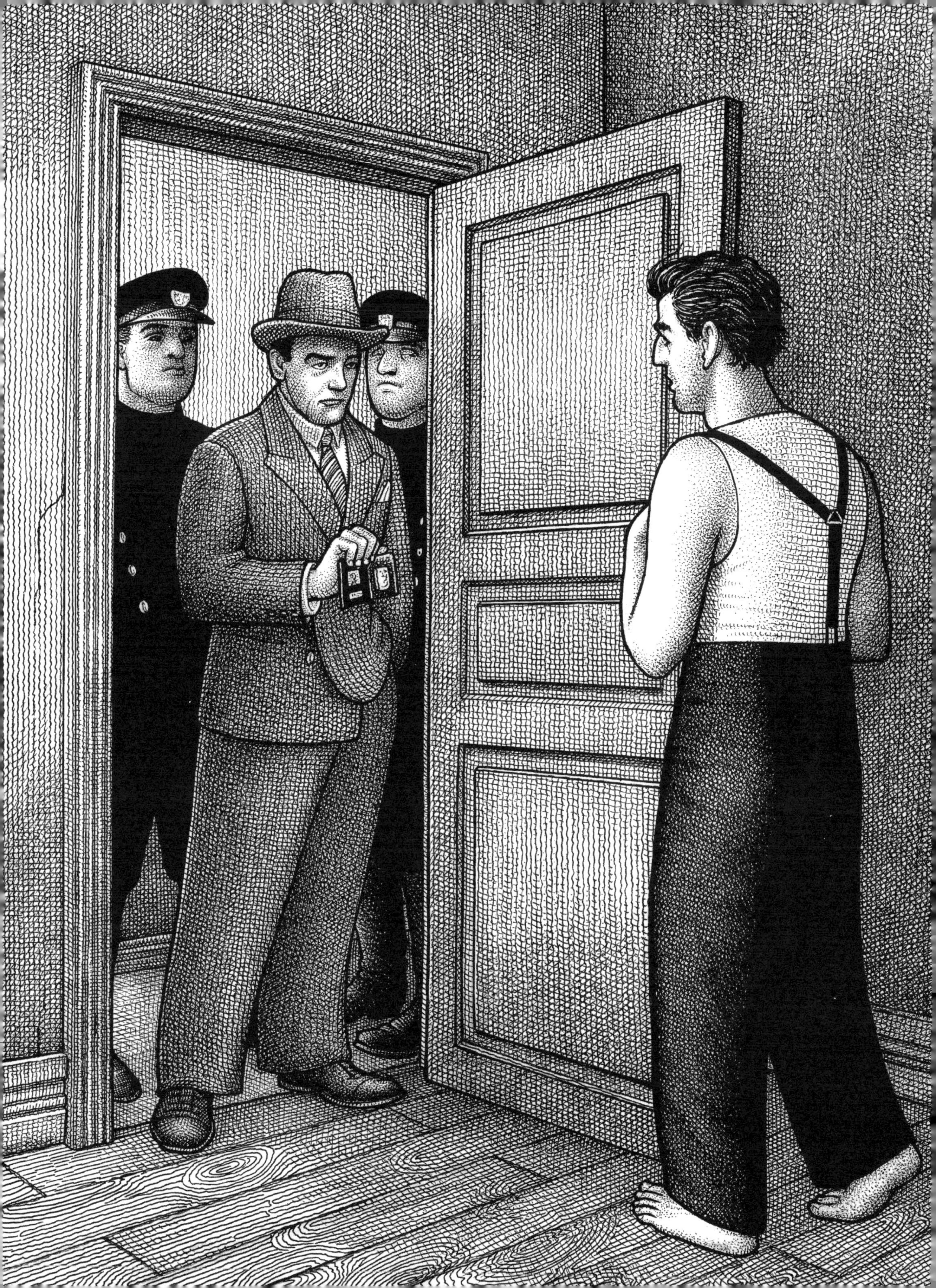

ELE MOSTROU A BENNY
UM MANDADO DE BUSCA E PEDIU PARA
ACOMPANHÁ-LO E AOS POLICIAIS À DELEGACIA.
MESMO ESTANDO PERPLEXO,
BENNY OBEDECEU.

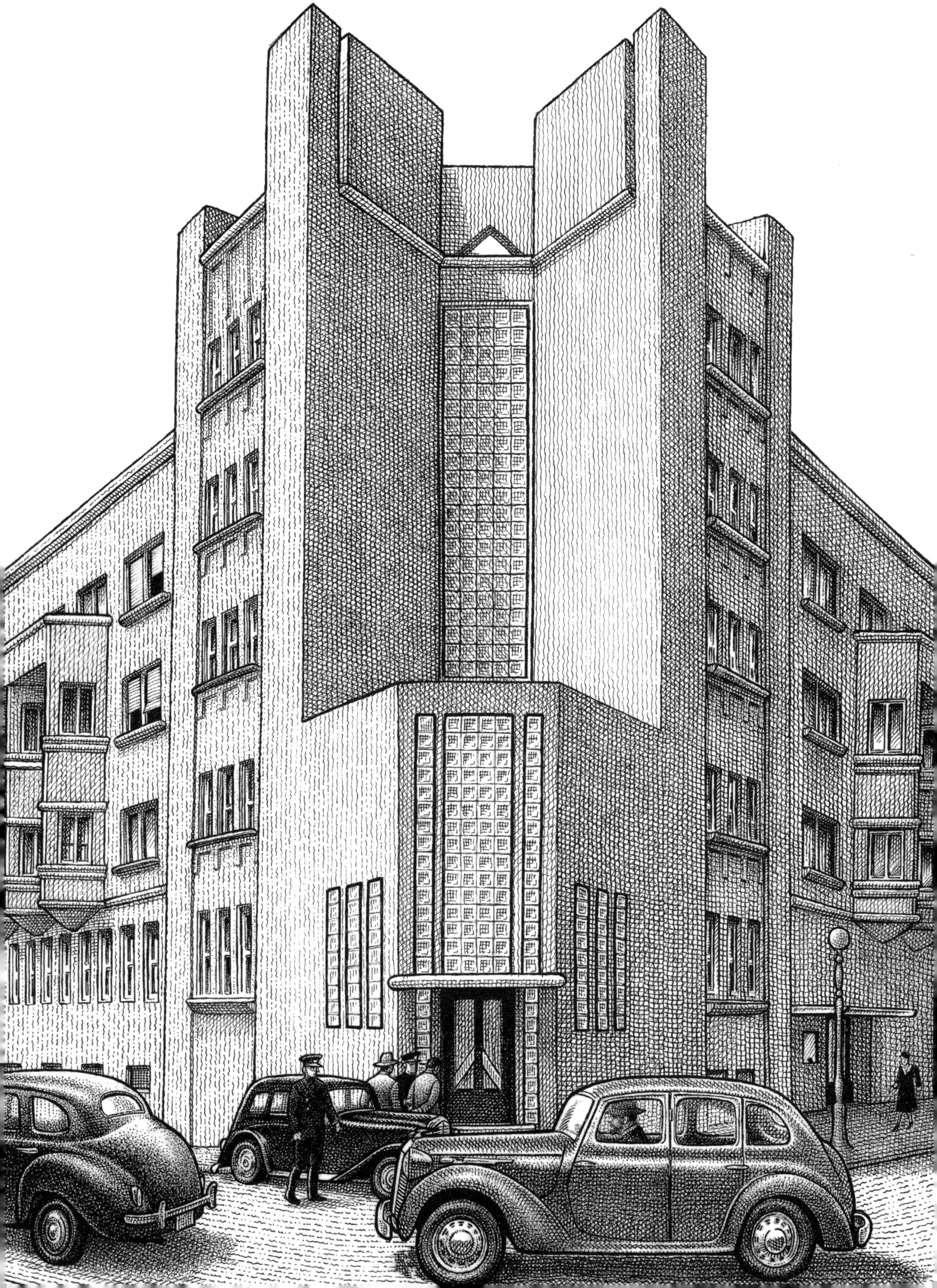

NA DELEGACIA PERGUNTARAM A BENNY ONDE ELE ESTAVA NA NOITE ANTERIOR. ELE MENTIU E DISSE QUE FICOU EM CASA, SOZINHO, A NOITE TODA.

O DETETIVE LANÇOU A ELE UM OLHAR DE DÚVIDA E MOSTROU O QUE SERIA A PRIMEIRA PROVA: O CHAPÉU DESAPARECIDO. QUANDO PERGUNTOU SE AQUELE CHAPÉU PERTENCIA A ELE, BENNY RESPONDEU QUE SIM.

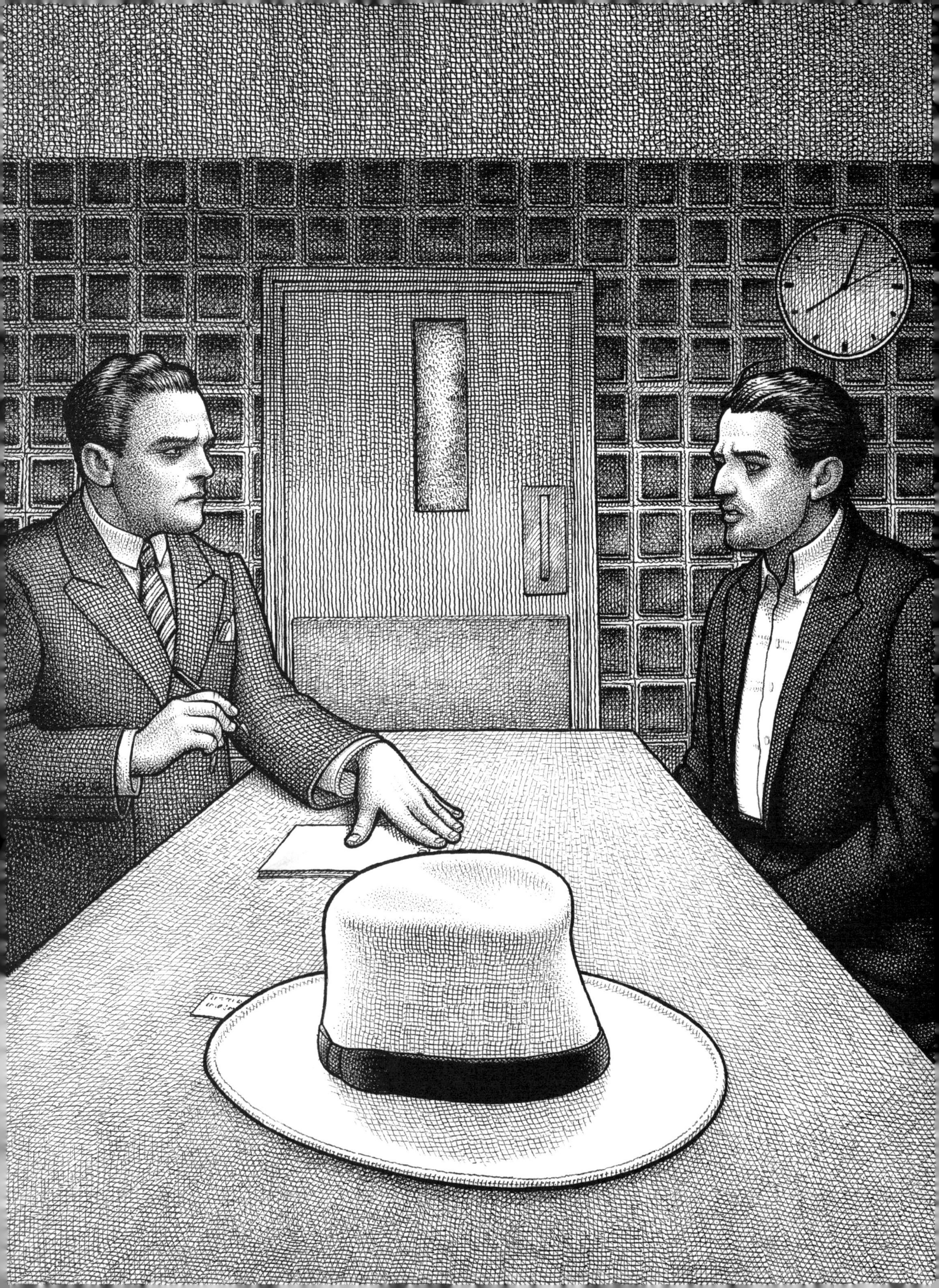

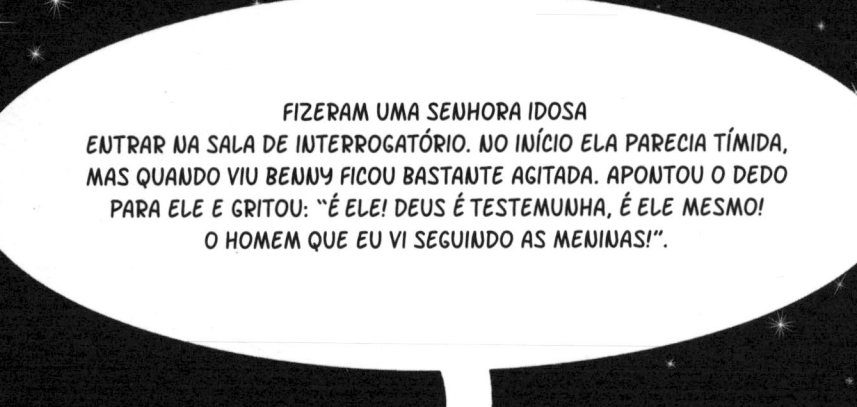

FIZERAM UMA SENHORA IDOSA
ENTRAR NA SALA DE INTERROGATÓRIO. NO INÍCIO ELA PARECIA TÍMIDA,
MAS QUANDO VIU BENNY FICOU BASTANTE AGITADA. APONTOU O DEDO
PARA ELE E GRITOU: "É ELE! DEUS É TESTEMUNHA, É ELE MESMO!
O HOMEM QUE EU VI SEGUINDO AS MENINAS!".

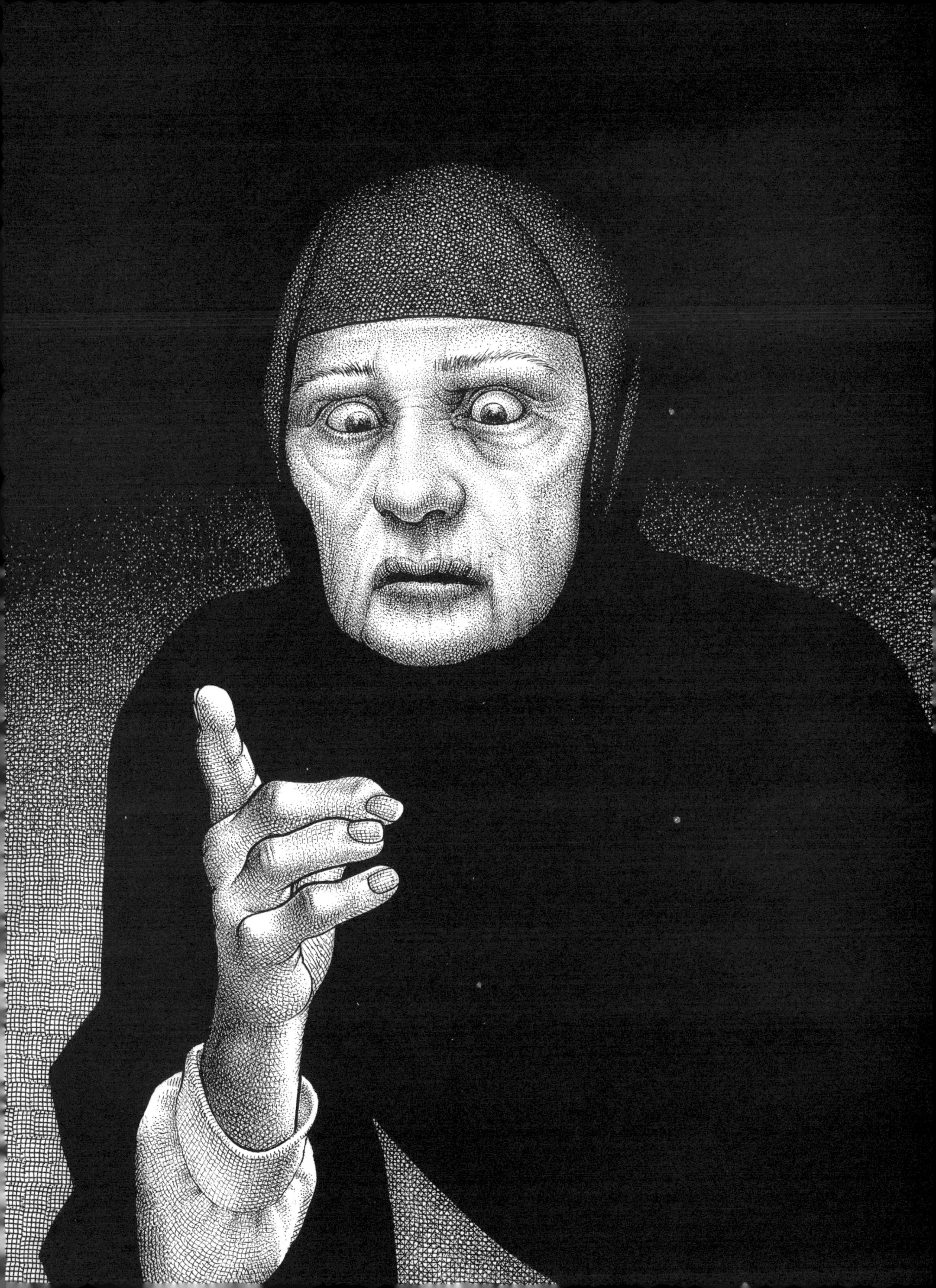

BENNY FICOU MUITO CONFUSO, E INSISTIU PARA QUE EXPLICASSEM A ELE O QUE ESTAVA ACONTECENDO. O SARGENTO DEU UM PEQUENO SORRISO E MOSTROU TRÊS FOTOS DE CENA DE CRIMES; CADA UMA MOSTRAVA UMA MENINA, POR VOLTA DOS DOZE ANOS, NUAS E MUTILADAS.

"NÃO, NÃO!", BENNY GRITOU EM PROTESTO, "EU NUNCA VI ESSAS MENINAS NA MINHA VIDA!".

TENDO ADMITIDO QUE MENTIU SOBRE ONDE ESTIVERA NA NOITE ANTERIOR, ELE ACABOU CONFESSANDO TUDO, SOBRE OS JOGOS SEXUAIS QUE ELE VIVEU COM BECKY, SUA AMIGA DO ZOOLÓGICO E A CRIADA.

"O CADERNO", ELE GRITOU, "ESTÁ TUDO NO CADERNO DE DESENHO!".

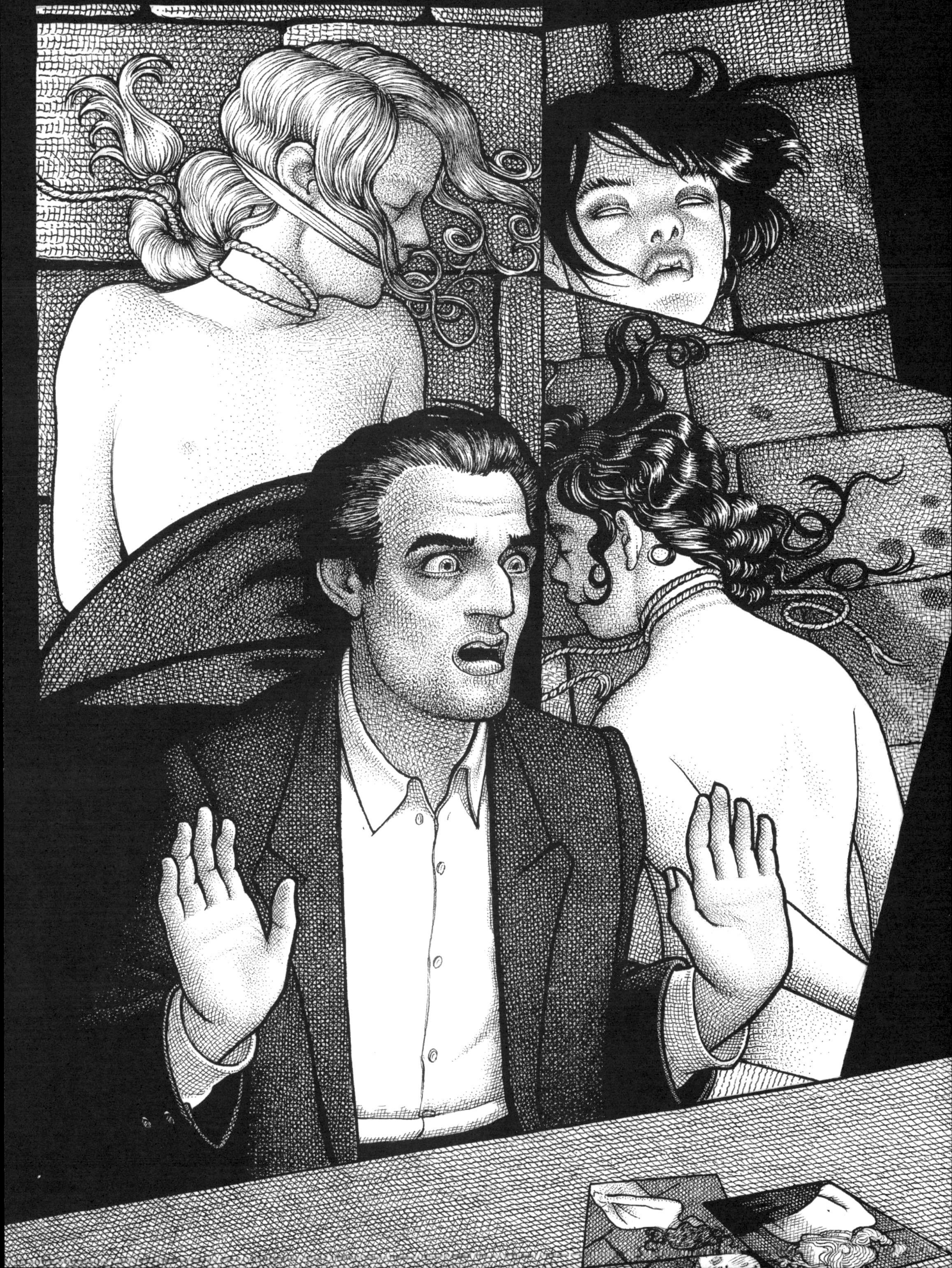

O DETETIVE LLOYD SAIU DA SALA
E VOLTOU EM SEGUIDA COM O QUE SE TORNARIA A SEGUNDA
PROVA DO CRIME: O CADERNO DE DESENHO DE BECKY.
BENNY DEU UM SUSPIRO DE ALÍVIO.

INFELIZMENTE O ALÍVIO DURARIA
POUCO TEMPO. A FACE DE BENNY ADQUIRIU
UMA PALIDEZ MORTAL QUANDO ELE FOLHEOU O CADERNO REPLETO
APENAS DE DESENHOS INFANTIS E, PARA PIORAR
A SITUAÇÃO, O NOME ESCRITO NA PRIMEIRA PÁGINA ERA O DE
UMA DAS VÍTIMAS...

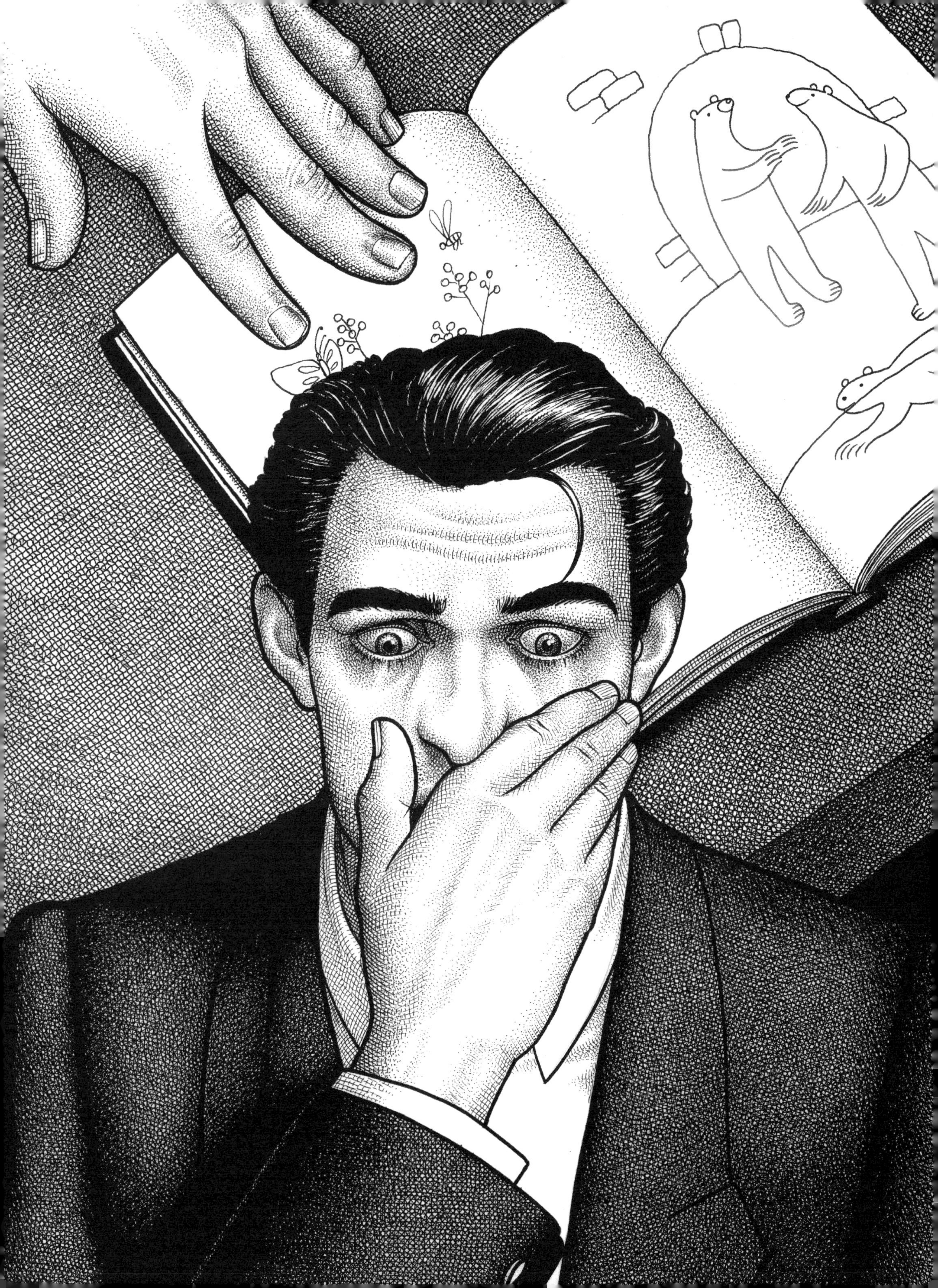

NÃO É PRECISO DIZER QUE BENNY FOI CONSIDERADO CULPADO DO ESTUPRO E ASSASSINATO DAS TRÊS MENINAS E CONDENADO À PRISÃO PERPÉTUA.

ELE DECLAROU INOCÊNCIA ATÉ O FIM, MAS EM VÃO, POIS AS PROVAS CONTRA ELE ERAM INDISCUTÍVEIS.

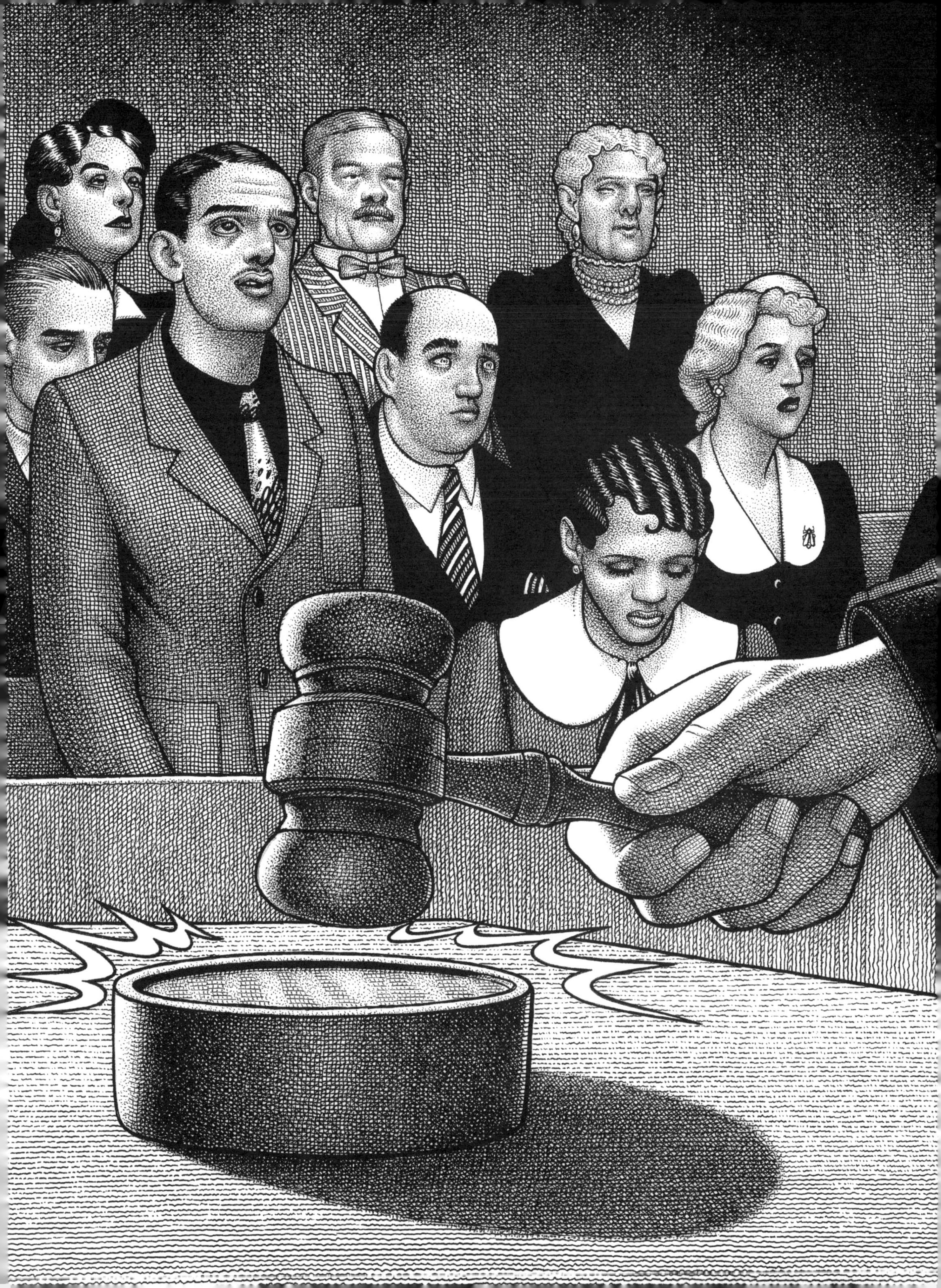

ELE PASSOU AS NOITES EM SUA CELA CHORANDO E AMALDIÇOANDO DEUS POR ESSA TERRÍVEL INJUSTIÇA...

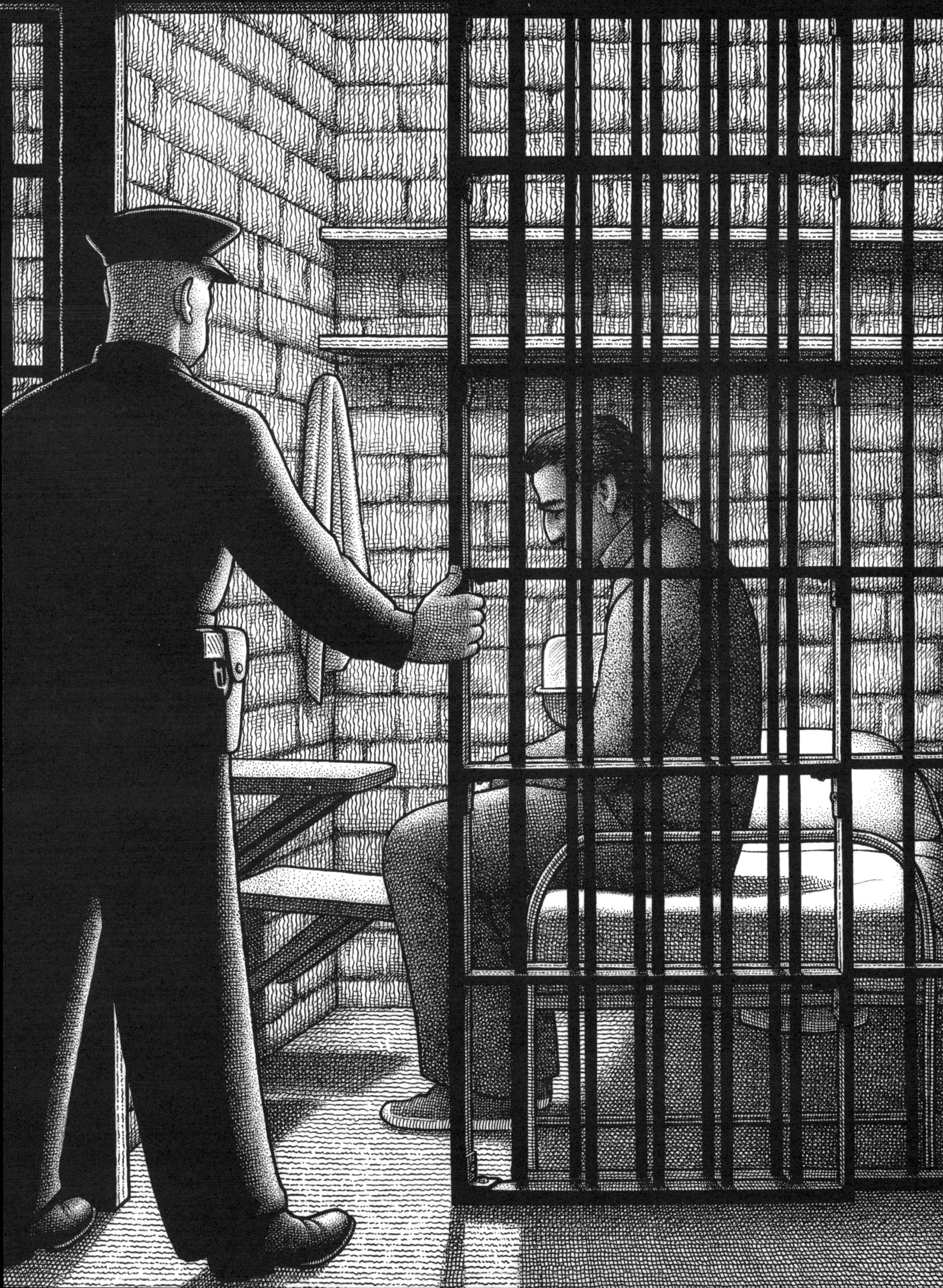

ATÉ O DIA EM QUE, INCAPAZ DE SUPORTAR A DOR, ELE DECIDIU PÔR FIM EM TUDO...

ELE FEZ UMA CORDA COM SEUS LENÇÓIS...

E NO MOMENTO EM QUE IA PASSAR O LAÇO EM VOLTA DO PESCOÇO...

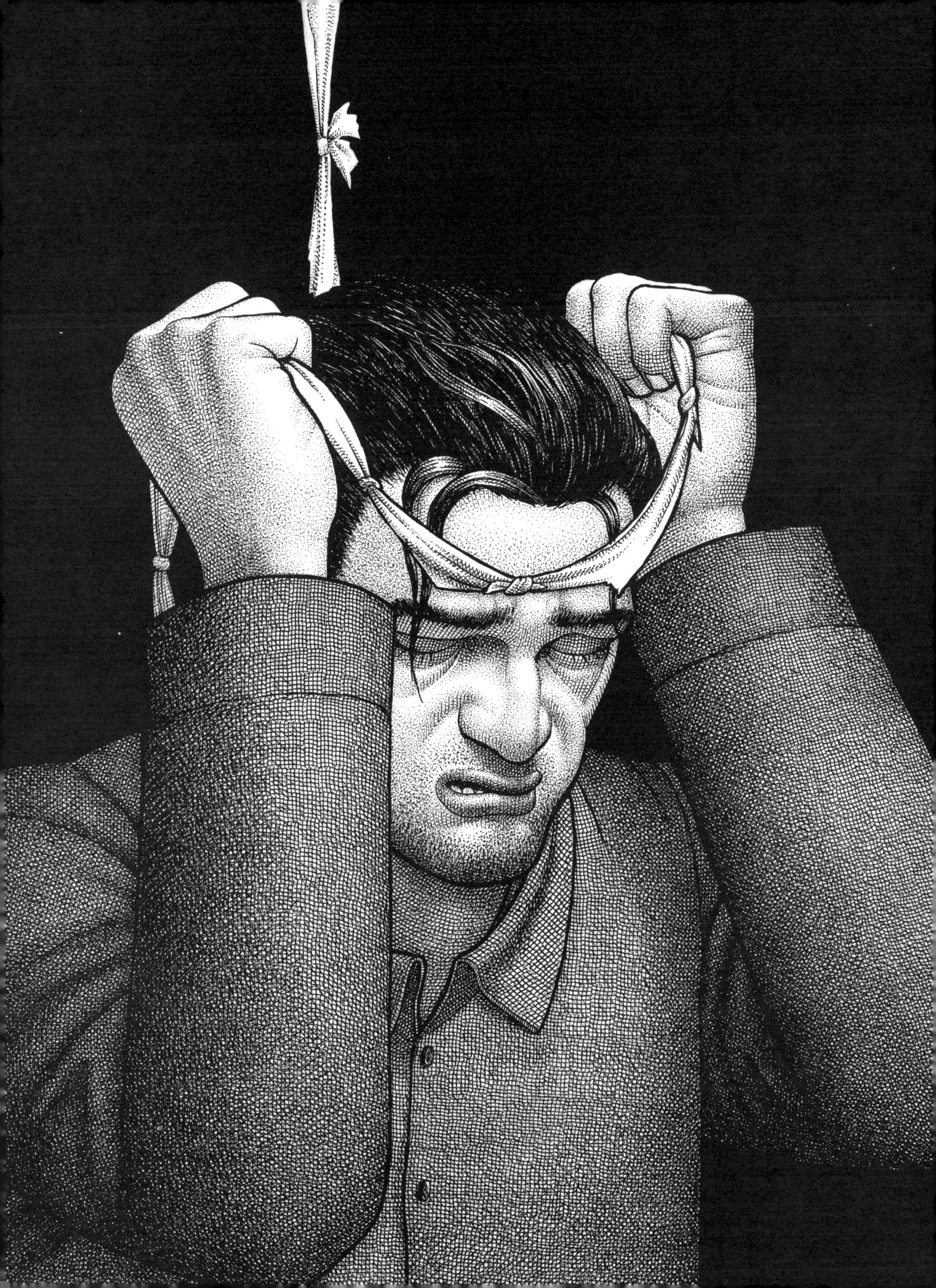

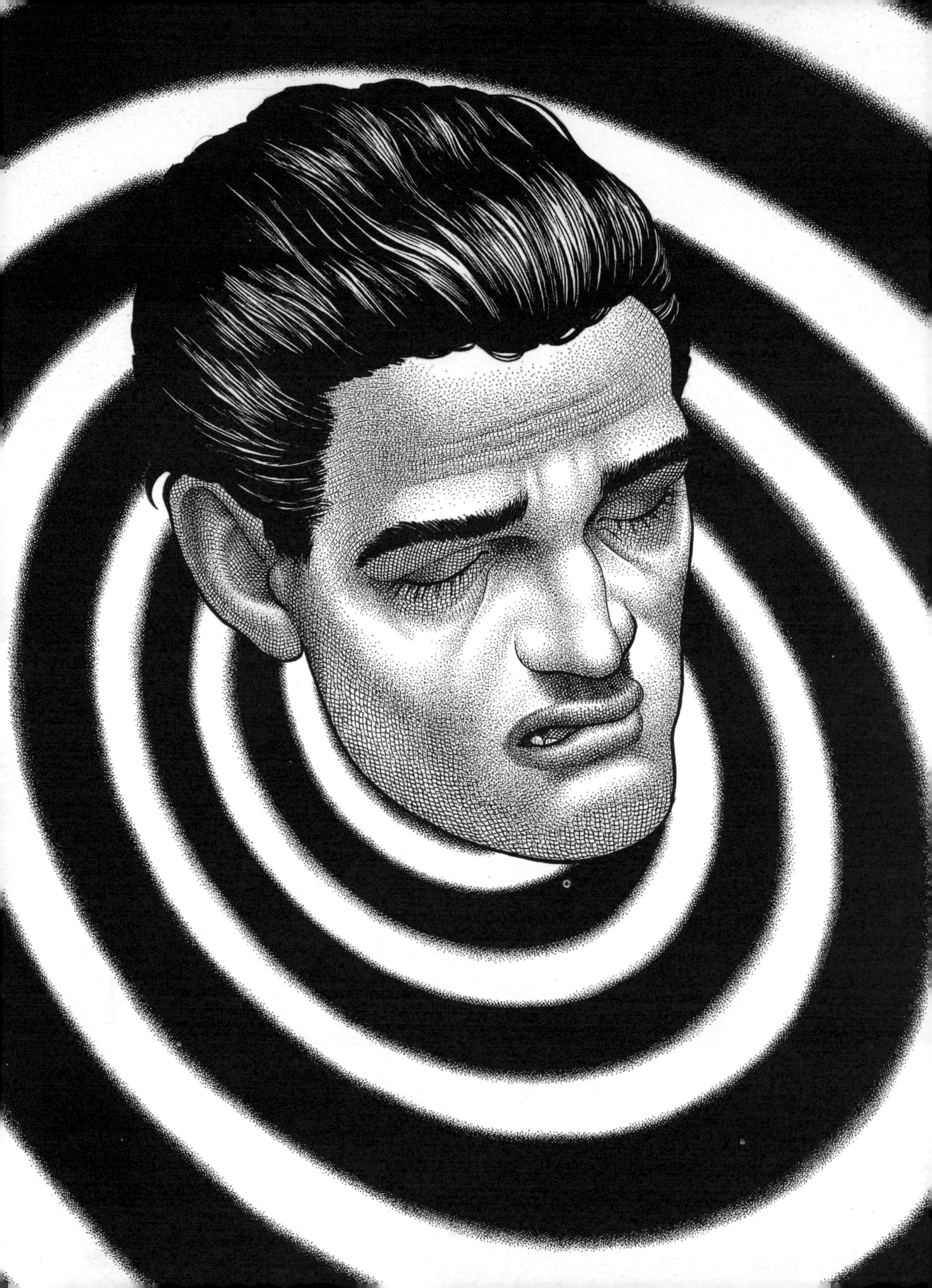

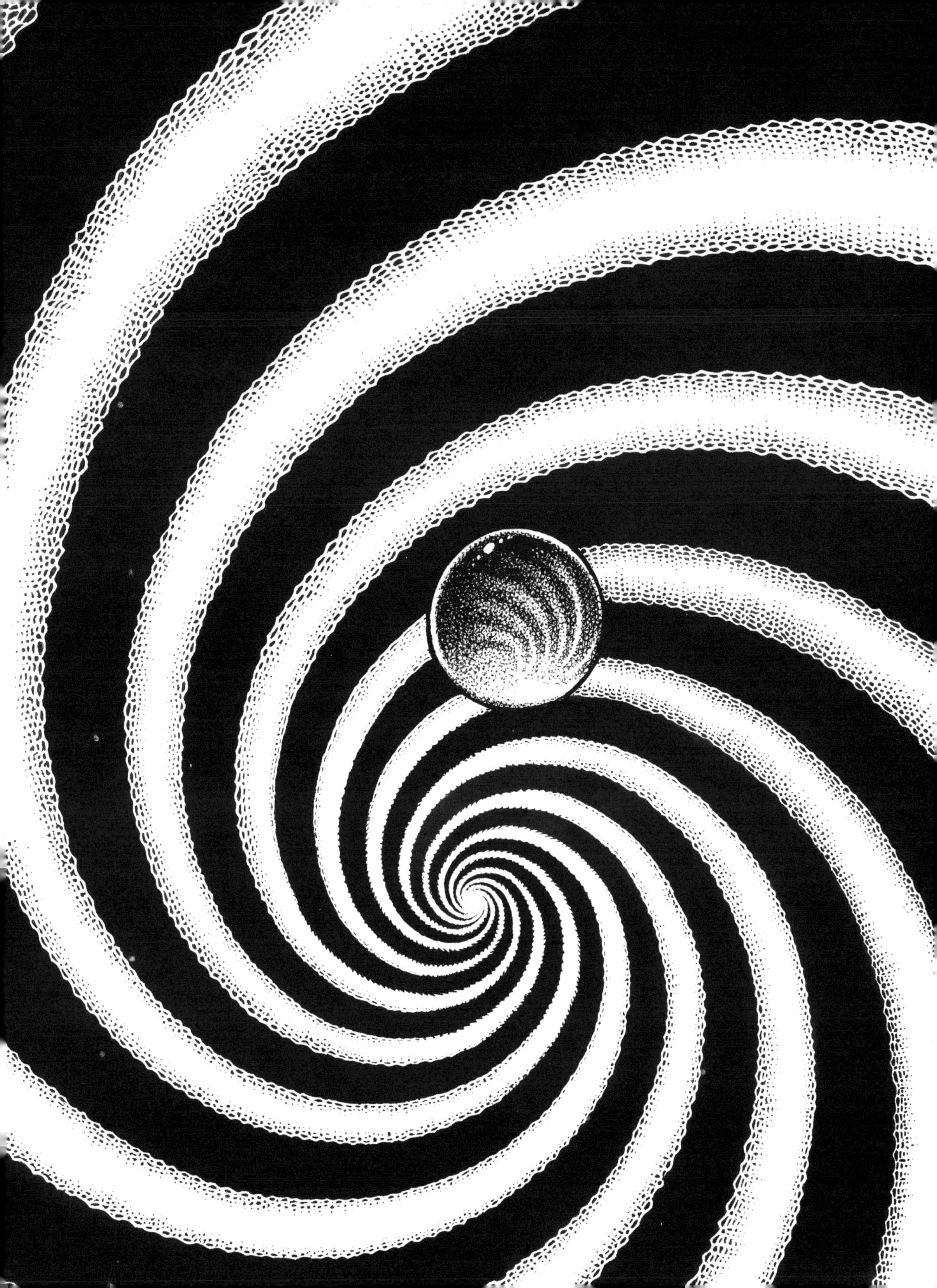

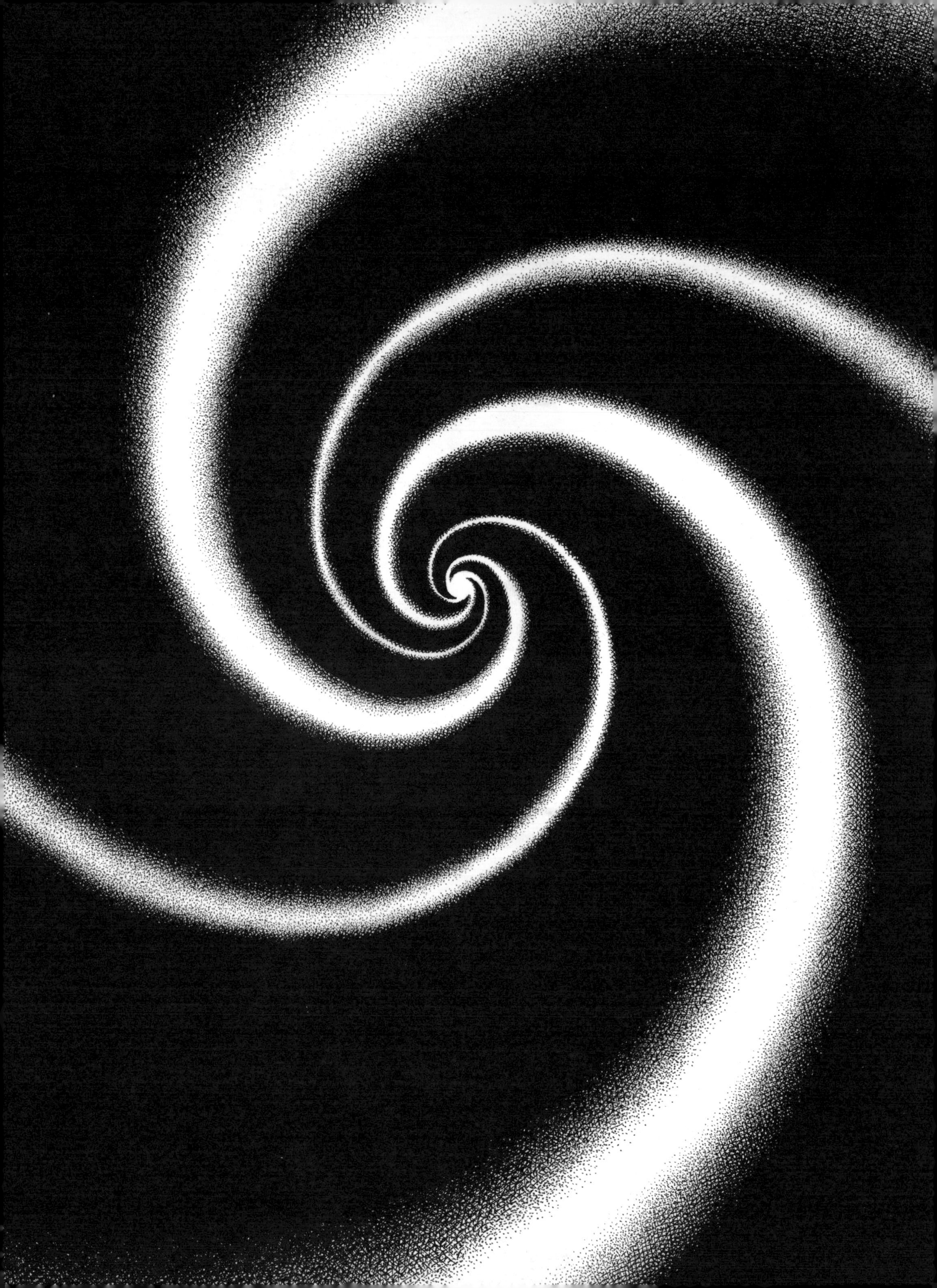

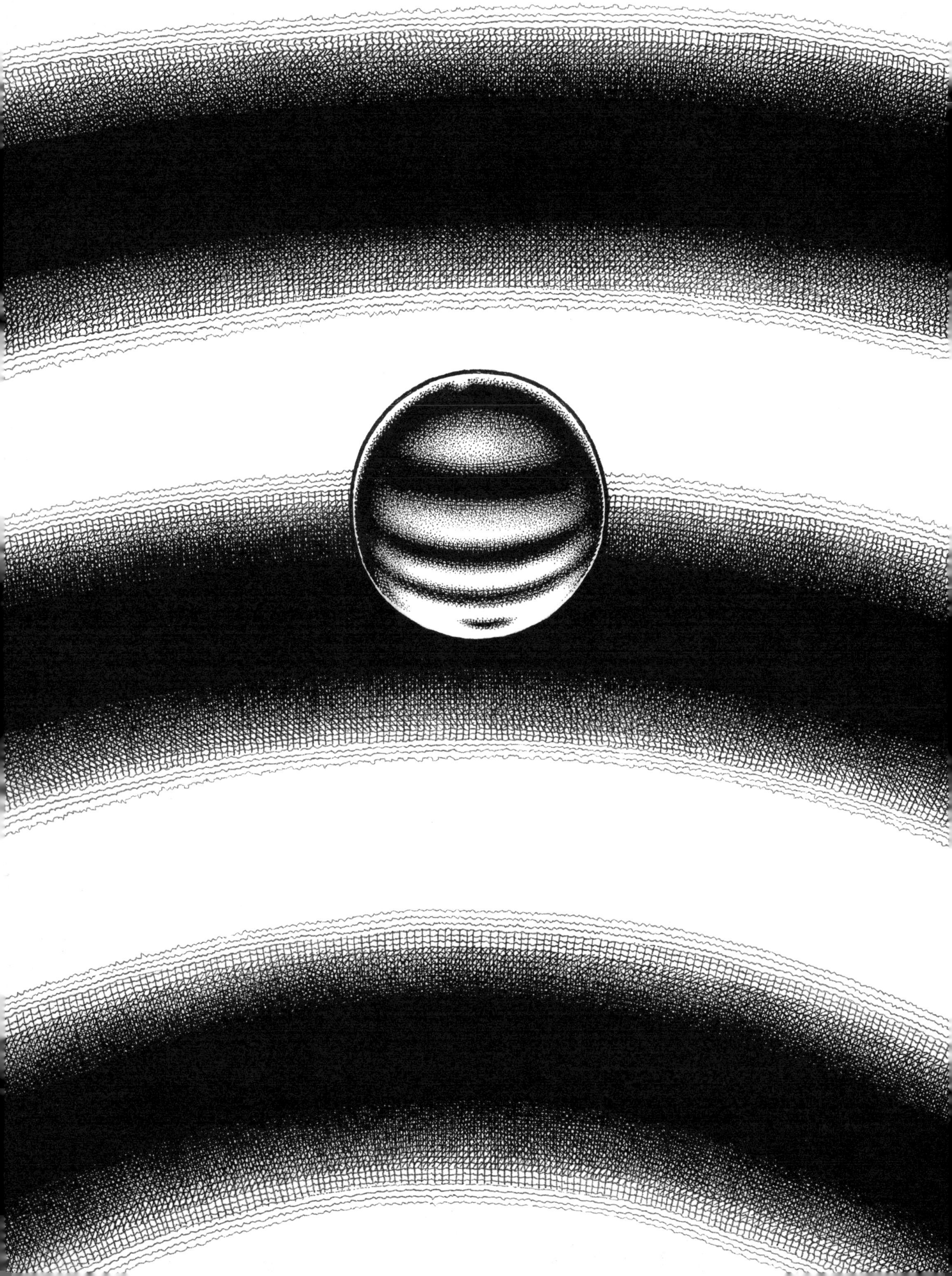

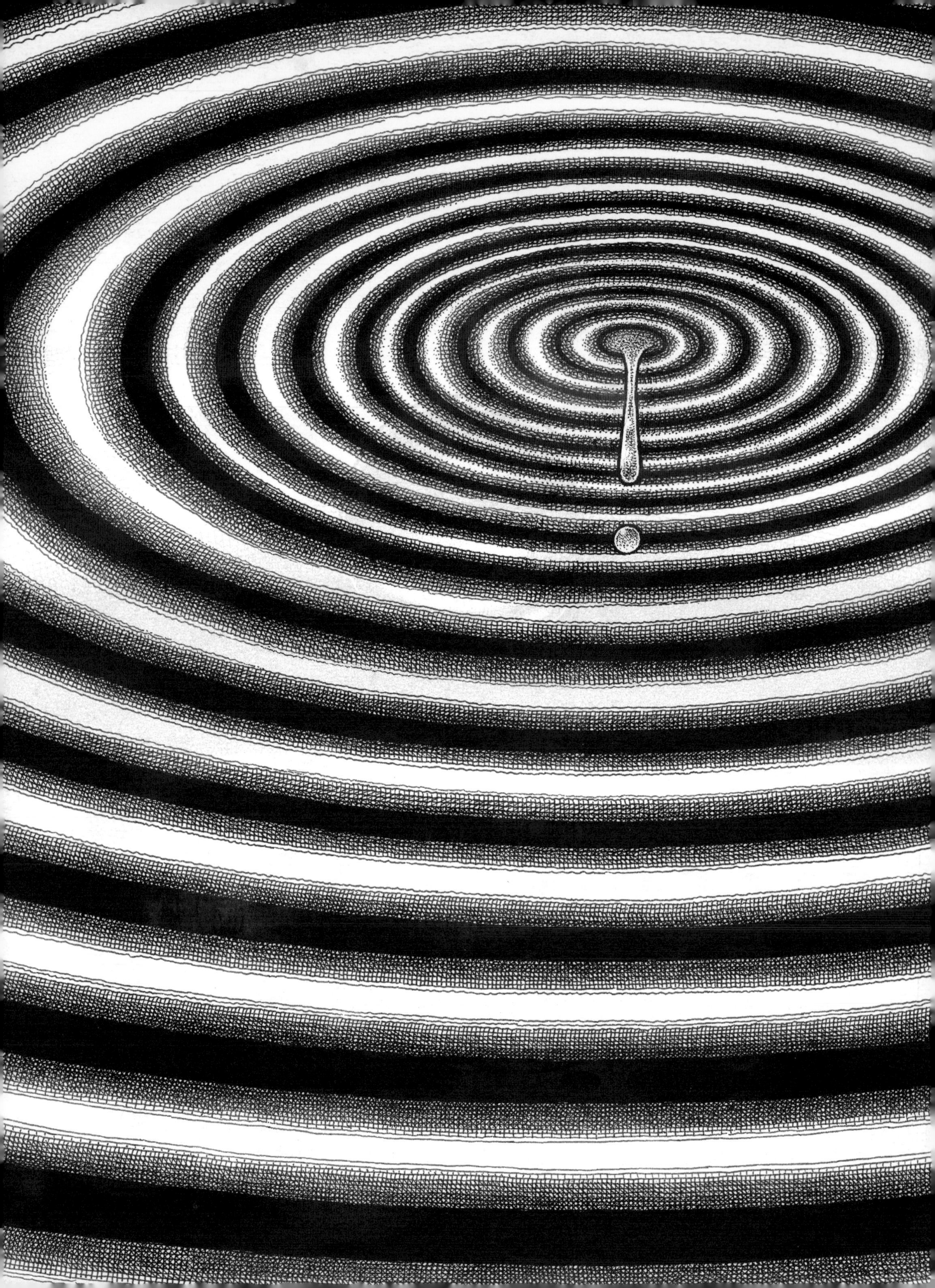

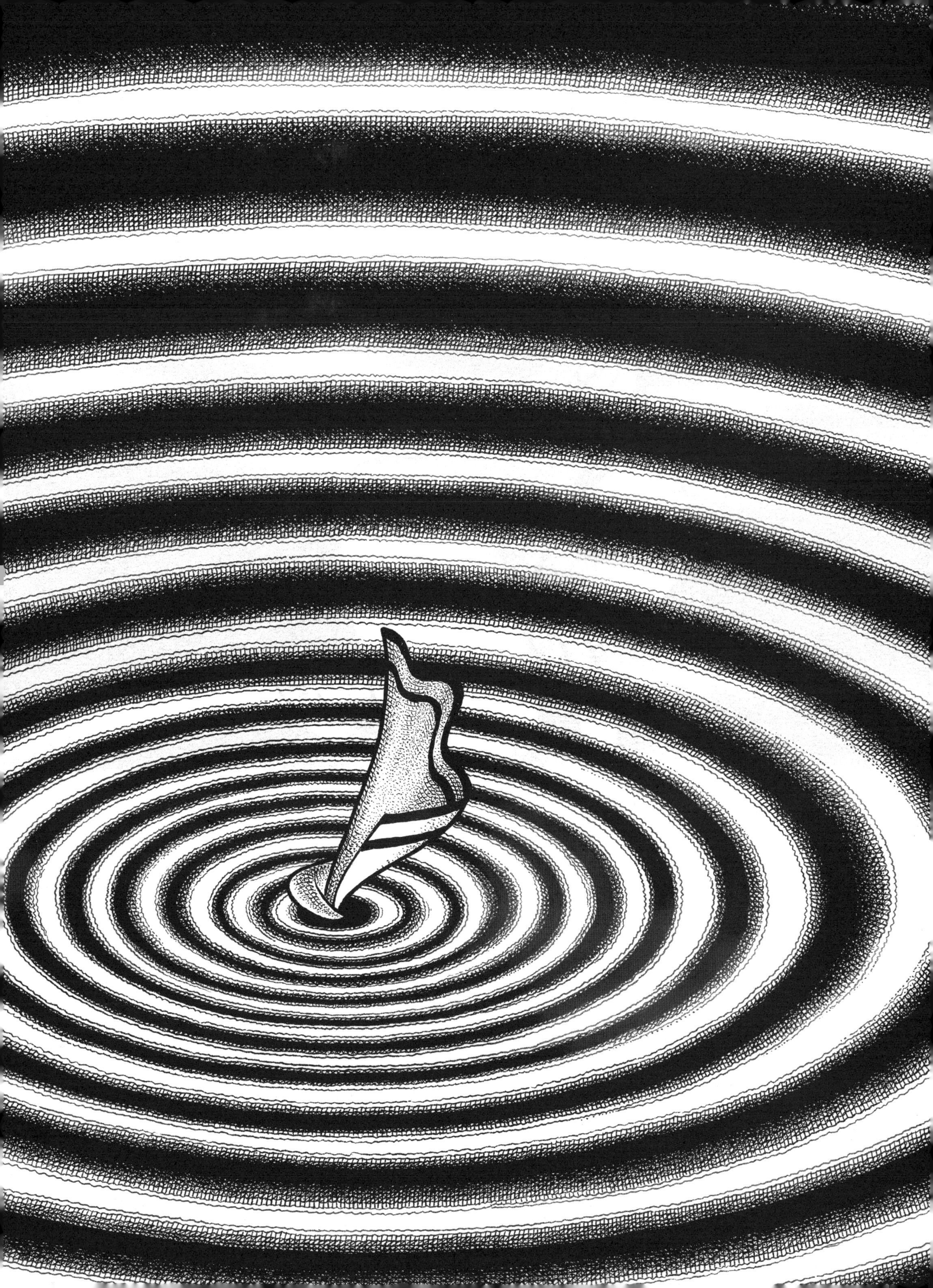

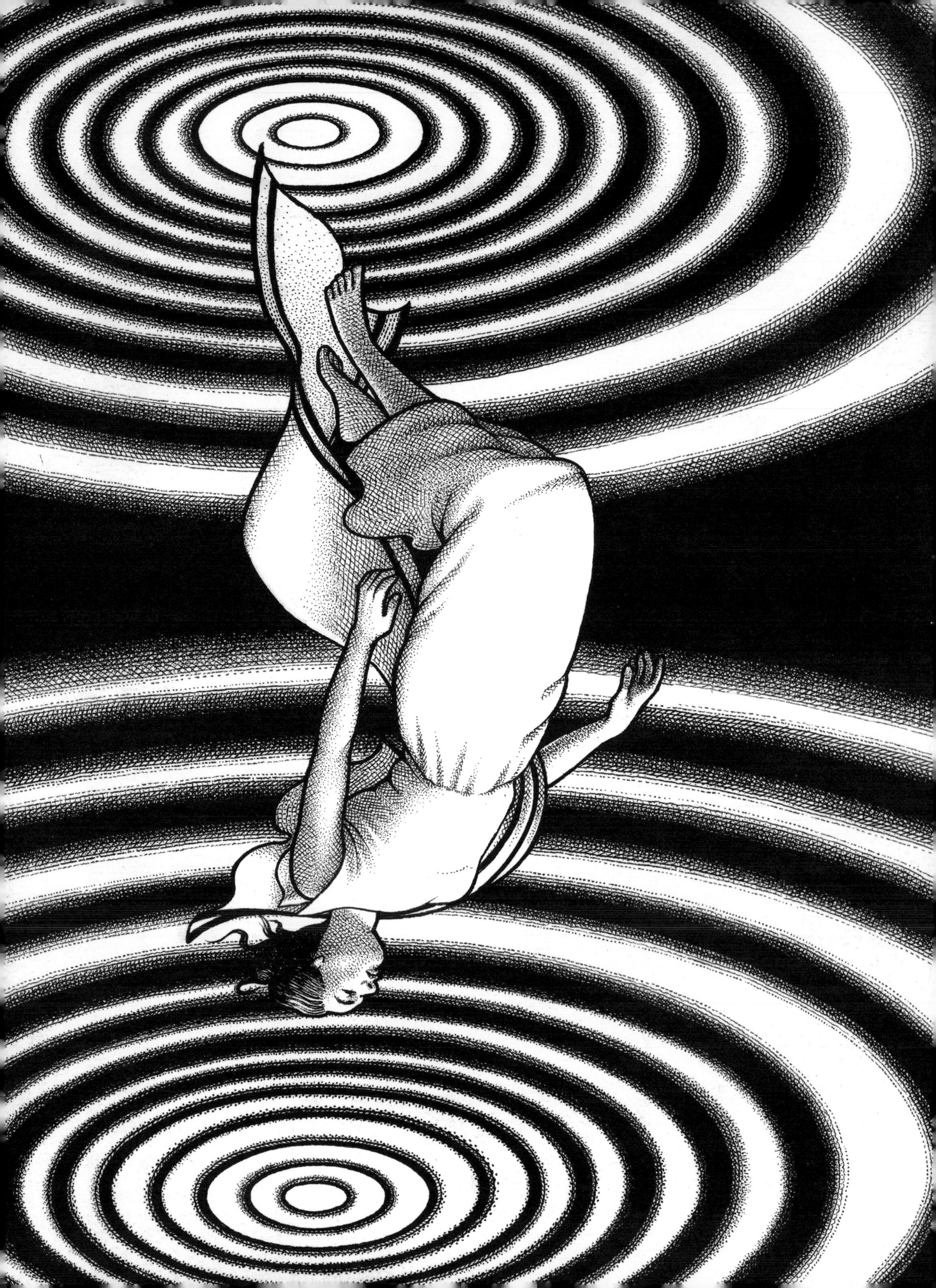

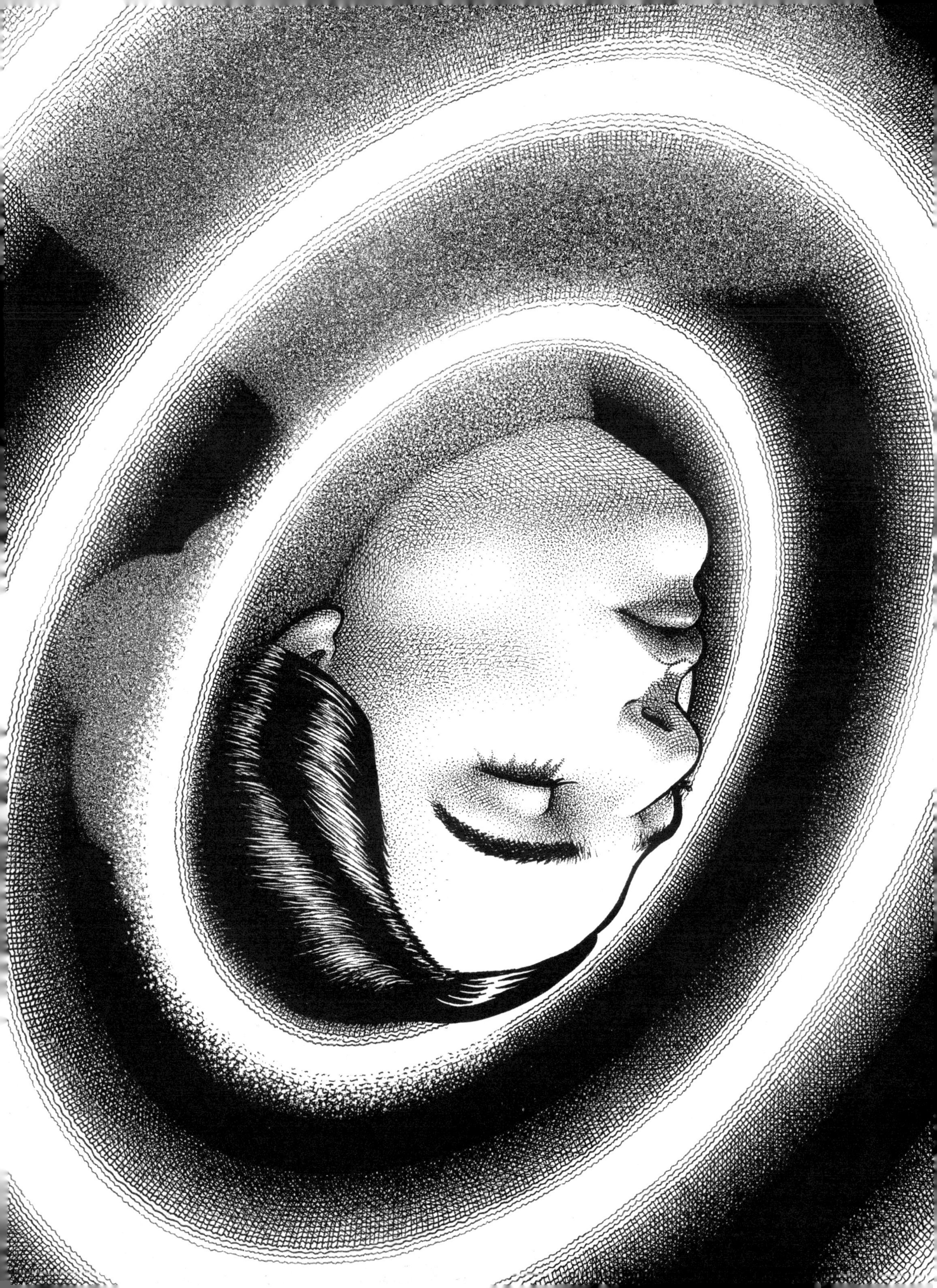

... BEZIMENA TIROU A CABEÇA DA SACERDOTISA DA ÁGUA E PERGUNTOU CALMAMENTE:

"POR QUEM VOCÊ ESTÁ CHORANDO?"

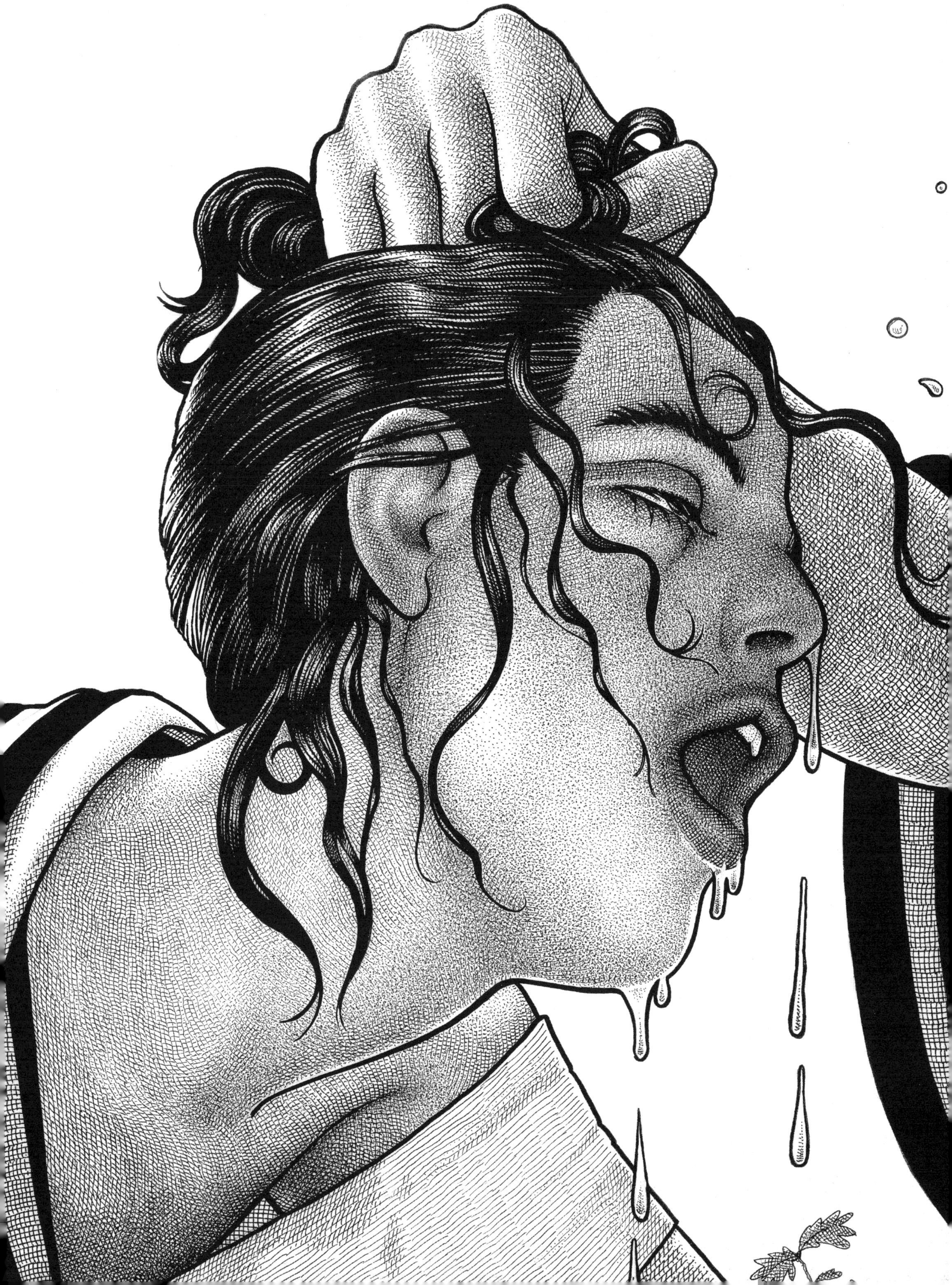

"POR QUEM VOCÊ ESTÁ CHORANDO?"

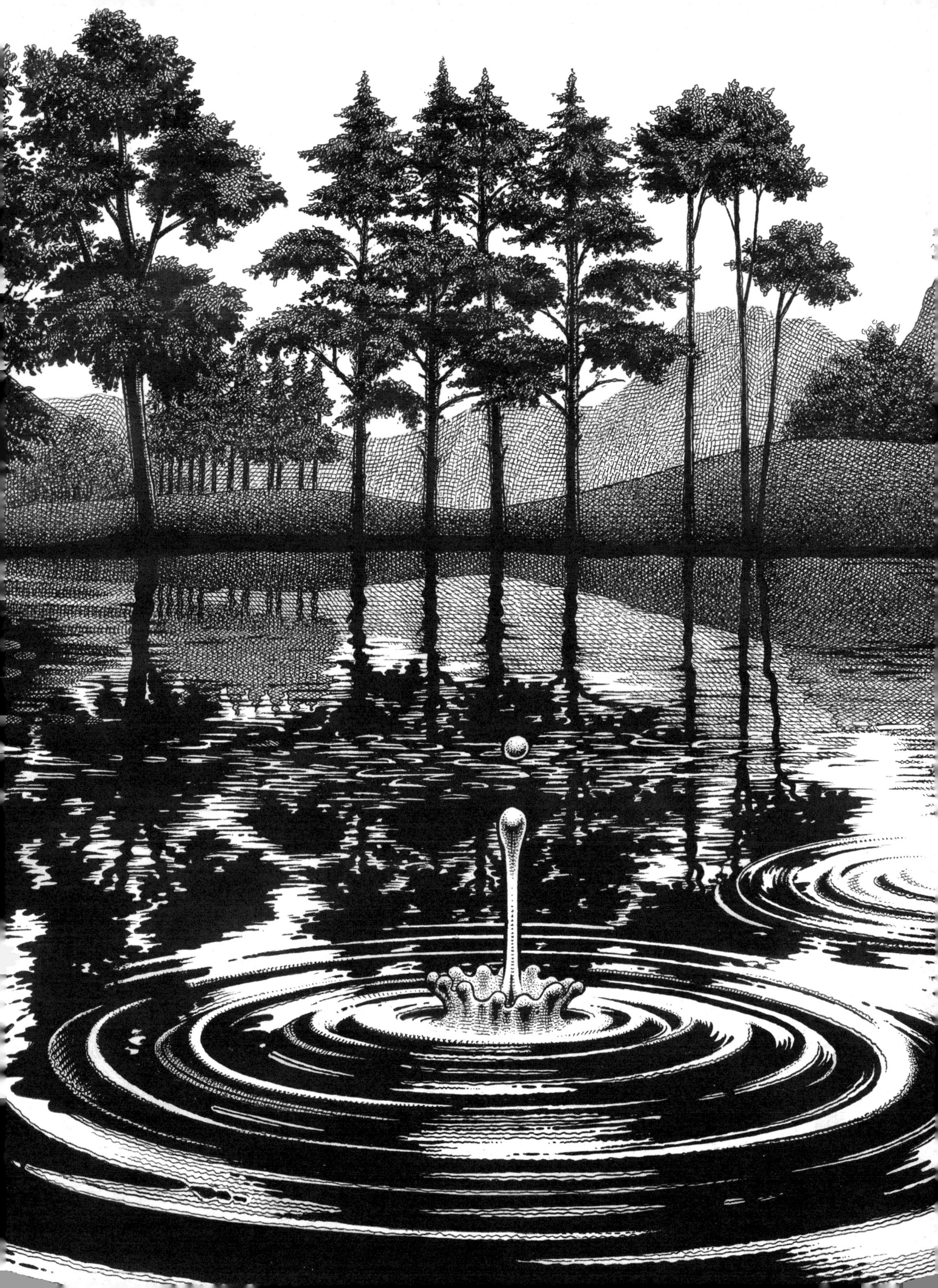

E... em algum lugar na pequena cidade sérvia de Aleksinac, há uma velha fita VHS - talvez dentro de um velho baú empoeirado, ou no fundo de um lixão municipal. Na sua etiqueta, claramente escrito à mão, está o meu nome. Se alguém conseguisse, por um milagre, encontrar e assistir a essa fita, poderia ver um quarto aconchegante, embora pouco mobiliado, com uma cama de solteiro em primeiro plano encostada na parede. À esquerda, uma mesinha de cabeceira com uma pequena luminária, sob uma janela com pesadas cortinas. E paredes austeras e nuas.

Poderia ver também um homem de meia-idade, com barba, cabelos grisalhos até os ombros, todo vestido de negro, e com um enorme pentagrama de prata pendurado no pescoço. Ele poderia ser visto atravessando nervosamente o quarto, ou então sentado calma e confortavelmente na borda da cama - esperando...

Duas mulheres aparecem em quadro - uma, com dezoito anos, cabelos curtos, ruivos e encaracolados, usando óculos com aro de metal, uma jaqueta marrom, saia longa de jeans e botas marrons de cowboy; a outra, eu própria nos meus quinze anos. Com a promessa de retornar dentro de quinze minutos, a garota mais velha se desculpa e sai, dizendo que precisa comprar algumas coisas. O homem barbado, nervosamente, ajeita uma mecha de cabelo rebelde atrás de sua orelha direita e me convida para sentar na cama ao seu lado. Eu obedeço.

Até hoje eu me lembro de cada detalhe daquele dia - do momento em que eu entrei naquele quarto e fui apresentada ao homem que se chamava Kristijan, de tirar meu casaco e notar a câmera colocada sobre um móvel com gavetas, bem ao lado da porta, com suas lentes apontando precisamente para o local onde ele insistia que eu me sentasse. Instintivamente compreendi que eu havia caído em uma armadilha. Embora a natureza da armadilha ainda não fosse clara para mim, a minúscula e perturbadora luz vermelha piscando me assinalava o perigo. Imediatamente comecei a planejar minha estratégia de fuga, tomando cuidado para não revelar minhas intenções.

Mais cedo naquele dia, eu estava contente de ir me encontrar com Snezana - a garota de dezoito anos que mencionei acima - no local que havíamos combinado, uma esquina a uma quadra de distância da casa dela. Nós duas estávamos estudando artes na mesma escola na minha cidade natal de Nish, localizada hoje na Sérvia. Como ela estava dois anos na frente e era reservada, era muito pouco provável que cruzássemos nossos caminhos se não fosse por Jasmine, muito amiga minha, uma garota frágil e angustiada vinda de uma família problemática.

No início do ano escolar Snezana e Jasmine ficaram amigas, o que parecia para mim ser uma amizade muito íntima. Eu me lembro de ver várias vezes as duas conversando animadamente pelos corredores da escola, mas nunca prestei muita atenção. Nunca me pareceu estranho que duas garotas misteriosas e solitárias tivessem se aproximado uma da outra. Mas essa amizade que desabrochava deve ter exercido um grande impacto em Jasmine, pois ela parecia mais feliz, confiante, e mais em paz consigo mesma. Frequentemente ela me falava sobre Snezana, sua sabedoria, sobre os livros que ela recomendara - *Demian*, de Hermann Hesse, *Assim Falou Zaratustra*, de Nietzsche, e *O Livro da Lei*, de Aleister Crowley, para citar alguns. Ela descrevia o quarto de Snezana, tão típico dos estudantes de artes, desenhando detalhados diagramas em pequenos pedaços de papel - o mesmo quarto onde eu em breve ficaria encurralada.

Acabei ficando curiosa sobre a garota que tanto fascinava minha amiga, pois eu mesma tinha começado a me interessar por filosofia e espiritualidade, fato que se juntou às dificuldades emocionais que surgem na adolescência. Aceitei com prazer a sugestão da minha amiga para conhecer Snezana. Depois de uma curta conversa no corredor da escola, Snezana sugeriu nos encontrarmos na esquina perto de sua casa para conversarmos tranquilamente.

Aquele dia estava nublado, com pancadas de chuva ocasionais. Quando cheguei ao local combinado, encontrei Snezana já me esperando. No caminho para sua casa ela me disse que eu estava com sorte, pois havia arranjado um encontro nosso com uma pessoa muito especial - um homem, que ela afirmava ser capaz de me ajudar mais do que ela própria poderia. "Você pode confiar nele tanto quanto confiaria em mim", ela disse.

Foi assim que eu sentei ao lado de Kristijan, que começou a fazer todo tipo de perguntas pessoais, sobre minhas origens, minha família e a causa dos meus problemas. Eu me lembro de enumerar para ele meus problemas, alguns reais, outros nem tanto, na esperança de distraí-lo enquanto eu examinava o quarto com o canto do olho, calculando o número de passos até a porta e me perguntando se ela estaria trancada ou não.

"Sou incapaz de amar. Eu odeio meus pais." Eu dizia coisas assim.

O que veio a seguir não foi um conselho, nem mesmo uma tentativa de disfarçar a situação como uma conversa comum – mas uma mão agarrando meus seios e a face de Kristijan se aproximando para um beijo. Eu afastei a mão dele e corri para a porta...

Então a gravação mostraria nós dois lutando – eu, querendo fugir; ele, tentando desesperadamente impedir minha passagem até a porta, empurrando-me para a cama – e eu revidando e atacando. Essa coreografia se repetiu várias vezes antes que eu conseguisse alcançar a porta. Infelizmente para mim, ela estava trancada. E eu estava prisioneira.

De vez em quando ouvimos histórias miraculosas de sobrevivência, sobre pessoas que, em momentos de grande perigo, sentem uma presença protetora que as guia para um local seguro, ou dão o suporte e a força necessária em horas de grande crise ou quando estão encurraladas. No meu caso, foi uma voz interior, muito mais sábia do que minha idade permitia, que começou a ditar para mim - de uma só vez - exatamente o que eu devia e como dizer. Como se meu cérebro começasse a funcionar de uma maneira antes desconhecida para mim.

você não passa de um velho impotente que precisa estuprar crianças para conseguir uma ereção!", eu gritei. A voz tinha razão. Kristijan tirou a chave do bolso, destrancou a porta e me mandou embora gritando. Eu saí da casa com meu coração batendo disparado.

Isso aconteceu no sábado. Na segunda-feira, durante o intervalo das aulas da manhã, Jasmine se aproximou, dando um olhar de cumplicidade. Como se compartilhássemos um grande segredo, me perguntou: "Então, você se divertiu no sábado?". Enojada, eu me afastei dela. Continuei ignorando ela durante uma semana ou mais, até que uma amiga comum, uma garota muito sensata, conseguiu nos reunir na mesma sala e nos forçou a conversar.

Acontece que Jasmine não teve tanta sorte como eu. Além de ter sido sexualmente abusada por Kristijan – gravado em vídeo –, ela realmente acreditava que estava apaixonada por ele. Nas semanas seguintes, ela abriu seu coração e me manteve regularmente informada sobre suas aventuras sexuais, com o mesmo entusiasmo e admiração que havia me falado sobre Snezana. Foi através dessas conversas que eu soube onde Kristijan vivia, uma casinha na cidade vizinha de Aleksinac; sobre o baú cheio de fitas VHS todas etiquetadas com diferentes nomes de mulheres; e sobre os maços de dinheiro que Snezana enviava regularmente para alguém pelos correios. Eu escutei, como uma melhor amiga ouviria sua adorada amiga, ainda acreditando nela e esperando que voltasse à razão, mas em vão.

É importante esclarecer aqui que era uma época pré-guerra, um período marcado pela ascensão do nacionalismo, de obscurantismo e corrupção moral, no qual as mentiras e trapaças eram moeda corrente. As ruas e avenidas da minha cidade estavam forradas de promessas de contratos milionários para top models adolescentes.

Em 1988, com a promessa de uma excursão, nossa escola nos arrebanhou para um comício local do então candidato à presidência, Slobodan Milosevic, que fervorosamente declarou: "Nunca mais vocês serão vencidos!". O que fez Jasmine chorar como um bebê diante da mamadeira vazia.

Cerca de um mês ou dois depois, Jasmine tentou novamente me empurrar um encontro com outro homem mais velho, com a mulher dele como cúmplice e que também "precisava dar uma saidinha de quinze minutos para fazer compras". Dessa vez eu escapei antes que a situação ficasse feia. Estava virando quase uma rotina – garota de quinze anos evitando pervertidos, mais uma vez traída pela melhor amiga.

Meus pais notaram minha súbita mudança de comportamento. Como eu não dizia nada, eles resolveram vasculhar o meu diário e acabaram encontrando a passagem sobre aquele sábado. Eles contataram a polícia, mas foram informados de que nada poderia ser feito se uma das garotas não se apresentasse como testemunha. Jasmine recusou a se apresentar e, que eu soubesse, não havia outra garota a quem eu pudesse pedir. Pouco tempo depois eu fui mandada para o Canadá.

Anos depois eu retomei o contato com uma antiga colega de escola que, sem que eu soubesse, também tinha caído na mesma armadilha daquela gangue na época. Por ela eu fiquei sabendo de três outras garotas da nossa escola que tinham sido violentadas também. Kristijan nunca foi preso. Ninguém tinha feito nada a respeito dessa situação até que doze anos atrás encontraram ele morto em circunstâncias misteriosas. Temendo a mesma sorte, Snezana fugiu e entrou para um mosteiro, tendo depois se casado com um padre ortodoxo sérvio, até que um dia foi reconhecida por uma de suas vítimas e fugiu novamente, roubando antes seu marido. Pelo que eu sei, ela ainda está foragida.

Alguns dizem que uma lição mal aprendida irá retornar e se apresentar com mais intensidade. No meu caso, a lição foi sobre a confiança cega e a falta de discernimento. Essa lição não aprendida voltaria como vingança alguns anos depois, quando no Canadá eu sobrevivi a outra tentativa de estupro. Dessa vez, pelas mãos do homem que eu admirava e em quem confiava, o homem que deveria me proteger e que era o meu guardião legal. Foi esse incidente que me marcou pelo resto da vida e me fez mergulhar nas trevas por muitos anos. Nas vezes que eu tentei falar sobre isso com pessoas mais próximas, fui desencorajada pela súbita mudança em seu comportamento, um olhar enfadado ou simplesmente repugnância. Não é de estranhar que tantas vítimas de abuso sexual prefiram manter sua dor em segredo.

É por essa razão que eu resolvi manter as vítimas no anonimato. Jasmine não é na realidade Jasmine; porém, Snezana é Snezana, pois no fundo do meu coração, embora de certa maneira também seja uma vítima, eu sinto que ela ainda representa um perigo para mulheres vulneráveis, onde quer que ela esteja. Como John Kennedy uma vez declarou em uma frase que ficou famosa: "Perdoe seus inimigos, mas nunca esqueça seus nomes".

Olhando para o passado, me mudar para o Canadá foi uma saída cômoda. Se eu tivesse falado sobre o incidente com outras colegas, e se acima de tudo eu não tivesse desistido tão facilmente de expor Kristijan e Snezana, o número de vítimas não teria se multiplicado como aconteceu. Por essa razão, eu nunca vou me perdoar e terei que conviver com isso pelo resto da minha vida.

Este livro é dedicado a todas as vítimas, anônimas e esquecidas, de violência sexual.

Que possam encontrar a paz, que possam encontrar a luz e dissipar as trevas que envolvem vocês.

A autora agradece afetuosamente, por seus conselhos e apoio, a:

> Momirka Petrovic
> Kosara Bunjevac
> Karla Goldstein
> Anna Khachatryan
> Antonio Moresco
> Pasquale La Forgia
> Chester Brown

E, para finalizar, sem dúvida o mais importante de todos, ao grande mestre com "sorriso contagiante", Alan Watts, que forneceu a intriga.

DADOS INTERNACIONAIS DE CATALOGAÇÃO NA PUBLICAÇÃO (CIP)
DE ACORDO COM ISBD

B942b	Bunjevac, Nina
	Bezimena: uma adaptação modernizada do mito de Ártemis e Sipriotes / texto e ilustrações Nina Bunjevac ; tradução Claudio Roberto Martini. - 2. ed. - Campinas, SP : Zarabatana Books, 2024.
	216 p. : il. ; 21cm x 27cm.
	Tradução de: Bezimena: a modernized adaptation of the myth of Artemis and Siproites
	Texto em quadrinhos
	ISBN 978-85-60090-94-5
	1. Histórias em quadrinhos. 2. Quadrinhos eróticos. 3. Quadrinhos canadenses. I. Martini, Claudio Roberto. II. Título.
2019-712	CDD: 741.5
	CDU: 741.5

Elaborado por Odilio Hilario Moreira Junior - CRB-8/9949

Índice para catálogo sistemático:
1. Quadrinhos 741.5
2. Quadrinhos 741.5

BEZIMENA
Texto e Desenhos de Nina Bunjevac

© 2018, 2024 Nina Bunjevac

© 2024 Zarabatana Books para a edição brasileira. Todos os direitos reservados.
São proibidos: digitalização; arquivamento e disponibilização através de banco de dados; transmissão; reprodução e divulgação, do todo ou parte desta obra, sem a prévia autorização escrita do editor.

O texto deste livro segue o Acordo Ortográfico da Língua Portuguesa de 1990, em vigor no Brasil desde 2009.

Zarabatana Books
Editor: Claudio R. Martini
Tradução e Editoração: Claudio R. Martini • Revisão: Marília Cotomacci

www.zarabatana.com.br • email: falecom@zarabatana.com.br
Zarabatana Books @zarabatanabooks